20世纪中国教育家画传

主编：储朝晖

CHEN YINKE HUAZHUAN

陈寅恪画传

徐卫红 著

四川教育出版社

图书在版编目（CIP）数据

陈寅恪画传 / 徐卫红著. —成都：四川教育出版社，
2017.5
（20世纪中国教育家画传）
ISBN 978-7-5408-6736-2

Ⅰ.①陈…　Ⅱ.①徐…　Ⅲ.①陈寅恪（1890～1969）-
传记 - 画册　Ⅳ.① K825. 81-64

中国版本图书馆CIP数据核字（2017）第033652号

责任编辑	央　金
封面设计	何一兵
版式设计	武　韵
责任校对	吴映泉
责任印制	田东洋
出版发行	四川教育出版社
地　　址	四川省成都市锦江区三色路266号
邮政编码	610023
网　　址	www.chuanjiaoshe.com
印　　刷	北京市兆成印刷有限责任公司
制　　作	四川胜翔数码印务设计有限公司
版　　次	2017年5月第1版
印　　次	2022年4月第3次印刷
成品规格	170mm×230mm
印　　张	24.25
书　　号	ISBN 978-7-5408-6736-2
定　　价	68.00元

如发现印装质量问题，请与本社调换。电话：（028）86259359
营销电话：15208205647　　邮购电话：（028）86259605
编辑部电话：15884467278

陈寅恪画传

《20世纪中国教育家画传（续编）》
编写说明

　　《20世纪中国教育家画传》十卷本获得2012年度国家出版基金资助，由四川教育出版社出版后，社会反响很好。同时也存在缺憾：原来考虑到取整数，选了十位教育家，而依据史实，当时属于同一层面的教育家客观上并不止十位。在十卷本的编写过程中，通过各卷作者们的相互讨论，我们意识到确实还有几位教育家应该列入20世纪中国教育家的范畴。为了弥补这一缺憾，我作为丛书主编，又征集大陆和台湾、香港等地教育史专业工作者意见，经过慎重考虑，选定叶企孙、陈寅恪、梁漱溟、蒋梦麟四人为续编传主，并得到四川教育出版社支持。

　　《20世纪中国教育家画传（续编）》仍然坚持主题与作者"双优选"的原则：《蒋梦麟画传》作者仲玉英教授长期从事教育史专业研究，又得身在蒋梦麟家乡的资料和文化理解便利；《陈寅恪画传》作者徐卫红在中国教育科学研究院从事教育史研究十余年，任《教育史研究》常务副主编；《梁漱溟画传》作者吴洪成在教育史研究领域长期耕耘，对梁漱溟研究经年；《叶企孙画传》则由我来撰写。

　　续编的创新点在于：

（1）对习近平主席就中华优秀传统文化的传承与弘扬多次作出的重要指示进行了深入学习领会，尽可能服务于中共十八届三中全会《决定》关于深化教育领域综合改革的需要，服务于"完善中华优秀传统文化教育"的需要，贯彻十八大以来的中央文化教育方针政策。

（2）续编所选叶企孙、陈寅恪、梁漱溟、蒋梦麟四位传主，由于各种原因，此前教育工作者对他们的教育贡献知之甚少，但他们确实对中国近百年的教育发展发挥了举足轻重的作用，在专业精神、教育业绩等方面与前十位传主难分高低，续编的编写，将使这一教育家群体更为完整。从对历史人物的评价角度来看，完成续编更能体现客观、公正、无偏见。从对现实教育的影响而言，像叶企孙的列入，填补了中国百年来大学理科教育历史表述的空白，弥补了教育史专业对理科教学研究不深入的短板；陈寅恪在中国传统文化研究以及中西文化融合上的典范作用，已是学界共识；梁漱溟在乡村建设和办学，以及教育哲学领域的成就铸就其教育家地位；蒋梦麟在北大的管理和中西融合上贡献杰出。

我们寄希望于续编的出版，能够比较完整地向读者介绍四位传主的教育思想、办学理念、办学实践，能够向读者彰显他们的教育家精神。但限于多种条件，书中难免存在不尽如人意甚至错讹之处，敬希读者谅解并给我们提出批评改进意见，以便再版时修订完善。

储朝晖

2015年12月

总　序

顾明远

2007年3月5日，温家宝总理在第十届全国人大第五次会议的《政府工作报告》中郑重宣布：要提倡教育家办学。这个问题的提出显示出中国急需教育家却又缺少教育家。《国家中长期教育改革和发展规划纲要（2010～2020年）》更明确提出："造就一批教育家，倡导教育家办学。"

然而，现今即使是专门从事教育工作的人，对怎样才是真正的教育家却也没有清晰的认识。为解决这一问题，中央教育科学研究所研究员储朝晖与时任四川教育出版社社长安庆国在编写一套《20世纪中国教育家画传》丛书的想法上不谋而合，这对传承、传播中国20世纪教育家的办学理念，弘扬其教育精神和优秀思想，促进教育家办学的早日全面实现十分有益，也十分必要。

这套丛书所选择的十位传主是经过教育史专业的学者海选而产生的，他们是王国维、蔡元培、陶行知、张伯苓、胡适、梅贻琦、黄炎培、徐特立、陈鹤琴、晏阳初，我认为他们确实代表了20世纪对中国教育有巨大影响的教育家群体。

这套丛书突出传主的教育思想、办学理念、办学实践，尤其凸显传主的教育家精神；注重以史料为依据，对传主的教育贡献作客观评价，实事求是，还原历史，避免主观，不做有意拔高；全书插入大量珍贵历史图片，以图文并茂的方式呈现历史画卷，使得丛书具有了较高的学术价值、收藏价值以及观赏性和可读性。同时，丛书主编精心挑选各位传主研究方面的专家担任各分册作者，较好地保证了整套丛书的编写深度和质量。其中黄延复研究梅贻琦、宋恩荣研究晏阳初、梁吉生研究张伯苓、戴永增研究徐特立、金林祥研究黄炎培、储朝晖研究陶行知都有二十多年了。我与储朝晖第一次见面是在1988年，他拿着一封方明的信来找我，正是为了查阅北京师范大学图书馆特藏部的陶行知研究资料。北京大学图书馆研究馆员邹新明研究胡适，西南大学教授谢长法研究黄炎培，陈鹤琴外孙柯小卫研究陈鹤琴，青年传记文学作家窦忠如研究王国维，他们也都是长期从事相关研究的专家学者，堪称黄金组合。这套丛书将有助于读者更好地领会各位教育家的精神真谛。

希望这样一套难得的好书，能激励有志教育的人成为教育家，切实有效地推动中国的教育家办学进程。

对科学院的答复

陈寅恪

　　我的思想，我的主张完全见于我所写的王国维纪念碑中。王国维死后，学生刘节等请我撰文纪念。当时正值国民党统一时，立碑时间有年月可查。在当时，清华校长是罗家伦，是二陈（ＣＣ）派去的，众所周知。我当时是清华研究院导师，认为王国维是近世学术界最主要的人物，故撰文来昭示天下后世研究学问的人。特别是研究史学的人。我认为研究学术，最主要的是要具有自由的意志和独立的精神。所以我说"士之读书治学，盖将以脱心志于俗谛之桎梏"。"俗谛"在当时即指三民主义而言。必须脱掉"俗谛之桎梏"，真理才能发挥，受"俗谛之桎梏"，没有自由思想，没有独立精神，即不能发扬真理，即不能发扬真理，即不能研究学术。学说有无错误，这是可以商量的，我对于王国维即是如此。王国维的学说中，也有错的，如关于蒙古史的一些问题，我认为就可以商量。我的学说也有错误，也可以商量，个人之间的争吵，不必芥蒂。我、你都应该如此。我写王国维诗，中间骂了梁任公，给梁任公看，梁任公只笑了笑，不以为芥蒂。我对胡适也骂过。但对于独立精神，自由思想，我认为是最重要的，所以我说"惟此独立之精神，自由之思想，历千万祀，与天壤而同久，共三光而永光"。我认为王国维之死，不关与罗振玉之恩怨，不关满清之灭亡，其一死乃以见其独立自由之意志。独立精神和自由意志是必须争的，且须以生死力争。正如词文所示，"思想而不自由，毋宁死耳。斯古今仁圣所同殉之精义，其岂庸鄙之敢望"。一切都是小事，唯此是大事。碑文中所持之宗旨，至今并未改易。

我决不反对现在政权，在宣统三年时就在瑞士读过《资本论》原文。但我认为不能先存马列主义的见解，再研究学术。我要请的人，要带的徒弟都要有自由思想、独立精神。不是这样，即不是我的学生。你以前的看法是否和我相同我不知道，但现在不同了，你已不是我的学生了。所以周一良也好，王永兴也好，从我之说即是我的学生，否则即不是。将来我要带徒弟，也是如此。

因此，我提出第一条："允许中古史研究所不宗奉马列主义，并不学习政治。"其意就在不要有桎梏，不要先有马列主义的见解，再研究学术，也不要学政治。不止我一个人要如此，我

陈寅恪画传

要全部的人都如此。我从来不谈政治，与政治决无连涉，和任何党派没有关系。怎样调查，也只是这样。

因此我又提出第二条："请毛公或刘公给一允许证明书，以作挡箭牌。"其意是毛公是政治上的最高当局，刘少奇是党的最高负责人。我认为最高当局也应和我有同样的看法，应从我之说。否则，就谈不到学术研究。

至如实际情形，则一动不如一静，我提出的条件，科学院接受也不好，不接受也不好。两难。我在广州很安静，做我的研究工作，无此两难。去北京则有此两难。动也有困难。我自己身体不好，患高血压，太太又病，心脏扩大，昨天还吐血。

你要把我的意见不多也不少地带到科学院。碑文你带去给郭沫若看。郭沫若在日本曾看到我的王国维诗。碑是否还在，我不知道。如果做得不好，可以打掉，请郭沫若做，也许更好。郭沫若是甲骨文专家，是"四堂"之一，也许更懂得王国维的学说。那么我就做韩愈，郭沫若就做段文昌，如果有人再做诗，他就做李商隐也很好。我的碑文已流传出去，不会湮没。[1]

---

[1] 陆键东：《陈寅恪的最后二十年》，生活·读书·新知三联书店1995年版，第111～113页；《陈寅恪集·讲义及杂稿》，生活·读书·新知三联书店2009年版，第463～465页。

成千上万人的咆哮，今天早已成为过去，而唯此盲叟的文字却清音独远，宁不令人萌有"尔曹身与名俱灭，不废江河万古流"之感。史家陈先生生前死后的际遇，似乎也是一幕历史理性的狡猾吧。

——何兆武 [1]

　[1] 何兆武:《与陈寅恪先生相关的两件事》,《万象》2003年第10～11期；《何兆武思想文化随笔》, 科学出版社2012年版, 第369页。

目录 Contents

目录 Contents

目录 Contents

江西修水（旧称义宁）桃里竹塅的陈家大屋。

家 世

光绪十六年五月十七日（1890年7月3日），陈寅恪出生在湖南长沙周氏蜕园。蜕园本为唐代刘蜕故居，清末为湘军名将周达武购得，周达武将其改建为一座苏州园林式宅院。宅院大门前临通泰大街，正屋是几进平房，正屋之后是花园。其时陈家租住在周宅。

后来周达武之子朱剑凡办周南女学，以蜕园为校址。

周南女子中学校门。

晚年陈宝箴。

祖父陈宝箴（1831～1900），谱名陈观善，字相真，号右铭，晚年自号四觉老人，江西义宁客家人。右铭先生有才气，有文名，在佐其父办团练时，即为曾国藩所赏识，数次邀请加入他的幕府，并送右铭先生一副对联，以表仰慕，其下联为："半杯旨酒待君温"，足见其推崇右铭先生。右铭先生一度入曾国藩幕府，历任浙江、湖北按察使，1895年就任湖南巡抚，主张变法维新。戊戌变法失败后，以"滥保匪人"遭革职、永不录用之处分。

父陈三立（1853～1937），字伯严，号散原。光绪十三年（1887）进士，后为吏部主事，与谭嗣同等相友善，戊戌之变后亦被革职，此后隐居不涉世务，致力于诗文，被誉为中国最后一位传统诗人，有《散原精舍诗》《散原精舍文集》流传于世。卢沟桥事变，日军攻陷北平，老人悲愤绝食而死。

母俞明诗（继配），浙江山阴（今绍兴）人，能诗而擅鼓琴，有《神雪馆诗集》（未刊）。

长兄衡恪，又名师曾，号槐堂，近现代著名画家、艺术教育家。

1929年秋，陈三立摄于上海。

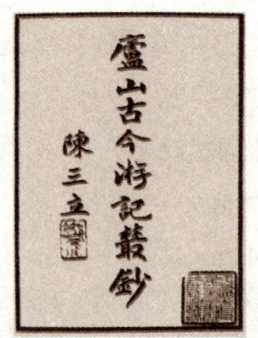

陈三立手迹。

陈宝箴领诸孙合影于江西南昌。左起：方恪、寅恪、侄孙覃恪、宝箴、封可（衡恪子）、衡恪、隆恪。（1899年）

仲兄隆恪，诗酷肖其父，能传衣钵。父亲遇朋辈求诗，常命代笔。

弟方恪，亦为有名的才子、诗人，后任职于南京图书馆。

小弟登恪，曾留学法国，后从事学术研究，东南大学、武汉大学中文系教授，名学者。

此外还有妹三人：康晦、新午、安醴。

童　年

陈寅恪生在寅年，由于祖父右铭公已赴湖北，祖母黄老夫人就按族谱排行"恪"字，取名"寅恪"。他出生的时候，适逢熊鹤村老人来拜访。老人是当地一位知名文士，为宝箴、三立父子的年长诗友，与三立时有唱和，其时九十高龄。祖母黄老夫人欲借熊鹤村老人福寿，以"鹤寿"为字，但后来未曾使用。家谱中所记载的寅恪的号"彦恭"，也从未用过。[1]

　　1896年春，在湖南长沙巡抚署后花园"又一村"，寅恪与兄妹一同拍摄了他平生第一张照片。照相在当时是件稀罕的事。寅恪心中暗自思量：长大后恐怕难以辨认出照片上哪个小孩是自己，刚好拍照时他站在一株桃树旁边，便伸手握住一枝桃花作为标记，想将来再看时必定不致认错。[2]

1896年，陈氏兄妹合影于长沙巡抚署后花园"又一村"。左起陈康晦、陈隆恪、陈新午、陈方恪、陈寅恪。

[1] 蒋天枢：《陈寅恪先生编年事辑（增订本）》，上海古籍出版社1997年版，第9页。
[2] 陈流求、陈小彭、陈美延：《也同欢乐也同愁：忆父亲陈寅恪母亲唐篔》，生活·读书·新知三联书店2010年版，第21页。

启　蒙

　　陈寅恪还没到启蒙年龄时，看到兄长和亲友子弟在家塾读书，十分羡慕。兄长们上课，他就静静地躲在门外专心听，很快就记牢了老师所讲的内容，并能熟练背诵。六岁的时候，开始在家塾读书。

　　光绪二十三年十二月十八日（1898年1月18日），黄老夫人病逝于长沙巡抚署内。5月，陈宝箴奏请力行新政，并提出兴事、练兵、筹款三策以挽救危亡。7月，又保荐杨锐、刘光第参与新政。9月21日，北京政变，西太后训政。10月6日，朝廷下谕："湖南巡抚陈宝箴，以封疆大吏滥保匪人，实属有负委任。陈宝箴

1898年摄于长沙。左起陈隆恪、陈覃恪、陈衡恪、陈寅恪、陈方恪。

着即革职，永不叙用。伊子吏部主事陈三立，招引奸邪，着一并革职。"[1]所谓"滥保匪人"，就是朝廷所诛"戊戌六君子"中的杨锐、刘光第二人乃陈宝箴所荐。

11月3日，陈宝箴、陈三立带领全家，护送着黄老夫人灵柩，离开长沙回江西；大概12月初抵达南昌，在头条巷租屋住下。接着，陈宝箴到西山山南青山村一带相卜墓地，并于来年春末葬黄老夫人于西山下。后陈家又在墓侧筑室，取青山二字组成的"崝"字，名为"崝庐"，乡民称为"陈公馆"。

1900年4月，父亲陈三立带领家人从南昌到南京，在珠宝廊租屋居住。右铭老人则留在南昌，准备秋天来南京。7月22日（农历六月二十六日丙申），右铭老人忽染微疾，去世，享年七十。去世时至亲子孙都不在身边，散原先生闻讯后日夜兼程，从南京赶回南昌奔丧。

1901年2月（农历辛丑年正月）后，陈家搬到中正街，租刘世珩宅居住。这里很宽敞，厅后有雅室，颜曰"编心斋"，原为刘世珩藏书之所，散原先生起居其间，以诗文自娱。[2]散原先生在家中办了一所学堂，除教授四书五经外，还开有数学、英语、音乐绘画等课程，也有文、体设备。这所学堂除了方便自己家中子弟外，亲戚朋友家子弟也来学习，茅以升、茅以南兄弟就在这里学习。陈寅恪和其他几位兄弟都是在这里打下他们旧学的基础。

陈家请的老师有王伯沆、柳翼谋、萧屋泉等。萧屋泉同时是画家，教过陈寅恪三位妹妹学画。教师初到的时候，散原先生和他们约定：第一、不打学生，第二、不背书。这和当时一般教师规范不大相同。陈寅恪兄弟几人就是在这样轻松活泼的自由气氛中，度过他们的蒙馆生活。[3]

散原老人藏书很丰富，家里具备了良好的读书条件。

---

[1] 卞僧慧：《陈寅恪先生年谱长编（初稿）》，中华书局2010年版，第43页。
[2] 李开军：《陈三立年谱长编》（中册），中华书局2014年版，第557～558页。
[3] 蒋天枢：《陈寅恪先生编年事辑（增订本）》，上海古籍出版社1997年版，第12～13页。

陈寅恪大舅俞明震时任江南陆师学堂总办（即校长），住在头条巷。陈家建新屋，与俞明震的"俞园"比邻，两家衡宇相望，往来近便。俞家虽然藏书不富，但也有一些精本。

陈寅恪同时得窥两家藏书，学识日增。他嗜书如命，见书就读，各种古籍和佛书无不浏览，不分昼夜埋头在浩如烟海的书籍中。[1] 由于阅读过度，不知保护视力，影响了眼睛发育，造成严重损伤。他后来告诉友人：

因龆龄嗜书，无书不观，夜以继日。旧日既无电灯，又无洋烛，只用小油灯，藏之于被褥之中，而且四周放下蚊帐以免灯光外露，防家人知晓也。加以清季多有光纸石印缩印本之书，字既细小，且模糊不清，对目力最有损伤。而有时阅读，爱不释手，竟至通宵达旦。久而久之，形成了高度近视。[2]

游　学

1902年2月，俞明震受两江总督刘坤一委派，到日本视察学务，并送陆师学堂及附设矿物铁路学堂学生共计二十八名到日本留学。鲁迅即在此批留日学生之列。长兄陈衡恪以文案身份携寅恪随行。

1904年，日本留学时的三兄弟，衡恪（右）、寅恪（中）、隆恪（左）。

［1］蒋天枢：《陈寅恪先生编年事辑（增订本）》，上海古籍出版社1997年版，第19～20页。
［2］王钟翰：《陈寅恪先生杂忆》，载《纪念陈寅恪教授国际学术讨论会文集》，中山大学出版社1989年版，第50页；卞僧慧《陈寅恪先生年谱长编（初稿）》，中华书局2010年版，第46页。

陈隆恪题诗。

1904年夏天，陈寅恪假期返回南京，与仲兄隆恪一同考取官费留日学生名额。[1] 11月23日，陈寅恪与隆恪乘船自上海再次赴日本留学。同船留日学生共一百二十人。其时派往泰西留学的有四十人，两船一起出发。

1905年冬天，陈寅恪与衡恪、隆恪趁寒假一同回国。陈寅恪因患脚气病，第二年在家休养。

1907年春，陈寅恪插班考入上海复旦公学，与竺可桢为同班同学。

1909年，陈寅恪二十岁，以第一名的成绩从复旦公学毕业。先回南京看望父母。秋天，经上海赴德国，入柏林大学。陈三立到上海送陈寅恪，作有《抵上海别儿游学柏灵》。诗云：

复旦公学考试等第名册。（原件藏复旦大学档案馆）

---

[1] 蒋天枢：《陈寅恪先生编年事辑（增订本）》，上海古籍出版社1997年版，第22页。

海七万里波千层，孤游有如打包僧。

惘惘遣儿歇浦上，探骊画虎吁难凭。

分剖九流极怪变，参法奚异上下乘。

后生根器养蛰伏，时至傥作摩霄鹰。

云昏雨暗一舸香，侧足伫望魂轩腾。

送者伶俜自厓返，莫问鲸鳄高丘陵。[1]

……

　　这次游德，得到了亲友们的资助。

　　1910年秋，在柏林大学就读的陈寅恪听到日本吞并朝鲜的消息，作了《庚戌柏林重九作时闻日本合并朝鲜》诗。云：

昔时尝笑王政君，腊日黑貂独饮酒。

长陵鬼馁汉社屋，区区节物复何有。

今来西海值重阳，思问黄花呼负负。

登临无处觅龙山，闭置高楼若新妇。

偶然东望隔云涛，夕照苍茫怯回首。

惊闻千载箕子地，十年两度遭屠剖。

玺绶空辞上国封，传车终叹降王走。

欲比虞宾亦未能，伏见犹居昌德右。

陶潜已去羲皇久，我生更在陶潜后。

兴亡今古郁孤怀，一放悲歌仰天吼。[2]

[1] 卞僧慧：《陈寅恪先生年谱长编（初稿）》，中华书局2010年版，第55页。
[2]《陈寅恪集·诗集》，生活·读书·新知三联书店2009年版，第3页。

"箕子"为商纣王伯父,传说周武王灭商后远走朝鲜,故云"惊闻千载箕子地"。1905年,朝鲜与日本订立第二次《日韩协定》,朝鲜沦为日本附庸;此年朝鲜再次与日本订立《日韩合并条约》,被日本吞并,故诗云"十年两度遭屠剖"。

朝鲜本为清朝附属国,被日本兼并,对中国人是极大的刺激。恽毓鼎当时日记云:"日韩两国于昨日订约,联邦合并,归日本管理。东方古国从此亡矣(韩皇岁给俸一百五十万元)。麦秀黍离之感,长蛇封豕之忧,不禁交集于心,为高丽痛,为吾国危,与锡三相向叹息,几至泪下。"[1]雷铁厓亦谓:"自日本合并朝鲜,吾国人惊魂动魄,呼号奔走,惧步朝鲜之后尘。"[2]戴季陶评论道:"是则韩国之存亡问题,即吾国国权之消长问题,亦即吾国实力之增减问题。韩存虽于吾国全部无绝大关系,而亡则吾国政治、军事、实业等之受祸,实有不胜枚举者。""韩亡则满洲亡,满洲亡则内地之日本势力益盛,大好神州恐将变为岛夷之殖民地矣。"[3]陈寅恪诗之感慨亦在此。

1911年春,陈寅恪脚气旧病复发,需要换地方疗养,于是去挪威旅游,待了二十来天,病愈。期间写有《北海舟中》《易卜生墓》《皮桓生墓》等游挪威诗。是年秋,到瑞士苏黎世大学学习。

1912年春,从瑞士归国,住上海。这次回国主要是因为资用不给,为筹措费用而暂时回国。

1913年春,去巴黎大学学习。

1914年7月28日,第一次世界大战爆发。秋天,江西省教育司副司长符九铭电召陈寅恪回到南昌,阅留德学生考卷,并许补江西省留学官费。

---

[1] 恽毓鼎:《澄斋日记》(下册),浙江古籍出版社2004年版,第497页。

[2] 雷铁厓:《中国与朝鲜之比较》,原载槟榔屿《光华日报》1910年12月30日;唐文权编:《雷铁厓集》,华中师范大学出版社1986年版,第147页。

[3] 戴季陶:《日韩合邦与中国之关系》,原载《中外日报》1910年8月5日;《戴季陶集》,华中师范大学出版社1990年版,第29～31页。

　　1915年春,陈寅恪曾到过北京。当时,北京成立全国经界局筹备处,蔡锷任督办,陈寅恪入京任蔡锷秘书。经界局遴选人员任编辑,分译东西图籍,详溯中国经界源流。是年11月,蔡锷即逃出北京,故陈寅恪任秘书时间应该很短。

　　蔡锷与陈家素有渊源。蔡锷十六岁投考长沙时务学堂,陈三立与熊希龄、江标同为监考,因蔡学识尚稚,答卷文理欠通,本已淘汰。陈三立以其年幼可造,予以特别录取。[1]

　　1917年秋,京师图书馆聘陈寅恪为主席,陈寅恪没有去。这时候的陈寅恪正准备赴美国。[2]这年,陈寅恪侄儿陈封怀在南京金陵大学农学院读书,陈寅恪送了他一本自己在英国读过的原版《莎士比亚集》,上面每个剧本后面都有他用文言文写的评语。叔侄二人经常谈论欧洲各国的历史和文学。陈寅恪对英、德、法语言文字及学术已经有了特别深入的理解。[3]

　　1918年11月,陈寅恪经上海赴美国。本来陈寅恪要重赴德国,但因第一次世界大战尚未完全结束,所以先去了美国。

　　1919年1月29日,陈寅恪在哈佛大学注册为文理研究院一年级研究生,专业是历史,主要是世界史,选了"歌德的《意大利之旅》"与"现代德国史"两门课,住在麻省大道1134号公寓,同住的是文理研究院哲学专业一年级研究生俞大维(陈寅恪舅舅俞明颐的儿子)和商学院一年级研究生金麒章。

青年陈寅恪。

---

[1] 吴宗慈《陈三立传略》:"民十一年壬戌,与梁启超晤叙金陵,二十年前之湘事同志也。低徊往事,不胜感怆。语次及蔡锷。锷,梁氏之受业弟子也,先生谓梁曰:'松坡昔考时务学堂,年十六,文不通,已斥,余因其稚特录之,后从子学乃大成。今其人往矣,不可复得。'盖深许其反对洪宪帝制,而又惜其功业之不竟也。"

[2] 蒋天枢:《陈寅恪先生编年事辑(增订本)》,上海古籍出版社1997年版,第39页。

[3] 蒋天枢:《陈寅恪先生编年事辑(增订本)》,上海古籍出版社1997年版,第39页。

青年竺可桢。　　　　　青年俞大维。　　　　　青年吴宓。

1919年秋季学期开始，陈寅恪注册为二年级研究生，专业改为古代诸语言，主要集中学习印度语文学，旁及古典学和闪米特研究。开学前，陈寅恪搬到了赫山街36号，俞大维、金麒章继续住在原处，两个住处仅隔两百多米，往来很方便。赫山街附近居住的哈佛学生很多，以本科生为主。当时，吴宓是本科生，汤用彤是文理研究院一年级研究生，通过俞大维的介绍，他们认识了陈寅恪。俞大维注意到兰曼（Charles R. Lanman，1850～1941）在教授梵文和巴利文，在他的介绍下，陈寅恪、汤用彤也都选了兰曼的课。这学期，陈寅恪选修的课有"初级希腊文""梵文及其与英文、拉丁文、希腊文之关联"的a、b段。这门梵文课程分别在上、下两个学期讲授，上学期主要讲梵文语法，下学期则讲兰曼自己编的《梵文读本》。这门课只有几个学生，在兰曼家进行。陈寅恪第一学年的梵文成绩是"B"，以后盖因师友之鼓励，他的梵文和巴利文成绩都跃升为"A"，得到兰曼的高度评价。[1]

1920年秋，陈寅恪进入研究生三年级，他搬到了特罗桥街14号单独居住。

---

[1] 林伟：《陈寅恪的哈佛经历与研习印度语文学的缘起》；陈怀宇：《陈寅恪留学哈佛史事钩沉及其相关问题》，《清华大学学报（哲学社会科学版）》2012年第5期。

这是一独栋小楼，相比于前两个住处，较为安静一些，更有利于专心读书。

这学期陈寅恪选修的课程，分别是"柏拉图与亚里士多德""荷马与希罗多德""巴利文""巴利文（续）""哲学梵文""梵文讨论会"和"阿拉伯文"。[1]

吴宓自编年谱："1919年1月底2月初，陈寅恪君来美国。先寓康桥区之Mt. Auburn街，由俞大维君介见。以后宓恒往访，聆其谈述，则寅恪不但学问渊博，且深悉中西政治、社会之内幕……述说至为详切。"[2]

后来陈寅恪可能觉得哈佛的古代语言研究深受德国影响，于是决定返回德国，和俞大维一起到柏林去。[3] 1921年9月，陈寅恪离开美国，再赴德国，进入柏林大学研究院，研究梵文、巴利文、藏文等东方古文字学。在欧洲大约待了四年。

俞大维《怀念陈寅恪先生》一文回忆：

我与陈寅恪先生，在美国哈佛大学、德国柏林大学连续同学七年。……寅恪先生在美国哈佛大学，随Lanman学习梵文与巴利文二年，在德国柏林大学随Luders学习梵文及巴利文近五年。回国后，在北平，他又与钢和泰（Baron A. Stael Von. Holstein）继续研究梵文四五年。前后共十余年，故他的梵文和巴利文都特精。……寅恪先生又常说，他研究中西一般的关系，尤其于文化的交流、佛学的传播及中亚的史地，他深受西洋学者的影响，例如法国的P. Pelliot（伯希和）、德国的F.W.K. Mueller、俄国的W. Barthold及其他国学者。[4]

---

［1］林伟：《陈寅恪的哈佛经历与研习印度语文学的缘起》；陈怀宇：《陈寅恪留学哈佛史事钩沉及其相关问题》，《清华大学学报（哲学社会科学版）》2012年第5期。
［2］《吴宓自编年谱：1894～1925》，生活·读书·新知三联书店1995年版，第188～189页。
［3］林伟：《陈寅恪的哈佛经历与研习印度语文学的缘起》；陈怀宇：《陈寅恪留学哈佛史事钩沉及其相关问题》，《清华大学学报（哲学社会科学版）》2012年第5期。
［4］《陈寅恪先生全集（上）》，里仁书局1979年版，第11～19页。

陈寅恪在柏林大学时,毛子水亦在柏林。毛子水名准,后任北大教授。毛子水《记陈寅恪先生》一文回忆:"我于民国十二年二月到德国柏林。那年夏天傅孟真也从英国来柏林,我见到他时他便告诉我:在柏林有两位中国留学生是我国最有希望的读书种子:一是陈寅恪,一是俞大维。我认识这两位,大概也是由孟真介绍。……赵元任夫妇游柏林时,寅恪也还在柏林。寅恪、元任、大维、孟真,都是我生平在学问上最心服的朋友;在国外能晤言一室,自是至乐。"[1]

这时,国内时局动荡,江西省教育厅官费时不时停寄。此后一两年间,陈寅恪在德国的生活至为艰苦。

女儿美延后来追记:"父亲在德留学期间,官费停寄,经济来源断绝,父亲仍坚持学习。每天一早买少量最便宜面包,即去图书馆度过一天,常常整日没正式进餐。日子一长,营养太差,加以学习繁重,终于大病,回国修养。"[2]

陈寅恪在柏林大学学习时虽生活艰苦,但仍然节衣缩食购买书籍。除在国外收集各种研究所用的书籍外,还请妹妹新午筹款在国内为他购买。1923年,陈寅恪给新午写了一封长信,陈述自己的治学志向,托她帮自己购买书籍。

我前见中国报纸告白,商务印书馆重印日本刻《大藏经》出售,其预约券价约四五百元。他日恐不易得,即有,恐价亦更贵。不知何处能代我筹借一笔款,为购此书。因我现必需之书甚多,总价约万金。最要者即西藏文正续藏两部,及日本印中文正续大藏,其他零星字典及西洋类书百种而已。若不得之,则不能求学。我之久在外国,一半因外国图书馆藏有此项书籍。一归中国,非但不能再研究,并将初着手之学亦弃之矣。我现甚欲筹得一宗巨款购书,购就即归国。此款此时

[1] 蒋天枢:《陈寅恪先生编年事辑(增订本)》,上海古籍出版社1997年版,第51~52页。
[2] 蒋天枢:《陈寅恪先生编年事辑(增订本)》,上海古籍出版社1997年版,第52页。

何能得，只可空想，岂不可怜。我前年在美洲写一信与甘肃宁夏道尹，托其购藏文大藏一部，此信不知能达否。即能达，所费太多，渠知我穷，不付现钱，亦不肯代垫也。西藏文藏经，多龙树马鸣著作而中国未译者。即已译者，亦可对勘异同。我今学藏文甚有兴趣，因藏文与中文，系同一系文字，如梵文之与希腊、拉丁及英、俄、德、法等之同属一系。以此之故，音韵训诂上，大有发明。因藏文数千年已用梵音字母拼写，其变迁源流，较中文为明显。如以西洋语言科学之法，为中藏文比较之学，则成效当较乾嘉诸老，更上一层。然此非我所注意也。我所注意者有二：一历史（唐史、西夏），西藏即吐蕃，藏文之关系不待言。一佛教，大乘经典，印度极少，新疆出土者亦零碎。及小乘律之类，与佛教史有关者多；中国所译，又颇难解。我偶取《金刚经》对勘一过，其注解自晋唐起至俞曲园止，其间数十百家，误解不知其数。我以为除印度、西域外国人外，中国人则晋朝、唐朝和尚能通梵文，当能得正确之解，其余多是望文生义，不足道也。隋智者大师天台宗之祖师，其解"悉檀"二字，错得可笑（见《法华玄义》），好在台宗乃儒家五经正义二疏之体，说佛经，与禅宗之自成一派，与印度无关者相同，亦不要紧也。（禅宗自谓由迦叶传心，系据《护法因缘传》。现此书已证明为伪造。达摩之说，我甚疑之。）旧藏文既一时不能得，中国大藏，吾颇不欲失此机会，惟无可如何耳。又蒙古、满洲、回文书，我皆欲得。可寄此函至北京，如北京有满、蒙、回、藏文书，价廉者，请大哥五哥代我收购，久后恐益难得矣。[1]

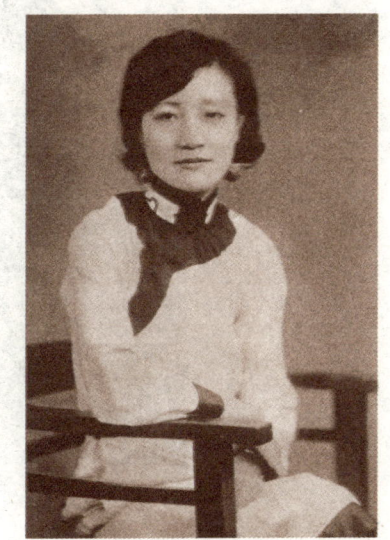

青年陈新午。

---

[1]《与妹书（节录）》，《陈寅恪集·书信集》，生活·读书·新知三联书店2011年版，第1~2页。

这封信的节录以《与妹书》的题目发表在1923年8月第二十期的《学衡》杂志上。可以知道,此时在柏林的陈寅恪,经济情况相当糟糕,再加上平日喜欢花钱购书,经济压力就更大。

1925年4月,陈寅恪摄于德国柏林。

海寧王先生紀念碑銘

海寧王先生自沉後二年
陶冶煦育者有年尤思有
之辭命寅恪數辭不獲已
士之讀書治學蓋將以脫
毋寧死耳斯古今仁聖所
自由之意志非所論於一
不忘求哲人之大奇節而
章先生之學說或有時而
而同久共三光而永光
義寧陳寅恪撰
新會梁思成擬
中華民國十八年六月三

王国维遗书手迹。

清华国学研究院导师

1925年春，北京清华学校创办国学研究院。

清华学校原为留美预备学校，1923年开始筹划逐步改为大学，决定自1924年起为大学筹建期，并从这年起停止招收旧制留美预备生。1924年10月，清华学校校务委员会通过"大学筹备委员会"草拟的《清华大学之工作及组织纲要》，决定在筹建大学部的同时，筹备创建研究院，以"备清华大学或他校之毕业生，对特种问题为高深之研究"，但"具体计划当视本校之财力、人力，与所选之问题而定"。[1]研究院原拟兼办自然科学、社会科学各科，后来因为经费所限，先办国学一科。

关于清华学校创办国学研究院的目的和宗旨，《研究院章程·缘起》道：

学问者，一无穷之事业也。其在人类，则与人类相终始；在国民，则与一国相终始；在个人，则与其一身相终始。今之施高等教育专门教育者，不过与以必要之预备，示以未来之途径，使之他

---

[1] 孙敦恒：《清华国学研究院史话》，清华大学出版社2002年版，第11页。

日得以深造而已。故东西各国大学，于本科之上更设大学院，以为毕业生研究之地。近岁北京大学亦设研究所。本校成立十有余年，今年既新设大学部，复以地处京师西郊，有交通之便，而无嚣尘之烦，故拟同时设立研究院。良以中国经籍，自汉迄今，注释略具，然因材料之未备与方法之未密，不能不有待于后人之补正。又近世所出古代史料，至为伙颐，亦尚待会通细密之研究。其他人事方面，如历代生活之情状，言语之变迁，风俗之沿革，道德、政治、宗教、学艺之盛衰；自然方面，如川河之迁徙，动植物名实之繁赜，前人虽有纪录，无不需专门分类之研究。至于欧洲学术，新自西来，凡哲理文史诸学，非有精深比较之攻究，不足以把其菁华而定其取舍。要之，学者毕致其曲，复观其通，然后足当指导社会昌明文化之任。然此种事业，终非个人及寻常学校之力所能成就，此研究院之设所以不可缓也。本校有鉴于此，因念大学院之成立尚需四五年，乃设立研究院，先开办国学一门，延名师，拓精舍，招海内成学之士，凡国内外大学毕业者，与现任教育事业，或闭户自修，而有相当之学力者，入院肄业，分门研究，冀于世界文化有所贡献。[1]

吴宓在《清华开办研究院之旨趣及经过》一文中作了进一步的阐述。他说：

本校设立研究院之初意，详见曹校长所著《西方文化与中国前途之关系》小册子中（民国十三年五月出版），至于研究院之切实宗旨及办法，则备具于《研究院缘起及章程》。曹校长之意，约分三层：（一）值兹新旧递嬗之际，国人对西方文化，宜有精深之研究，然后可以选择适当，融化无碍；（二）中国固有文化之各方面（如政治、经济、哲理学），须有通彻之了解，然后于今日国计民生，种种重

---

[1]《研究院章程·缘起》，《清华周刊》第360期，1925年10月25日，第21～22页；孙敦恒：《清华国学研究院史话》，清华大学出版社2002年版，第14～15页。

要问题，方可迎刃而解，措置咸宜；（三）为达上言之二目的，必须有高深学术机关，为大学毕业及学问已有根柢者进修之地，且不必远赴欧美，多耗资财，所学且与国情隔阂，此即本校设立研究院之初意。总之，研究院所具之目的及效用，非可期之于寻常之普通专门教育者。适值本校改变政策，另订游美办法，设立大学普通专门科，研究院亦得同时实现。原拟规模甚大，兼办各科（如自然科学、社会科学等），嗣以经费有限，只能先办国学一科，且以国学之在今日，尤为重要……故今即开办研究院，而专修国学。惟兹所谓国学者，乃指中国学术文化之全体而言，而研究之道，尤注重正确精密之方法（即时人所谓科学方法），并取材于欧美学者研究东方语言及中国文化之成绩，此又本校研究院之异于国内之研究国学者也。研究院之地位：（一）非清华大学之毕业院（大学院），乃专门为研究高深学术之机关；（二）非为某一校造就师资，乃为中国养成通才硕学。研究院之性质：（一）研究高深学术，（二）注重个人指导。惟其如此，故不惜经费，布置种种，专为少数人谋研究学术之利便。学生名额极少，又复从严考试录取，期望甚大，所谓在精不在多也。又于教授、讲师，则务敦聘国内硕学重望，具有上言之三种资格：（一）通知中国学术文化之全体，（二）具正确精密之科学的治学方法，（三）稔悉欧美日本学者研究东方语言及中国文化之成绩，与学生以个人接触，亲近讲习之机会，期于短时间内，获益至多。[1]

　　蓝孟博《清华国学研究院始末》文引李济之语，则一句话概括为："国学研究院的基本观念，是想用现代的科学方法整理国故。"[2]

　　1925年2月12日，吴宓被正式任命为国学研究院筹备处主任。在上任之前，学校已经商定聘请王国维、梁启超、赵元任三人担任研究院导师。

　　[1] 吴宓：《清华开办国学研究院之旨趣及经过》，《清华周刊》第351期，1925年9月18日，第1～2页；卞僧慧：《陈寅恪先生年谱长编（初稿）》，中华书局2010年版，第90～91页。
　　[2] 蒋天枢：《陈寅恪先生编年事辑（增订本）》，上海古籍出版社1997年版，第56页。

曹云祥。

14日，吴宓向校长曹云祥和教务长张彭春建议聘请陈寅恪担任清华研究院导师。张彭春认为陈寅恪留学虽久，学问亦好，然而一无学位，二无著作，不符合聘任教授条件，为保证今后教授水平，不应放松聘任标准，不同意聘请。吴宓说：陈先生前后留学十八年，他人不过四五年。陈先生学问渊博，能与外国教授上下其议论，堪称学侣。虽无正式著作发表，仅就《学衡》所节录的《与妹书》，聊聊数百字，已足见其学问之广而深，识见之高而远。学校已聘定三教授，为院荐贤，职责所在，安能荐一人而尚不得。事情到这个时候，已经闹得很僵了。不得已，吴宓乘一次宴会的机会，用了一个小手段。当时席间有张彭春及张歆海、徐志摩等人，吴宓中途退席，去见曹云祥校长，再次建议聘请陈寅恪，并表示不聘陈寅恪，自己就辞职。曹云祥终于同意聘陈寅恪，吴宓当即用铅笔草拟了一份电报稿，经曹签字后拍出。张彭春事后知道这件事，十分生气。

电报是2月16日发给陈寅恪的。陈寅恪接到电报后，并没有立即答应。4月27日，吴宓接到陈寅恪信，提出两点要求：一是须多购书；二是因家务不能即时就聘，还要在国外继续研究两年，并采购必要图书。6月25日，吴宓再次接到陈寅恪信，终于答应清华之聘，需延迟到明年春天到校。聘陈之事，至此终于落实。吴宓感叹道："介绍陈来，费尽气力，而犹迟疑，难哉。"[1]随后，陈寅恪给吴宓去信，谈到购书的困难。吴宓即为陈寅恪预支薪金二千元和申请购书公款二千元，汇往柏

---

[1]《吴宓日记》（第三册，1925～1927），生活·读书·新知三联书店1998年版，第19页。

林。陈寅恪有了经费购买相关书籍，并做好回国准备。

当初倡议办国学研究院的时候，胡适推荐王国维主持。1925年4月18日，王国维举家搬到清华园西院。但王国维不肯任院长，改由外文系教授吴宓兼任研究院主任。同时聘请梁启超、赵元任任国学研究院教授。8月，梁启超住进清华园北院。赵元任住进清华园南院。[1]

到9月9日新学期开学，国学研究院到职的教职员共十人，主任吴宓外，计有教授王国维、梁启超、赵元任，讲师李济，助教陆维钊（9月辞职，由赵万里接任）、梁廷灿、章明煌，以及办公室职员卫士生、周光午。这样的教职员组成结构，很合王国维早年的论述："一校之中实行教授之人多，而名为管理之人少，则一校之成绩必可观矣。"[2]

各教授指导的学科范围如下：

王国维：经学（书、诗、礼），小学（训诂、古文字学、古韵），上古史，中国文学。

梁启超：诸子、中国佛学史、宋元明学术史、清代学术史、中国文学史、中国哲学史、中国文化史、东西交通史、中国史、史学研究法、儒家哲学、中国文学。

赵元任：现代方言学、中国音韵学、普通语言学。

陈寅恪：年历学（中国古代闰朔日月食之类），古代碑志与外族有关系者之比较研究，摩尼教经典回纥文译本之研究，佛教经典各种文字译本之比较研究（梵文、巴利文、藏文、回纥文及中亚细亚诸文字译文比较研究），蒙古、满洲之书籍及碑志与历史有关系者之研究。

李济：中国人种考。

---

[1] 蒋天枢：《陈寅恪先生编年事辑（增订本）》，上海古籍出版社1997年版，第56页。
[2] 《王国维遗书》（第五册），《静安文集续编》，上海古籍书店1983年版，第52页；《清华国学研究院史话》，清华大学出版社2002年版，第49页。

清华国学研究院教师合影。前排自左至右：李济、王国维、梁启超、赵元任，后排自左至右：章明煌、陆维钊、梁廷灿。（1925年）

清华国学研究院主任室职员合影。自左至右：卫士生、吴宓、周光午。（1925年）

9月14日，研究院正式开课。第一堂课是王国维的"古史新证"，听讲者甚众，除研究院全体学生外，新制大学部和旧制留美预备部的学生都有来旁听者。继之，梁启超的"中国历史"、王国维的"说文"、赵元任的"方言学"、李济的"人文学"也都如期开课。[1]

1925年底，陈寅恪结束了长达十多年的国外留学生涯，从德国柏林启程，预订了12月18日法国马赛港邮轮，然后通过苏伊士运河，经印度洋回到上海。此次归国带回了大量的书籍。[2]

[1] 孙敦恒：《清华国学研究史话》，清华大学出版社2002年版，第53页。
[2] 陈流求、陈小彭、陈美延：《也同欢乐也同愁：忆父亲陈寅恪母亲唐篔》，生活·读书·新知三联书店2010年版，第46页。

庐山松门别墅原貌回忆图。（卢世芳据陈小从忆述绘）

　　陈寅恪留学期间，由于国内军阀混战，局势时有不稳，江西省教育厅留学官费不能寄到，直到归国任教后才补齐，由隆恪操办，以此补偿款为父亲散原老人在庐山上买了一所洋人的旧别墅，散原老人命名为"松门别墅"。

　　陈寅恪回国后，即到杭州侍奉父亲。

　　1926年7月7日，陈寅恪抵达北京。下午一点左右，吴宓接到电话通知，说陈寅恪已经抵京。于是乘人力车进城，到西河沿新宾旅馆五号，去见陈寅恪，没有遇上。晚上五点，再到旅馆，才见到陈寅恪。吴宓同陈寅恪谈了清华学校的具体情况，然后邀请陈一同到香满园饭馆吃晚饭。[1]见到陈寅恪，吴宓非常兴奋，当日赋诗一首相赠。云：

[1]《吴宓日记》（第三册，1925～1927），生活·读书·新知三联书店1998年版，第34～35页。

经年瀛海盼音尘，握手犹思异国春。

　　独步美君成绝学，低头愧我逐庸人。

　　冲天逸鹤依云表，堕溷残英怨水滨。

　　灿灿池荷开正好，名园合与寄吟身。[1]

　　8日上午十点半，吴宓到新宾旅馆，与陈寅恪一起乘坐汽车回到清华学校。当时单身男教师住在清华园的工字厅，陈寅恪与吴宓同住工字厅的西客厅。当天及随后几月，吴宓陪同陈寅恪拜访了曹云祥校长、梅贻琦教务长、赵元任、王国维、梁启超等校内同事。

　　13日上午，吴宓介绍陈寅恪与陈垣（字援庵）见面，地点在中央公园的来今雨轩。吴宓先到，六点左右陈垣来，七点陈寅恪来，大家一起吃过西餐。为了方便陈寅恪与陈垣畅谈所学，于是到故宫参观，直到晚上十点半才分手。

　　7月中旬，陈寅恪生了一场小病，吴宓细心照顾，赵元任夫妇、王国维、李济都来看望。愈后，陈寅恪回南方家中休养了一段时间。8月25日，从杭州回到学校。27日，陈寅恪参加了由教务长梅贻琦主持的国学研究院本年度第二次教务会议，王国维、赵元任、李济亦到会。王国维报告说北京大学马衡教授代作王莽时代大斗量的模型一件，会议商议决定叫人去取。

　　9月2日，陈寅恪搬到清华园南院赵元任家。那时每家只住一所房子，因为赵元任的书多，所以他们特别要了南院的一号和二号。陈寅恪不想住在工字厅单身宿舍是嫌那里冷清，他愿意有家而又不愿意成家。赵元任夫妇就把二号让出一半给陈寅恪住，吃饭也在他们家。每次吃完饭，陈寅恪都要和赵元任聊上一两个小时。

---

　　[1]《吴宓诗集》（卷七，京国集上），商务印书馆2004年版，第143页。

当初在德国的时候, 午饭时间大家常常见面, 但因为都是穷学生, 说好各吃各的, 赵元任看到陈寅恪每次总是叫炒腰花。现在住在一起, 赵元任就总叫厨子做腰花, 可是陈寅恪一点都不吃。赵元任问: "你在德国不总是叫腰花吃吗? " 陈寅恪说腰花最便宜。赵元任说在中国可是最贵, 以后赵元任就不再买猪腰子了。

青年赵元任、杨步伟夫妇。

9月8日, 清华开学, 陈寅恪开普通讲演"西人之东方学之目录学"。

通过吴宓引荐, 浦江清来研究院任助教, 帮助陈寅恪。陈寅恪研究东方学, 讲授佛经考订方面课程, 浦江清帮助他编了一本梵文文法。陈寅恪讲课所用的中外书籍和参考文献几乎全是清华图书馆所未入藏的, 都得临时置备供应。浦江清和图书馆的顾子刚负责承办。[1]

陈寅恪讲课, 难度较大, 许多学生听起来都很吃力。研究院第二届学生姜亮夫, 原名寅清, 专修"小学", 专题研究"诗骚连绵字", 他回忆说:

浦江清。

　　寅恪先生广博深邃的学问是我一辈子也摸探不着他的底。他的最大的特点: 每一种研究都有思想作指导。听他的课, 要结合若干篇文章后才悟到他对

[1] 卞僧慧:《陈寅恪先生年谱长编(初稿)》, 中华书局2010年版, 第93～94页。

这一类问题的思想。他的比较研究方法令人拍案称奇。可惜我书读得少，与先生的差距实在太大，所以我记了许多的笔记。

听寅恪先生上课，我不由自愧外国文学太差。他引的印度文、巴利文及许许多多的奇怪的字，我都不懂，就是英文、法文，我的根底也差。所以听寅恪先生的课，我感到非常苦恼。去问他吧，几乎每个字都要问，而他的身体又很弱，冷天一到，他要穿两件皮袄⋯⋯

寅恪先生上课真了不起，有些地方虽然我还听不大懂（因为我外语基础差，佛学经典知识亦少），但我硬着坚持听下去，能记尽量记，课后再与同学对笔记，得到许多治学方法，所以我对寅恪先生极其佩服。例如寅恪先生讲《金刚经》，他用十几种语言，用比较法来讲，来看中国翻译的《金刚经》中的话对不对，譬如《金刚经》这个名称，到底应该怎么讲法，那种语言是怎么说的，这种语言是怎么讲的，另一种又是怎样，一说就说了近十种。最后他说我们这个翻译某些地方是正确的，某些地方还有出入，某些地方简直是错误的。因此寅恪先生的课我最多听懂三分之一（而且包括课后再找有关书来看弄懂的），除此以外，我就不懂了。[1]

蔡尚思没有赶上清华国学研究院第二次招生考试，于是直接拜王国维、梁启超为师，从王国维问经学、从梁启超问思想史。蔡尚思回忆说：

生平一直钦佩能通晓多种语言文字的学者，如辜鸿铭的通晓几国西文、陈寅恪的通晓东西方好多种语文，今人季羡林的通晓东西方几种语文。自己学过英、日文，也谈不上什么通晓。陈寅恪曾讲授梵文本某佛经，我听了，真像内地人说的"鸭子听雷声"，所以我至今不敢自称是他的学生。[2]

---

[1] 姜亮夫：《忆清华国学研究院》；王元化主编：《学术集林》（卷一），上海远东出版社1994年版，第232～241页；卞僧慧：《陈寅恪先生年谱长编（初稿）》，中华书局2010年版，第94～96页。
[2]《蔡尚思自传》，巴蜀书社1993年版，第57页。

　　蓝文徵,字孟博,研究院第四届学生,他回忆说:

　　陈先生演讲,同学显得程度很不够。他所会业已死了的文字,拉丁文不必讲,如梵文、巴利文、满文、蒙文、藏文、突厥文、西夏文及中波斯文非常之多,至于英、法、德、俄、日、希腊诸国文更不用说,甚至于连匈牙利的马扎儿文也懂。上课时我们常常听不懂,他一写,哦! 才知那是德文,那是梵文,但要问其音叩其义方始完全了解。[1]

　　但学力足以理解陈寅恪上课内容者,也每每能感受到他上课和谈话中的幽默与风趣。蓝孟博回忆说:

　　吴宓、朱自清都常来听讲。他的书房中各国各类书都有,处处是书,我们进去要先搬搬挪挪才能坐下。

　　平日讲书,字字是精金美玉,听讲之际,自恨自己语文修养太差,不配当他学生。每到他家,身上总带几本小册子,佣人送上茶果,有时先生也教我们喝葡萄酒,我们便问其来历,他于是把葡萄酒原产何处,原名什么,最早出现何处,何时又传到何处,一变成为何名,如此这般,从各国文字演变之迹,看它传播之路径。这些话我们都记在小册子里。[2]

　　先生极其幽默。有天我们在座,他说:我有个联送给你们:南海圣人再传弟子,大清皇帝同学少年。大家哄堂大笑。更妙的是北伐成功、全国统一后,政府派罗家伦接长清华,罗去看陈先生,我们也在座,罗送给先生一书,是他编的《科

[1] 陈哲三:《陈寅恪先生轶事》,转引自蒋天枢:《陈寅恪先生编年事辑(增订本)》,上海古籍出版社1997年版,第62页。
[2] 陈哲三:《陈寅恪先生轶事》,转引自蒋天枢:《陈寅恪先生编年事辑(增订本)》,上海古籍出版社1997年版,第62~63页。

学与玄学》，记张君劢、丁文江辩论的旧事，陈先生翻了翻便说：志希，我送你一联如何？罗说：甚好，我即刻去买上好的宣纸来。陈先生说：不用了，你听着：不通家法科学玄学，语无伦次中文西文。罗大笑不止。陈先生又说：我再送你一个匾额：儒将风流。又说：你在北伐军中官拜少将，不是儒将吗？你讨了个漂亮的太太，正是风流。他才思敏捷，诙谐风趣大率类此。[1]

比较语言研究

清华时期，陈寅恪感兴趣的是佛教文献的梵文原本和汉文译本之间的对勘，利用梵汉文本的不同来看印度佛教思想怎样在传入中国的过程中发生了变化，如佛教内典与外典互相参证，梵文、藏文、汉文、西夏文、突厥文本互相参证，研究印度佛教文化对中国文化的影响。

陈寅恪很重视语言文字。俞大维在《怀念陈寅恪先生》中提到：

寅恪先生由他念书起，到他第一次由德、法留学回国止；在这段时间内，他除研究一般欧洲文字外，关于国学方面，他常说"读书须先识字"。因是他幼年对于说文与高邮王氏父子训诂之学，曾用过一番苦功。到了中晚年，对他早年的观念，稍有修正。主要原因，是受了两位大学者的影响。一是瑞典汉学大家高本汉先生。高氏对古人入声字的说法，与假借字的用法，给他极大的影响。二是海宁王国维先生。王氏对寅恪先生的影响，是相得益彰的；对于殷墟文字，他受王氏

---

[1] 陈哲三：《陈寅恪先生轶事》，转引自蒋天枢：《陈寅恪先生编年事辑（增订本）》，上海古籍出版社1997年版，第63页。

的影响；对于梵文及西域文字，则王氏也受他的影响。[1]

这种从小打下的对于小学的兴趣，使得陈寅恪在美国留学时从最初的历史专业转到古语言专业，在德国转向历史比较语言学。陈寅恪的佛学研究始终带有十分浓厚的语言学特点，《支愍度学说考》一文即是一个很好的例子。

……

心无二字正确之解释果如何乎？请以比较方法定之。

与上引道行般若波罗蜜经道行品中"有心无心"之文同本而异译者，中文则有：

（一）……

（二）……

（三）……

（四）……

（五）宋施护译佛母出生三法藏般若波罗蜜多经壹了知诸行相品第一之一之彼心非心，心性净故。

等。藏文则有八千颂般若波罗蜜经（天清番经局本第三页下第一行）之

ḥdi ltar sems de ni sem s ma mchis pa ste sems kyi raṅ bshin ni ḥod gsalba lags so 即梵文本八千颂般若波罗蜜经（Astasāhasrika Prajñāpāramitā, ed. Raj Mitra, Bibliotheca Indica）之 cittam acittam prakrtic cittasya prabhāsvarā

据梵文本及中藏诸译本，知道行般若波罗蜜经道行品之"有心无心"之句，即梵文本之 cittam acittam。"心"即 cittam。"无心"即 acittam。而"无心"二字中文诸本除道行般若波罗蜜经及摩诃般若波罗蜜钞经外，其余皆译"非意"或"非心"。故知"无心"之"无"字应与下之"心"字联文，而不属于上之"心"字。"无

---

[1]《陈寅恪先生全集（上）》，里仁书局1979年版，第12页。

心"成一名词。"心无"不成一名词。心无义者殆误会译文，失其正读，以为"有'心无'心"，遂演绎其旨，而立心无之义欤？但此不仅由于误解，实当日学术风气有以致之。盖晋世清谈之士，多喜以内典与外书互相比附。僧徒之间复有一种具体之方法，名曰"格义"。"格义"之名，虽罕见载记，然曾盛行一时，影响于当日之思想者甚深，固不可以不论也。

丙、心无义与"格义"之关系

……

然则"格义"之为物，其名虽罕见于旧籍，其实则盛行于后世，独关于其原起及流别，就予所知，尚未有确切言之者。以其为我民族与他民族二种不同思想初次之混合品，在吾国哲学史上尤不可不纪。故为考其大略，以求教于通识君子焉。

……

戊、"格义"与"合本"之异同

中土佛典译出既多，往往同本而异译，于是有编纂"合本"，以资对比者焉。"合本"与"格义"二者皆六朝初年僧徒研究经典之方法。自其形式言之，其所重俱在文句之比较拟配，颇有近似之处，实则性质迥异，不可不辨也。支愍度与此二种不同之方法，间接直接皆有关系。"格义"已于前章论之，兹略述"合本"之形式及其意义于下：……出三藏记集八愍度法师合维摩诘经序云：

此三贤者（支恭明法护叔兰），并博综稽古，研机极玄，殊方异音，兼通关解，先后译传，别为三经同本，人殊出异。或辞句出入，先后不同，或有无离合，多少各异，或方言训古，字乖趣同，或其文胡越，其趣亦乖，或文义混杂，在疑似之间，若此之比，其途非一。若其偏执一经，则失兼通之功。广披其三，则文烦难究，余是以合两令相附。以明所出为本，以兰所出为子，分章断句，使事类相从。令寻之者瞻上视下，读披按此，足以释乖迁之劳，易则易知矣。若能参考校异，极数通变，则万流同归，百虑一致，庶可以辟大通于未窍，阖同异于均致。若其配不相畴，倘失其类者，俟后明哲君子刊之从正。

据愍度所言，即今日历史语言学者之佛典比较研究方法，亦何以远过。故不避引用旧闻过多之嫌，特录其序记较详，以见吾国晋代僧徒当时研究佛典，已能精审若是，为不可及也。

夫"格义"之比较，乃以内典与外书相配拟。"合本"之比较，乃以同本异译之经典相参校。其所用之方法似同，而其结果迥异。故一则成为符会中西之学说，如心无义即其一例，后世所有融通儒释之理论，皆其支流演变之余也。一则与今日语言学者之比较研究法暗合，如明代员珂之楞伽经会译者，可称独得"合本"之遗意，大藏此方撰述中罕觏之作也。当日此二种似同而实异之方法及学派，支愍度俱足以代表之。故其人于吾国中古思想史关系颇巨，因钩索沉隐，为之考证如此。[1]

1929年，陈寅恪致傅斯年的信中谈道：

盖现在佛经之研究为比较校刊（勘？）学，以藏文校梵文，而藏文有误，更进一步以蒙文校之，又核以中文或稍参以中央亚细亚出土之零篇断简，始成为完全方法。弟前拟以蒙文佛所行赞校藏文本（今梵文本真伪杂糅，非以藏文校读不可），而久不能得，虽托俄人往蒙古库伦代钞，迄不能致。[2]

赵元任《忆寅恪》道：

第二年到了清华，四个研究教授中除了梁任公注意政治方面一点，其他王静安、寅恪跟我都喜欢搞音韵训诂之类的问题。寅恪总说你不把基本的材料弄清楚了，就急着要论微言大义，所得的结论还是不可靠的。[3]

---

[1]《陈寅恪集·金明馆丛稿初编》，生活·读书·新知三联书店2009年版，第165～185页。
[2]《陈寅恪集·书信集》，生活·读书·新知三联书店2011年版，第23页。
[3] 杨步伟、赵元任：《忆寅恪》；张杰、杨燕丽选编：《追忆陈寅恪》，社会科学文献出版社1999年版，第22页。

吴宓在1926年3月辞去研究院主任之职。

研究院自有购书专款，院中采购外文书籍佛藏等，均由陈寅恪审定；采购中文书籍，均由王国维审定。

研究院既有单独购书经费，自开办迄1927年，已购进满、蒙、藏文、中文经典古籍，明刊暨近刊善本丛书，及欧、美、日本书籍杂志等，并频伽精舍校刊大藏经、大正藏等七八百部。[1]

陈寅恪教学虽在佛经与中国史方面，然仍留意古籍及中国古文字之学。1927年秋，陈寅恪曾令学生戴家祥移录马叔平校孙仲容《名原》于所藏本上。又令人传抄孙仲容《尚书骈枝》。[2]

大礼送别王国维

1927年6月2日，研究院导师王国维自沉于颐和园排云殿前昆明湖中，终年五十一岁。王国维给儿子王贞明留下遗书一封。内容如下：

五十之年，只欠一死。经此世变，义无再辱。我死后，当草草棺殓，即行槁葬于清华茔地。汝等不能南归，亦可暂于城内居住。汝兄亦不必奔丧，因道路不通，渠又不曾出门故也。书籍可托陈、吴二先生处理。家人自有人料理，必不至不能南归。我虽无财产分文遗汝等，然苟谨慎勤俭，亦必不至饿死也。五月初二日父字。[3]

---

[1] 蒋天枢：《陈寅恪先生编年事辑（增订本）》，上海古籍出版社1997年版，第67页。
[2] 蒋天枢：《陈寅恪先生编年事辑（增订本）》，上海古籍出版社1997年版，第68页。
[3] 孙敦恒：《清华国学研究史话》，清华大学出版社2002年版，第164～165页。

王国维遗像。

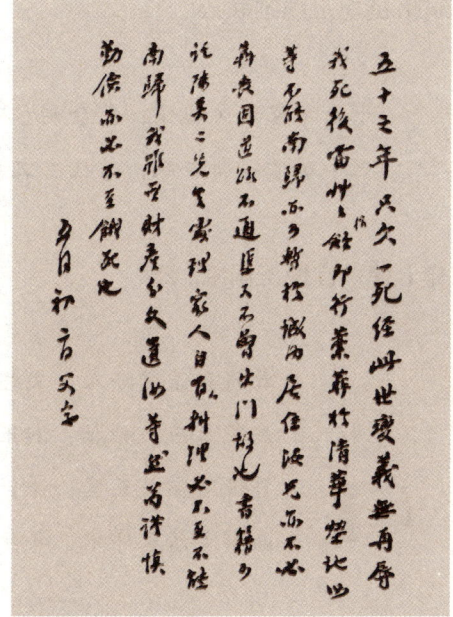

王国维遗书手迹。

3日晚，王国维入殓，移灵于清华学校南面的刚秉庙。送殡者有梅贻琦、吴宓、陈寅恪、梁漱溟、陈达、马衡、容庚及研究院学生。

姜亮夫回忆说：

当天晚上殡葬后，研究院师生向静安先生最后告别。告别会上有两件事我一辈子不能忘：一件是我们二十几同学行鞠躬礼，但陈寅恪先生来后他行三跪九叩大礼。我们当时深感情义深浅在一举一动中可见；第二件事是我们一些同学中有少部分人装假，有两人在灵堂大哭，但干哭无泪，像猫狸叫。[1]

---

[1] 姜亮夫：《忆清华国学研究院》；王元化主编：《学术集林》（卷一），上海远东出版社1994年版，第232～241页；张杰、杨燕丽选编：《追忆陈寅恪》，社会科学文献出版社1999年版，第76～77页；卞僧慧：《陈寅恪先生年谱长编（初稿）》，中华书局2010年版，第102页。

陈寅恪撰挽王国维联云：

十七年家国久魂销，犹余剩水残山，留与累臣供一死。

五千卷牙签新手触，待检玄文奇字，谬承遗命倍伤神。[1]

又作七律一首挽王国维。云：

敢将私谊哭斯人，文化神州丧一身。

越甲未应公独耻，湘累宁与俗同尘。

吾侪所学关天意，并世相知妒道真。

赢得大清干净水，年年呜咽说灵均。[2]

自注：

甲子岁冯兵逼宫，柯罗王约同死而不果。戊辰冯部将韩复榘兵至燕郊，故先生遗书谓"义无再辱"，意即指此。遂践旧约，自沉于昆明湖，而柯罗则未死。余诗"越甲未应公独耻"者，盖指此言。王国维《老将行》"耻令越甲鸣吾君"，此句所本。事见刘向说苑。[3]

继又作《王观堂先生挽词并序》。陈寅恪自言："王先生自沉后，余当日曾撰七律一首及一联挽之，意有未尽，故复赋长篇也。"[4]诗前冠以长序，叙述

---

[1]《陈寅恪集·诗集》，生活·读书·新知三联书店2009年版，第180页；蒋天枢：《陈寅恪先生编年事辑（增订本）》，上海古籍出版社1997年版，第67页。

[2]《陈寅恪集·诗集》，生活·读书·新知三联书店2009年版，第11～12页。

[3]《陈寅恪集·诗集》，生活·读书·新知三联书店2009年版，第11页。

[4]《陈寅恪集·诗集》，生活·读书·新知三联书店2009年版，第12页。

王国维之所以死的原因；诗模仿王国维《颐和园词》，述清季掌故，致深切哀悼之忱。

　　或问观堂先生所以死之故。应之曰：近人有东西文化之说，其区域分划之当否，固不必论，即所谓异同优劣，亦姑不具言；然而可得一假定之义焉。其义曰：凡一种文化值衰落之时，为此文化所化之人，必感苦痛，其表现此文化之程量愈宏，则其所受之苦痛愈甚；迨既达极深之度，迨非出于自杀无以求一己之心安而义尽也。吾中国文化之定义，具于白虎通三纲六纪之说，其意义为抽象理想最高之境，犹希腊柏拉图所谓Eîdos者。若以君臣之纲言之，君为李煜亦期之以刘秀；以朋友之纪言之，友为郦寄亦待之以鲍叔。其所殉之道，与所成之仁，均为抽象理想之通性，而非具体之一人一事。夫纲纪本理想抽象之物，然不能不有所依托，以为具体表现之用；其所依托以表现者，实为有形之社会制度，而经济制度尤其最要者。故所依托者不变易，则依托者亦得因以保存。吾国古来亦尝有悖三纲违六纪无父无君之说，如释迦牟尼外来之教者矣。然佛教流传播衍盛昌于中土，而中土历世遗留纲纪之说，曾不因之以动摇者，其说所依托之社会经济制度未尝根本变迁，故犹能藉之以为寄命之地也。近数十年来，自道光之季，迄乎今日，社会经济之制度，以外族之侵迫，致剧疾之变迁；纲纪之说，无所凭依，不待外来学说之掊击，而已销沉沦丧于不知觉之间；虽有人焉，强聒而力持，亦终归于不可救疗之局。盖今日之赤县神州值数千年未有之巨劫奇变；劫尽变穷，则此文化精神所凝聚之人，安得不与之共命而同尽，此观堂先生所以不得不死，遂为天下后世所极哀而深惜者也。至于流俗恩怨荣辱委琐龌龊之说，皆不足置辨，故亦不之及云。[1]

[1]《陈寅恪集·诗集》，生活·读书·新知三联书店2009年版，第12～13页。

吴宓晚年重编《吴宓诗集》，在关于《挽词》的一篇诗话中，加上了《挽词》的序，谓："此序及诗，同刊载于《学衡》杂志第六十四期。《吴宓诗集》中，录诗而未录序。此序陈义甚高，而至精切。寅恪在一九二七年，已看明一九四九年以后之巨变，可谓先识之士矣。"[1]

《挽词》乃七古，共一百一十句。吴宓《空轩诗话》第十二则云："王静安先生自沉后，哀挽之作，应以义宁陈寅恪君之《王观堂先生挽词》为第一。"[2]并称："此诗包举史事，规模宏阔，而叙记详确，造语又极工妙，诚可与王先生《颐和园词》并传矣。"[3]诗中"一死从容殉大伦"句，谓王国维自沉乃殉传统之纲纪。"风义平生师友间"，谓王国维与自己的情义，此句取自李商隐的《哭刘蕡》，李诗表明自己与亡友刘蕡志向相同。"兼师友"，情虽朋友，义从师弟。"哭寝门"句见《礼记·檀弓》载孔子曰："师，吾哭诸寝；朋友，吾哭诸寝门之外。""不敢同君"是说诗人不敢以朋友之礼礼之，而以师礼礼之。

1929年6月，在王国维弃世二周年的日子里，尚在校中的师生集资在校园南侧建一"海宁王静安先生纪念碑"，永为纪念。纪念碑由梁思成设计，陈寅恪撰文，马衡篆额，林志钧书丹。纪念碑铭文云：

海宁王先生自沉后二年，清华研究院同仁咸怀思不能自已。其弟子受先生之陶冶煦育者有年，尤思有以永其念。金曰：宜铭之贞珉，以昭示于无竟。因以刻石之辞命寅恪，数辞不获已，谨举先生之志事，以普告天下后世。其词曰：士之读书治学，盖将以脱心志于俗谛之桎梏，真理因得以发扬。思想而不自由，毋宁死耳。斯古今仁圣所同殉之精义，夫岂庸鄙之敢望。先生以一死见其独立自由之意志，非所论于一人之恩怨，一姓之兴亡。呜呼！树兹石于讲舍，系哀思而不忘。表哲人

---

[1] 吴学昭：《吴宓与陈寅恪》，清华大学出版社1992年版，第60页。

[2]《吴宓诗话》，商务印书馆2005年版，第193页。

[3]《吴宓诗话》，商务印书馆2005年版，第196页。

之奇节，诉真宰之茫茫。来世不可知者也，先生之著述，或有时而不章。先生之学说，或有时而可商。惟此独立之精神，自由之思想，历千万祀，与天壤而同久，共三光而永光。[1]

碑铭文中着重阐发思想自由的理想。

王国维遗嘱请陈、吴两先生处理书籍，陈指陈寅恪、吴指吴宓。

陈寅恪托赵万里整理王国维遗著，赵又托戴家祥校对经学、小学一部分材料，送交天津罗振玉，即后来所出版之《王忠悫公遗书》。后又和北京图书馆长袁同礼商量，由北京图书馆买进王国维所有藏书，以免散失，议价一万元。袁同礼检查其中一部分为市面通行本，馆中已有复本，建议折价剔除，出价五千元。陈寅恪最后裁定，由袁同礼先选，所遗部分让研究院同人及王国维亲友选购，留作纪念。不管得值多少，北京图书馆负责补足万元。王国维许多眉批校语因此得以保存，弥足珍贵，实难以金钱衡量。

王静安纪念碑碑阴拓片。

---

[1]《陈寅恪集·金明馆丛稿二编》，生活·读书·新知三联书店2009年版，第246页；原载《清华大学消夏周刊》1929年第1期。

陈寅恪又于1934年6月3日应王国维弟弟王哲安之请，为赵万里重辑的《王静安先生遗书》写序。序云：

　　王静安先生既殁，罗雪堂先生刊其遗书四集。后五年，先生之门人赵斐云教授，复采辑编校其前后已刊未刊之作，共为若干卷，刊行于世。先生之弟哲安教授，命寅恪为之序。寅恪虽不足以知先生之学，亦尝读先生之书，故受命不辞。谨以所见质正于天下后世之同读先生之书者。

　　自昔大师巨子，其关系于民族盛衰学术兴废者，不仅在能承继先哲将坠之业，为其托命之人，而尤在能开拓学术之区宇，补前修所未逮。故其著作可以转移一时之风气，而示来者以轨则也。先生之学博矣，精矣，几若无涯岸之可望，辙迹之可寻。然详绎遗书，其学术内容及治学方法，殆可举三目以概括之者。一曰取地下之宝物与纸上之遗文互相释证。凡属于考古学及上古之作，如《殷卜辞中所见先公先王考》及《鬼方昆夷猃狁考》等是也。二曰取异族之故书与吾国之旧籍互相补正。凡属于辽金元史事及边疆地理之作，如《萌古考》及《元朝秘史之主因亦儿坚考》等是也。三曰取外来之观念，与固有之材料互相参证。凡属于文艺批评及小说戏曲之作，如《红楼梦评论》及《宋元戏曲考》《唐宋大曲考》等是也。此三类之著作，其学术性质固有异同，所用方法亦不尽符会，要皆足以转移一时之风气，而示来者以轨则。吾国他日文史考据之学，范围纵广，途径纵多，恐亦无以远出三类之外。此先生之书所以为吾国近代学术界最重要之产物也。今先生之书，流布于世，世之人大抵能称道其学，独于其平生之志事，颇多不能解，因而有是非之论。寅恪以谓古今中外志士仁人，往往憔悴忧伤，继之以死。其所伤之事，所死之故，不止局于一时间一地域而已。盖别有超越时间地域之理性存焉。而此超越时间地域之理性，必非其同时间地域之众人所能共喻。然则先生之志事，多为世人所不解，因而有是非之论者，又何足怪耶？尝综揽吾国三十年来，人世之剧变至异，等量而齐观之，诚庄生所谓彼亦一是非，此亦一是非者。

若就彼此所是非者言之，则彼此终古末由共喻，以其互局于一时间一地域故也。呜呼！神州之外，更有九州。今世之后，更有来世。其间倘亦有能读先生之书者乎？如果有之，则其人于先生之书，钻味既深，神理相接，不但能想见先生之人，想见先生之世，或者更能心喻先生之奇衰遗恨于一时一地，彼此是非之表欤？一千九百三十四年岁次甲戌六月三日陈寅恪谨序。[1]

慎聘研究院导师

王国维去世后，有传言说陈寅恪建议校方聘章炳麟（太炎）、罗振玉、陈垣三人为导师，马树平（衡）为特别导师。

王国维自沉之后，梁启超于1927年6月自天津致函陈寅恪，称："海宁学贯中西，誉载欧亚，环顾海内，唯太炎先生勉可继其讲席，望世兄请元任先生向校部推荐。"陈寅恪将此信向研究院同学传阅，并说："太炎先生是否肯就，是先决问题。"同学闻言，无不欢欣鼓舞。吴其昌自告奋勇到上海去请章太炎。

吴其昌去后，陈寅恪跟戴家祥说："有人不同意。太炎不像静安先生，脾气不好，人家有点怕他。"

然而吴其昌从上海来信，说章太炎愿意受聘。同时，吴其昌还把章太炎给他的信件抄寄给同学会，要同学会马上向校部要聘书，趁他还在上海的时候，当面送去。学生们将这事转告陈寅恪。因为正是暑假期间，聘请教授又必须校评议会通过。事情就搁浅了。[2]

---

[1]《陈寅恪集·金明馆丛稿二编》，生活·读书·新知三联书店2009年版，第247～248页。
[2] 戴家祥：《致蒋秉南书》；卞僧慧：《陈寅恪先生年谱长编（初稿）》，中华书局2010年版，第103～104页。

至于罗振玉，梁启超对他并无好感，特别是罗振玉在天津发表的《祭王忠悫公文》："公死，恩遇之隆为振古所未有。予若继公而死，悠悠之口，或且谓予希冀恩泽。"梁启超为此还专门写信给陈寅恪，说罗厚颜无耻，并为王国维撰写一副挽联，投到天津某报。挽联为："其学以通方知类为宗，不独奇字译鞮，创通龟契；一死明行己有耻之义，莫将凡情恩怨，猜拟鵷雏。"同时，梁启超还请陈寅恪将他的挽联刊在《国学论丛》第三号上。

罗振玉本人也并不希望在清华研究院任教。他在《王忠悫公传》中，一再强调王国维在日本，北面执弟子礼；一再强调王国维如何从一个穷苦书生被培养为国学大师，如何成为一完节的人。现在返过头来，接替门生的讲席，怎能保持自己的尊严？这也是情理中事。

罗振玉在《国学论丛》上看见研究院有购书专款，本来由王国维与陈寅恪分管，王国维去世，估计以后将由陈寅恪全部负责，就给陈寅恪写信，要把自己所藏的"夜雨楚公钟"卖给清华考古陈列室，索价十万元。此器出于苏州古董商人伪造，罗氏自己上了当，尚不服输，真相大白后，急于脱手。陈寅恪一笑置之。后来罗振玉又托陈寅恪出卖盛昱所藏《郁华阁金文》拓片，索价三千元，该书终被燕京大学买走，容庚经手，削价至二千元成交。如此种种，可见罗振玉在学术界受到的轻视。[1]

陈寅恪和戴家祥在学校散步时，曾跟他说起，自己平生最佩服的是王静安先生，其次是陈垣。陈垣学问踏实，德才兼优。

戴家祥回忆说，没有听说要推荐罗振玉为清华研究院教授。马衡聘为讲师在1929年，比林宰平晚半年。林宰平为梁启超推荐，他本来是个法律学家，业余从事哲学，梁启超称他诗作得极好。他们也都是一般的讲师，每周来校一

---

[1] 戴家祥：《致蒋秉南书》；转引自卞僧慧：《陈寅恪先生年谱长编（初稿）》，中华书局2010年版，第103～104页。

次，并没有什么"特别讲师"。

1928年春，研究院风潮结束。时严鹤龄任清华学校代理校长，戴家祥和宋玉嘉代表研究院同学，要求延聘章太炎先生，严表示"有困难"。此事校部始终没有同意。7月30日晚，研究院第十三次教务会议，讨论添聘章太炎为教授事。最后的讨论结果是：添聘教授，评议会恐难通过，而且前面已经替王国维向清华申请多支一年薪俸，更不便向评议会提议。大家一致请陈寅恪暑期回上海的时候，路过天津时，到梁启超那儿说明情况并商量办法。

集研究院事务于一身

1928年7月底，陈寅恪南下。一方面是暑假回家探望家人，一方面是观察江南的情势。这时候，东南大学已经改为南京第四中山大学，校长张乃燕，文学院院长由梅光迪暂代，哲学院院长为汤用彤。梅光迪和汤用彤等老友曾于7月24致电，邀请陈寅恪、吴宓、邓以蛰南下共商校务。7月29日，吴宓写了一封长信给梅光迪、汤用彤及柳诒徵等，辞谢邀请，托陈寅恪带往南京。

陈寅恪在上海见到了傅斯年，跟傅详细讲了王国维之死，并说《殷墟书契考释》一书本是王国维所著，因为王国维受罗振玉资助，所以将此书以四百元的价格卖给了罗振玉。

9月初，陈寅恪返回清华。5日下午，吴宓邀陈寅恪在清华门外的小桥食社吃过饭后，一同回到陈寅恪家中，梅贻琦、唐钺也来了。陈寅恪跟他们详细讲了南京、上海的情况。

梁启超素来身体强健，疾病极少。1923年，梁夫人癌症复发，协和医院声言不治，梁启超深受刺激，遂得小便带血之症，因夫人病重，不愿添累家人，秘

梁启超。

不告人，未暇医治。夫人去世后，情绪低落，仍在清华讲学，借此寄托。1926年3月，梁启超住进协和医院，由于误诊割去了右肾。虽经医治病愈，但体质大降，常因病请假，回天津家中休养，本学年在研究院的教学难免受到影响。9月中旬他在写给其子女的信中说："此后严定节制，每星期上堂讲授仅二小时，接见学生仅八小时，平均每日费在学校的时刻，不过一小时多点。又拟不编讲义，且暂时不执笔属文，决意过半年后再作道理。"[1]医生对他出院后如何注意康复曾提出"很严重的警告"。[2]

　　清华国学研究院在王国维自沉、梁启超多病、增聘名师未果，加上学校已决定其减缩而至撤并之前途，遂由兴盛走向衰落。

　　1927年7月间，外交部酝酿改组清华董事会。安排中国董事人选时，梁启超名列第一。

　　8月3日，梁启超在《致仲弟（梁仲策）书》中说："月来正思尽摆脱百事，独于清华不能无拳拳。董事会之设，实多年来校中师生所奔走呼号而未得者，且其章程殆与我三年前所主张全部相合，见之不能不心动，已复函柳隅应允矣。不审弟及季常谓何如？吾意除校长决不担任外（照章校长由董事会中国董事中互选），董事一职以历史关系，总不能恝然也。"[3]

　　10月底，清华学校召开评议会会议，由校长曹云祥主持。会上，研究

[1] 丁文江、赵丰田编：《梁启超年谱长编》，上海人民出版社1983年版，第1088页。
[2] 孙敦恒：《清华国学研究史话》，清华大学出版社2002年版，第72～73页。
[3] 丁文江、赵丰田编：《梁启超年谱长编》，上海人民出版社1983年版，第1150页。

院学生王省请大学部朱君毅教授转交评议会一封意见书,说梁启超教授因病长期不能到校上课,请学校添聘国学教授,否则应取消研究院。经过讨论,大家认为:宜先请梁任公回校上课,并不曾作出什么决议。会后,曹云祥把这位学生的"意见书"油印,寄给正在天津家中养病的梁启超,以促其自动辞职。11月7日,王省又编了一条新闻发表在《世界日报》上,说"10月27日清华学校评议会已作出决议,如梁启超教授因病不能回校上课,当设法另聘教授代其功课"。此消息引起清华师生的哗然,评议会赶紧声明"是日并未通过决议"。

在1927年11月10日下午的教授会上,陈寅恪公开表示他站在梁启超一边,反对曹云祥,并当面要求曹云祥辞职。[1]

11月12日晚,陈寅恪请吴宓到家,告诉吴宓,曹云祥即将辞去校长职,现在正进行举荐梅贻琦以教务长的身份暂时代理校长,以求迅速解决问题,避免更多的人觊觎校长职位,稳定学校人心。随后,由陈寅恪写信给在天津的梁启超,请梁启超向外交部长王荫泰推荐梅贻琦。如果梁启超犹豫,则由吴宓亲自赶往天津,当面劝说梁启超。吴宓感叹,在清华混乱的时刻,陈寅恪已经成为了发纵指示的中心人物。[2]

12月9日,吴宓赴天津见梁启超,向梁启超陈述了陈寅恪的意思,请梁用力,使清华尽快更换校长。梁启超答应立即给吴贯因写信,请此事向外交部长言明。[3]

后来,外交部同意梁启超辞去清华学校董事,改聘严鹤龄为清华学校董事会董事。1928年1月,曹云祥辞职离校,由严鹤龄代理校长。朱君毅教授亦辞职离校,学生王省被"令其退学"。

所谓"董事会改组"事件,到此方告结束。

[1]《吴宓日记》(第三册,1925~1927),生活·读书·新知三联书店1998年版,第434页。
[2]《吴宓日记》(第三册,1925~1927),生活·读书·新知三联书店1998年版,第436页。
[3]《吴宓日记》(第三册,1925~1927),生活·读书·新知三联书店1998年版,第449页。

1928年初，梁启超的肾病日益加重，2月中旬乃向学校提出辞职。本学年第二学期开学后，国学研究院举行教务会议，由教务长梅贻琦主持，到会教师有赵元任、陈寅恪、林志钧。梅贻琦报告：梁启超教授患病未愈，来函辞职，学校方面已复函慰留；梁启超的《清华著草》一书，约百余万言，原拟作为清华研究院丛书向商务接洽出版，据梁先生之意，拟自己直接向商务交涉，不过仍用"清华学校研究院丛书"名义出版。此后清华学校评议会开会，议决：研究院下半年仍行维持，但要缩减经费。5月初，梅贻琦召开研究院教务会议，传达评议会决议：梁任公经学校挽留表示愿为通信导师，现评议会决定仍请梁先生回校任教授，不另请人。评议会还议决，研究院下年度继续开办，但因教授延聘不易，范围应缩小，应就老师所愿担任指导之范围招生，各科人数亦应酌情限制，全年预算定为二万五千元，较前压缩了一半。本年招生命题，王国维过去所担任的部分由梁任公担任，日文请钱稻孙先生命题，其余照旧。这时，随着北京政局的变化，清华学校校长已由奉系保定军警执法处处长温应星（鹤孙）充任。[1]

6月8日，北伐军进抵北京，北洋政府覆灭，校长温应星已先离校出走。6月11日，南京国民政府大学院（后改称教育部）和外交部，会同致电清华学校教务长梅贻琦，委派他"暂代校务"，听候接管。

这时，清华师生发起"校务改进运动"，提出十八项建议，其中第一条为要求清华直辖于大学院，第五条为"停办国学研究院，从速筹备大学毕业院"。他们眼见本大学第一级学生即将毕业，其中不少人欲毕业后进一步作高深之研究，因而希望停办国学研究院以节省经费，成立毕业院以满足这些学生的愿望。徐雄飞在《"校务改进"中之大事记》中说"关于校务改进计划，暑假之初，即已有此酝酿与准备"。"取消国学研究院，成立毕业院，这是同学一致

---

[1] 孙敦恒：《清华国学研究院史话》，清华大学出版社2002年版，第75～76页。

的要求；只因国学研究院人数极少，而所耗甚巨，影响于清华之发展实大。毕业院是与本大学一贯的，早就在计划之中。""明夏大学部同学毕业，欲追求高深学问者，颇不乏人，所以毕业院成立，是很急，急乎的事体。先是，评议会早已通过此项决议，未见执行。此时，校务改进委员会面请于梅代校长。梅先生说声，'我不负责'，因此只好暂时作罢，静候新校长到来再讲。"[1]

6月中旬，国学研究院第三届学生举行毕业典礼。此前，梁启超已于5月底辞去清华研究院教授，回天津家中休养。研究院办公室陆续将学生的成绩寄往天津梁启超家中，请他评阅。[2]

8月17日，南京国民政府议决：清华学校改为国立清华大学，任命罗家伦为校长。罗家伦到任后，即决定停办国学研究院。梅贻琦辞去教务长之职，赴美任清华留美学生监督处监督，不再"兼管"研究院主任事务。此后，校方没有再指派主持研究院院务的人。

9月12日，国立清华大学举行本年度第一

罗家伦1926年春摄于巴黎。

---

[1] 孙敦恒：《清华国学研究院史话》，清华大学出版社2002年版，第76～77页。

[2] 孙敦恒：《清华国学研究院史话》，清华大学出版社2002年版，第76页。

学期开学典礼。研究院第四届学生也从这天开始授业。研究院在7月间，招考新生仅录取三名，加上上届留校继续研究的十人，共计十三名学生。教师及其所授课目是：

教授：陈寅恪授"梵文文法"每周二小时，"唯识二十论校读"每周一小时；赵元任赴广东调查方言，下学期授方言学。

讲师：马衡（叔平）授"金石学"，每周二小时；林志钧授"人生哲学"，每周二小时。李济赴美回校后授"考古学"。

陈寅恪为了指导学生开展专题研究，本人的研究重心也由佛经转向中国历史，特别是魏晋南北朝隋唐五代史。

梁启超于1928年9月中旬因痒疮发作，到北京进协和医院就诊，"病榻岑寂，唯以读词曲自遣"，无意中得《信州府志》等书，不胜狂喜，遂病未愈而出院，回到天津家中，扶病笔耕七日，身体不支，再入协和医院，于1929年1月19日病逝。

20日，梁启超遗体在广济寺大殓。陈寅恪与许多梁启超生平好友都去送他入殓。2月27日，北平在广济寺开吊，上海也在静安寺设席公祭，由陈寅恪父亲散原老人和张元济主持。

因政局的变化，梁启超的丧事甚为冷落。吴宓在其《空轩诗话》中感叹："梁先生为中国近代政治文化史上影响最大之人物，其逝也，反若寂然无闻，未能比于王静安先生受人哀悼。吁！可怪哉！"[1]

王国维、梁启超相继逝世，赵元任常去外地调查方言，研究院事务遂集于陈寅恪一身。到研究院末期，所有指导研究生，指挥助教办事，联系离校同学或函复其请教诸问题。事无巨细，悉由陈寅恪处理。[2]陈寅恪看到清华事故

---

[1]《吴宓诗话》，商务印书馆2005年版，第199页。
[2] 蒋天枢：《陈寅恪先生编年事辑（增订本）》，上海古籍出版社1997年版，第72页。

频出、国学研究院风雨飘摇，心绪不宁。此时有提议请陈寅恪担任北平研究院主任，陈寅恪也不愿就职，甚是悲观而消极。[1]

1929年6月7日，清华大学举行欢送毕业同学大会，《清华周刊》报导说："清华大学部，成立四年来，今年系第一班毕业。旧制之最后一班与国学研究院之最终一班亦均于今年毕业，故本届毕业之情景，有空前绝后之意味存乎其中。"

6月21日，清华大学举行毕业典礼，各界嘉宾云集，热闹非凡。这一天，宣布了清华由留美预备学校向独立的完全大学转型的完成，宣布了国学研究院的结束。罗家伦校长致词说"今天的毕业典礼，是具有极大的意义的。因此本人觉得十分愉快和荣幸。这次毕业的共有三个班，一、大学部四年级，二、留美预备部，三、研究院。大学部的毕业，这是第一次；留美预备部，这次确巧又是最末一次；我觉得这里面含有很大的意义"。又说"研究院的同学，这也算是最后的一班，清华的研究院，在中国是开风气之先，虽然组织方面，未尽适合，但是这一点研究空气，是极可贵的。诸位毕业后，要本在校研究的精神，去继续努力，以求贯彻来校进研究院的初衷"。[2]

1929年7月，清华国学研究院送走应届毕业生，也就走完了它四年的艰辛历程。研究院共招生四届，录取七十四人，中途退学或未毕业者四人，毕业后尚未工作或工作不久即病亡者六人，其余六十多人，大多如蓝文徵所言，"同学分研中国文、史、哲诸学，故皆酷爱中国历史文化，视同性命"。[3]

《国学论丛》是清华国学研究院的专门刊物，专门发表清华国学研究院师生的研究成果。1927年开始，到1930年停刊，四年内共发行了二卷六期，共

---

[1]《吴宓日记》（第四册，1928～1929），生活·读书·新知三联书店1998年版，第199页；卞僧慧：《陈寅恪先生年谱长编（初稿）》，中华书局2010年版，第121页。

[2] 孙敦恒：《清华国学研究史话》，清华大学出版社2002年版，第80页。

[3] 孙敦恒：《清华国学研究史话》，清华大学出版社2002年版，第173页。

收录文章七十九篇。选文的原则是："《国学论丛》为本院定期出版作品之一。内容除各教授著作外,凡本院毕业生成绩之佳者,均予刊载。由梁任公先生主撰。"[1]其中,梁启超、王国维、陈寅恪、赵元任四位导师和助教赵万里发表的文章共二十四篇,其余五十五篇为学生文章。

1928年4月,清华《国学论丛》第一卷第三号出版,此卷为"王静安先生纪念号",陈寅恪《王观堂先生挽词》即刊登在此册。《国学论丛》一、二两号,梁启超任责任编辑,具体工作为蒋善国做,每期都以老师论著冠首,而且写明某某先生著。从第三号开始,改由陈寅恪负责后,具体工作由其助手赵万里做。陈寅恪主张学术平等,看文章性质划分次序,师生一律称名。还风趣地说:把女作家的名字加上某某女士,文章不好,也可以讨个原谅。先生写的不好,那不是更糟了吗?[2]

---

[1] 清华学校研究院:《研究院记事》,《国学论丛》第一卷第一期,商务印书馆1927年版,第302页。
[2] 卞僧慧:《陈寅恪先生年谱长编(初稿)》,中华书局2010年版,第117页。

三　平生所学宁堪赠

陈寅恪与史语所同人在北平北海静
心斋前合影。傅斯年（左2）、陈寅恪
（左3）。

兼授北大课程

　　1928年春，北大历史系聘请陈寅恪兼授"佛经翻译文学"课，秋季开学又改授"《蒙古源流》研究"。第二年因为身体虚弱，不愿再在清华北大间往返奔波，就不再去北大上课了，北大的学生只好从城里到清华去听课。

　　北大学生劳干回忆：

　　在陈先生未曾上课以前，同学们已经知道陈先生是一位了不起的人物。上课以后大家因为注意的关系，第一个印象都很深。此时方在初春，余寒未尽，陈先生穿的厚袍加上马褂，携着一大包书，用橙黄的包袱包着。清瘦的面庞夹着神情奕奕的目光，给人一个清晰的联想，想到这位盖世的奇才。诚然，这时王静安和梁任公两位都已先后逝世，只有让陈先生独步了。

　　"佛经翻译文学"这门课，因为同学中没一个学过梵文的，最后只能得到一点求法翻译的常识，深一层的了解没有人达到。"《蒙古源流》研究"这一门比较好些，因为至少一部分同学对元史方面都多少有些准备，所以大致尚能了解，至于涉及蒙古文原文的问题，以及德法文引证的问题有时会感到困难些，不过大家大致尚能应付。[1]

---

[1] 劳干：《忆陈寅恪先生》，《传记文学》第17卷第3期；转引自卞僧慧：《陈寅恪先生年谱长编（初稿）》，中华书局2010年版，第115～116页。

1929年5月初，陈寅恪作《北大学院己巳级史学系毕业生赠言》诗。云：

> 群趋东邻受国史，神州士夫羞欲死。
> 田巴鲁仲两无成，要待诸君洗斯耻。
>
> 添赋迁儒"自圣狂"，读书不肯为人忙。
> 平生所学宁堪赠，独此区区是秘方。[1]

俞曲园先生病中呓语跋

1928年的春天，陈寅恪曾请俞平伯书写韦庄《秦妇吟》长卷，张之屋壁，课业余暇，偶一讽咏。3月，应俞平伯之请，陈寅恪为俞樾《病中呓语》组诗题写了《俞曲园先生病中呓语跋》：

曲园先生《病中呓语》不载集中，近颇传于世。或疑以为伪，或惊以为奇。疑以为伪者固非，惊以为奇者亦未为得也。天下之至赜者莫过于人事，疑若不可以前知。然人事有初中后三际（借用摩尼教语），犹物状有线面体诸形。其演嬗先后之间，即不为确定之因果，亦必生相互之关系，故以观空者而观时，天下人事之变，遂无一不为当然而非偶然。既为当然，则因有可以前知之理也。此诗之作，在旧朝德宗景皇帝庚子辛丑之岁，盖今日神州之世局，三十年前已成定而不可移易。当时中智之士莫不惴惴然睹大祸之将届，况先生为一代儒林宗硕，湛思而通识之人，

---

[1]《陈寅恪集·诗集》，生活·读书·新知三联书店2011年版，第19页。

值其气机触会,探演微隐以示来者,宜所言多中,复何奇之有焉!

　　尝与平伯言:"吾徒今日处身于不夷不惠之间,托命于非驴非马之国,其所遭遇,在此诗第二、第六首之间,至第七首所言,则邈不可期,未能留命以相待,亦姑诵之玩之,譬诸遥望海上神山,虽不可即,但知来日尚有此一境者,未始不可以少纾忧生之念。然而其用心苦矣。"

　　钟离意别传(见后汉书列传叁壹钟离意传章怀注所引)略云:"意为鲁相,[发]孔子教授堂下床首悬瓮中素书,文曰:后世修吾书董仲舒。"所言记剻名字,失之太凿,不必可信。而此诗末首曰:"略将数语示儿曹。"然则今日平伯之录之诠之者,似亦为当时所预知。此殆所谓人事之当然而非偶然者欤?戊辰三月义宁陈寅恪敬识。[1]

　　俞樾,为清末硕儒,字荫甫,自号曲园居士,俞平伯曾祖。

俞樾与曾孙俞平伯。

俞平伯。

[1]《陈寅恪集·寒柳堂集》,生活·读书·新知三联书店2009年版,第164~165页。

中央研究院历史语言研究所历史组主任

青年傅斯年。

1928年，国立中央研究院院长蔡元培命傅斯年等三人负责筹建历史语言研究所。同年，历史语言研究所于广州成立，傅斯年任所长。

傅斯年主张历史、语言的研究要运用新材料，发现新问题，采取新方法。他认为近代历史学只是史料学，应当用自然科学提供的一切方法、手段来整理现存的所有史料；唯有发现和扩充史料，直接研究史料的工作才具有学术意义。因此，该所成立后的工作重点放在安阳殷墟发掘和甲骨文的研究整理，西南少数民族语言、习俗的调查，西北考古，其目的在于扩大历史、语言研究材料。

该所先后设历史、语言、考古、人类学四个组。出版物有《历史语言研究所集刊》，每年一本，每本四个分册。

1928年9月，陈寅恪、胡适向傅斯年建议买下李盛铎手中的明清档案。这些明清档案被人当废纸盗卖，罗振玉发现后，以一万三千元买回，共有约七千麻袋。罗振玉和王国维对所购档案进行整理，选编《史料丛刊》十册刊行。李盛铎以一万六千元的价格从罗振玉手中将这批档案买来，并欲转手出售。许多学术机构得知李转卖的消息，纷纷设法筹款准备收购，其中燕京大学最有实力。陈寅恪给傅斯年写信表示：

现燕京与哈佛之中国学院经费颇充裕，若此项档案归于一外国教会之手，国史之责托于洋人，以旧式感情言之，国之耻也。[1]

早在1928年春，马衡也致函傅斯年，建议其购买这批档案。当时，傅斯年正在广州中山大学任教，同时筹备成立中央研究院历史语言研究所。傅斯年找中山大学校务委员长戴季陶、校务委员朱家骅商议，二人都说应该买下，但数万大洋的款项难于筹措。9月，傅斯年到北平办事，陈寅恪和胡适建议傅斯年向中央研究院院长蔡元培请拨款项，购买这批档案。9月11日，傅斯年致信蔡元培云：

拟请先生设法，以大学院名义买下，送赠中央研究院，为一种之Donation，然后由中央研究院责成历史语言研究所整理之。如此则（一）此一段文物，不致失败（散），于国有荣。（二）明清历史得而整理。（三）历史语言研究所有此一得，声光顿起，必可吸引学者来合作，及增加社会上（外国亦然）对之之观念，此实非一浪费不急之事也。[2]

蔡元培收到信后，表示同意，即致函留在大学院处理后事的杨杏佛，商量筹款。

孟真来函，欲大学院以二万元购李盛铎所藏之档案。如能腾出此款，当然甚好。但几日内有法筹出否？[3]

9月20日，傅斯年致函陈寅恪，告知陈中央研究院聘其为研究员，并商量工作安排事项。

---

[1]《陈寅恪集·书信集》，生活·读书·新知三联书店2009年版，第25页。
[2]《傅斯年全集》（第七卷），湖南教育出版社2003年版，第71页。
[3]《蔡元培全集》（第五卷），中华书局1988年版，第285页。

本院院长蔡先生聘先生为本研究所研究员，恳请许诺，感荷无置！查历史的语言的材料聚集北平者至多，整理发明端赖博学如先生者，不维冒昧。敢烦先生常川住在北平，以便从事整理。闻先生于内阁大库中颇得重要史料，有意编辑，又得数种文书之蒙古史，思考校之，无任欣佩，颇思早观厥成，以树研究史学之表仪，至于推此项且其他。先生在北平工作之用费，如抄写之费且助员之费等，自当由本所担任，因出版由本所任之也。又本研究所之研究生须分附研究员名下，以便指导其工作，或烦请先生担任此项研究生一人或三人，至感高谊。先生本是清华学校研究院教授，有常川住校，当由本院长函致清华学校校长，请其许可。先生改住北平，至少可以在北平每周住数日，以便从事上列工作。至于因此而先生在清华任务减少，当由本院退还清华。先生在清华所领薪俸之一部从先生在北平开始工作日起算，凡此种种，如荷同意，请即示复。[1]

对于傅斯年"改住北平"的要求，陈寅恪立即在北平城内看房子，后租下西四牌楼姚家胡同三号的一处四合院。

1928年12月，史语所派人至北平，由马衡介绍，找李盛铎洽谈，后又由陈寅恪、李宗侗出面办理。李盛铎得知中央研究院意欲购买档案，要价三万元，后在陈寅恪和李宗侗的努力下，以二万元成交。1929年3月1日，陈寅恪致函傅斯年：

前日送交李木斋一万，既已收款，即已购定矣。

……

已付李公一万元，乞告杏佛先生，彼已书一收条，俟再付一万后，将与二次之收条一同寄院存案。[2]

---

[1]《傅斯年全集》（第七卷），湖南教育出版社2003年版，第71～72页。
[2]《陈寅恪集·书信集》，生活·读书·新知三联书店2009年版，第27～28页。

午门西翼楼上史语所第一组第二工作室整理档案状况。

工人正在将内阁大库未经整理的档案搬出，准备装箱。

史语所得到这批档案后，傅斯年即嘱陈寅恪负责组织人员进行整理。

1929年6月5日，史语所搬到北平北海静心斋，陈寅恪兼任历史组主任。陈寅恪在史语所只是兼职，每月一百元兼职费。

陈寅恪与史语所同人在北平北海静心斋前合影。傅斯年（左2）、陈寅恪（左3）。

历史组1928年的工作有：

一、编定藏文籍、敦煌卷子、金石书等目录。

二、整理明清内阁大库档案。

三、研究历史上各项问题。因史料上的关系，暂以甲骨文、金文为研究上古史的对象；以敦煌材料及其他中亚细亚近年出现之材料，为研究中古史的对象；以明清档案为研究近代史的对象。[1]

其中藏文籍目录，由历史组主任陈寅恪约同助理员于道泉编纂。[2] 作为

---

［1］ 傅斯年：《国立中央研究院历史语言研究所十七年度报告》，《傅斯年全集》（第六卷），湖南教育出版社2003年版，第17页。

［2］ 傅斯年：《国立中央研究院历史语言研究所十七年度报告》，《傅斯年全集》（第六卷），湖南教育出版社2003年版，第17页。

研究员，陈寅恪则作蒙古源流考之研究[1]，以后发表了《吐蕃彝泰赞普名号年代考》《灵州宁夏榆林三城译名考》《彰所知论与蒙古源流》《蒙古源流作者世系考》等论文。

陈寅恪兼任历史组主任，组务常托徐中枢办理，但仍多方参与所内学术事务，特别是内阁大库档案的整理。1933年，史语所迁往上海，陈寅恪留在北平，虽然一直保持历史组主任的名义，但与所方的接触较少。

1935年6月，陈寅恪被选为中央研究院评议员。[2]1939年至1940年，陈寅恪在昆明西南联大任教期间，住在青云街靛花巷史语所宿舍，才与所中同人有了朝夕相处的机会。[3]

从1928年到1948年，陈寅恪在史语所研究集刊上"发表了二十六篇论文，另有三篇文章刊登于该所其他出版物，是1949年以前在该所发表最多论文的学者之一"。[4]

1948年史语所迁往台湾后，出于对陈寅恪的敬重和期盼，历史组主任之职一直虚位以待，陈槃则只肯代理主任，处理组务。陈槃的学生陈鸿森说："吾师笃于私谊。每言及陈寅恪先生，必端作肃然。三十七年史语所迁台，寅老滞留，未及行。以槃庵先生为历史组主任，师辞不敢居，终寅恪先生在世之日，仅肯权代；五十八年十月寅老逝世后，始肯真除。"[5]

---

［1］傅斯年：《历史语言研究所概况》，《傅斯年全集》（第六卷），湖南教育出版社2003年版，第46页。

［2］卞僧慧：《陈寅恪先生年谱长编（初稿）》，中华书局2010年版，第168页。

［3］蒋天枢：《陈寅恪先生编年事辑（增订本）》，上海古籍出版社1997年版，第117页。

［4］陈弱水：《1949年前的陈寅恪——学术渊源与治学大要》，《中央研究院历史语言研究所七十周年纪念文集》（上），台湾中央研究院历史语言研究所印行，1998年，第118页。

［5］陈鸿森：《师门识略——槃庵先生侧记》，《中央研究院历史语言研究所七十周年纪念文集》（下），台湾中央研究院历史语言研究所印行，1998年，第458页。

中文、历史合聘教授

1929年，清华国学研究院正式撤销后，陈寅恪改任清华大学中国文学系、历史系合聘教授，并在哲学系开课。

所开课程有：

（一）中国文学系

佛经翻译文学（全年四学分，每周二小时）：取佛教文学名著，如《大庄严经论》《涕利伽陀》《佛所行赞》等译文，依据原文及印度人注疏解释，并讨论其在中国文学上之影响，及关于佛经翻译史诸问题。

（二）历史学系

1.《高僧传》之研究（上学期二学分）：本学程以近年中亚考古学、东方语言学所得之材料及研究之结论，与中国旧籍互相证明，藉供治中国中古文化史者之参考。

2. 唐代西北石刻译证（或年历学及中国古天象年历）（下学期二学分）。

（三）哲学系

1. 佛典校读（一学期二学分，每周二小时）：据梵文、巴利文原本，与藏文及中文等译本，互相解释证明。

2. 中国中世纪哲学史（一学期二学分，每周二小时）：研究佛教诸宗与儒家哲学之关系。[1]

8月16日《清华校刊》载中国文学系消息，内云：

---

[1] 卞僧慧：《陈寅恪先生年谱长编（初稿）》，中华书局2010年版，第123页。

该系新增科目各种，已见布告……陈寅恪先生肯贡献其佛经翻译文学于该系，为该系增色不少。校勘实习，是实事求是的工作，闻陈先生的意思，想着实校勘出几部书出来，由学校出版。[1]

1930年，清华大学改隶教育部。

秋季开学，除原授各课外，陈寅恪又为中国文学研究所新开"敦煌小说选读"课，四学分，每周二、四上课。清华中文系认为，敦煌所出佛曲变文，其体裁与后小说关系很大。陈寅恪于佛教及中国文学研究极深，所见敦煌秘藏尤多。所以中文系特设此课，以讨论最新之中国文学史料。

9月，中华教育文化基金董事会聘任陈寅恪为该会编译委员会委员。11月，编译委员会在北京成立。

1931年5月，《国立清华大学二十周年纪念刊》出版，上有陈寅恪《吾国学术之现状及清华之职责》一文，阐述了其振兴中国学术的重要主张。

---

[1] 卞僧慧：《陈寅恪先生年谱长编（初稿）》，中华书局2010年版，第123页。

1929年夏，唐篔怀抱流求在北平姚家胡同3号。

1931年春，陈寅恪带流求去中山公园看牡丹。

二十年以前之清华，不待予言。请略陈吾国之现状，及清华今后之责任。吾国大学之职责，在求本国学术之独立，此今日之公论也。若将此意以观全国学术现状，则自然科学，凡近年新发明之学理，新出版之图籍，吾国学人能知其概要，举其名目，已复不易。虽地质、生物、气象等学，可称尚有相当贡献，实乃地域材料关系所使然。古人所谓"慰情聊胜无"者，要不可遽以此而自足。西洋文学、哲学、艺术、历史等，苟输入传达不失其真，即为难能可贵，遑问其有所创获。社会科学则本国政治、社会、财政、经济之情况，非乞灵于外人之调查统计，几无以为研求讨论之资。教育学则与政治相通。子夏曰"仕而优则学，学而优则仕"，今日中国多数教育学者庶几近之。至于本国史学、文学、思想、艺术史等，疑若可以几于独立者，察其实际，亦复不然。近年中国古代及近代史料发见虽多，而具有统系与不涉傅会之整理，犹待今后之努力。今日全国大学未必有人焉，能授本国通史，或一代专史，而胜任愉快者。东洲邻国以三十年来学术锐进之故，其关于吾国历史之著作，非复国人所能追步。昔元裕之、危太朴、钱受之、万季野诸人，其品格之隆污，学术之歧异，不可以一概论；然其心意中有一共同的观念，即国可亡，而史不可灭。今日国虽幸存，而国史已失其正统，若起先民于地下，其感慨如何？今日与支那语同系诸语言，犹无精密之调查研究，故难以测定国语之地位，及辨别其源流，治国语学者又多无暇为历史之探讨，及方言之调查，论其现状，似尚注重宣传方面。国文则全国大学所研究者，皆不求通解及剖析吾民族所承受文化之内容，为一种人文主义之教育，虽有贤者，势不能不以创造文学为旨归。殊不知外国大学之治其国文者，趋向固有异于是也。近年国内本国思想史之著作，几尽为先秦及两汉诸子之论文，殆皆师法昔贤"非三代两汉之书不敢观"者？何国人之好古，一至于斯也。关于本国艺术史材料，其佳者多遭毁损，或流散于东西诸国，或秘藏于权豪之家，国人闻见尚且不能，更何从得而研究？其仅存于公家博物馆者，则高其入览券之价，实等于半公开，又因经费不充，展列匪易，以致艺术珍品不分时代，不别宗派，纷然杂陈，恍惚置身于厂甸之商肆，安能供研究者之参考？

但此缺点，经费稍裕，犹易改良。独至通国无一精善之印刷工厂，则虽保有国宝，而乏传真之工具，何以普及国人，资其研究？故本国艺术史学若俟其发达，犹邈不可期。最后则图书馆事业，虽历年会议，建议之案至多，而所收之书仍少，今日国中几无论为何种专门研究，皆苦图书馆所藏之材料不足；盖今世治学以世界为范围，重在知彼，绝非闭户造车之比。况中西目录版本之学问，既不易讲求；购置搜罗之经费精神，复多所制限。近年以来，奇书珍本虽多发见，其入于外国人手者故非国人之得所窥，其幸而见收于本国私家者，类皆视为奇货，秘不示人，或且待善价而沽之异国，彼辈既不能利用，或无暇利用，不唯孤负此种新材料，直为中国学术独立之罪人而已。夫吾国学术之现状如此，全国大学皆有责焉，而清华为全国所最属望，以谓大可有为之大学，故其职责尤独重，因于其二十周年纪念时，直质不讳，拈出此重公案，实系吾民族精神上生死一大事者，与清华及全国学术有关诸君试一参究之。以为如何？[1]

1931年，唐篔怀抱流求、小彭在北平姚家胡同3号。

1931年暑假，陈寅恪回庐山看望父亲，在五老峰上与散原老人合影，一同合影的有十人，其中有五哥陈隆恪一家和徐悲鸿。[2]

[1] 原载1931年5月《国立清华大学二十周年纪念刊》；《陈寅恪集·金明馆丛稿二编》，生活·读书·新知三联书店2009年版，第361～363页；卞僧慧：《陈寅恪先生年谱长编（初稿）》，中华书局2010年版，第135～136页。
[2] 卞僧慧：《陈寅恪先生年谱长编（初稿）》，中华书局2010年版，第137～138页。

不参加国难会议

1932年1月28日，日本武力入侵上海闸北，淞沪战争爆发。

2月2日，陈寅恪曾准备赴洛阳参加国难会议，特地打电话给浦江清，请他在清华南院代租房子，为夫人养病。国难当头，陈寅恪深受刺激，满腔愤懑，也积极为国事奔走。国难会议清华大学教授列名者有五人：陈寅恪，林志钧，黄节，蒋廷黻，陈锦涛。

召开国难会议的倡议，最开始由李石曾提出。1931年11月3日，李石曾在接受《民国日报》记者采访时，提出在此国难当头的关键时刻，"最好集合全国各界，开一国难会议"。[1] 11月22日，国民党四大主席团推举蔡元培向大会发起一项临时动议，提出"现在国难正急，中央急应延揽各方人才，于中央执行委员会领导之下组织一国难会议，以期集思广益，共济时艰"。12月9日，国民党中央政治会议举行第二百九十八次会议，决定由叶楚伧、戴季陶、于右任、蔡元培、李石曾等七人筹备国难会议。蔡元培代表大会主席团提议："本大会闭幕后，拟召集一国难会议，组织国难委员会，容纳各方有经验之人才加入，以收集思广益之效。"[2]

1932年1月18日，国民政府发布命令，定于2月1日在南京举行国难会议，由行政院办理。20日，令吴铁城和郑洪年为国难会议秘书处正副主任。21日，国难会议秘书处的办公处所决定暂设于行政院内，即日开始办公。国难会议会员人

---

[1] 王力、董国强：《谁是"国难会议"的首倡者？》，《书屋》2008年第10期，第35页。
[2] 王力、董国强：《谁是"国难会议"的首倡者？》，《书屋》2008年第10期，第34页。

选, 经国民党中央物色, 国民政府和行政院共同分四批公布, 共五百二十余人。其中有旧北洋系军人、北洋军阀政府的政要、外交人士、金融人士、工商界人士、文化教育界人士、交通界人士、华侨领袖、满蒙王公及活佛等。首都各界抗日会认为国难会议会员人选未能真正代表民意, 曾决定请国民党中央从速召开国民救国会议。因国难会议会员散处各地, 淞沪战事引起交通阻隔, 经行政院呈请, 国民政府同意会议改在2月11日召开。但淞沪抗战爆发后, 1月30日国民政府迁都洛阳, 国难会议筹备不及。[1]

3月13日, 陈寅恪与数名学生在吴宓的工字厅东客厅谈话, 表示不参加国难会议。

国难会议列吾名, 不拟出席。今日当对日绝交, 以便用政府之力为经济断交, 可见效。

中国今日旧道德与新道德两种标准同时并存, 有人说旧的已去, 新的未到者, 殊非事实, 此犹同时有两种斗, 小人量入用大斗而量出用小斗, 好人因此吃亏。今后旧者恐难复存。惟新者来自外国, 与我国情形每有格格不入之处, 亦不应杂采新旧两种不同标准中之有利于己者行之。吾人当准情酌理, 行吾心之所安, 总以不使旁人吃亏为准绳。至于细微之处, 则 "大德不逾闲, 小德可出入"。

中国近年集会结社之风盛行, 尤以留美学生为甚。互相攀援, 为害于国家与人民者殊烈。间有少数, 初发起者均甚好, 及其发展, 分子复杂, 君子渐为小人所取代, 最后将此会社变坏。结社之首要, 在于有共同的崇高理想。有此精神, 始能团结巩固, 成就事业, 造福于民。[2]

---

[1] 张北根:《国难会议综述》,《历史档案》1999年第4期, 第124页。
[2] 卞僧慧:《陈寅恪先生年谱长编(初稿)》, 中华书局2010年版, 第140页。

4月7日上午十时，国难会议在洛阳开幕，原定的会员五百二十余人，到会者仅一百四十四人。"平津国难会员以政府不许讨论政治问题，多不欲与会。平津会员九十余人中，去者不及二十人"，"在沪七十余人之国难会员，去者亦属寥寥"。[1]

国文试题风波

1932年暑假中，清华新生入学考试。刘文典是中文系主任，请陈寅恪代拟试题。陈寅恪时已准备赴北戴河休养，于是匆匆将普通国文试题拟出，作文题目为"梦游清华园"，对对子的题目有"孙行者""墨西哥""少小离家老大回""人比黄花瘦""莫等闲白了少年头"等句。两千多考生，多不熟悉对偶，因此骂声四起。随后在几个大报的"读者论坛"上出现了许多指摘清华复古的文字，更有甚者，竟出现文章指摘清华为资产阶级学校。又有人动笔起来反驳的。从8月1日清华入学考试结束后一个月里，每天报上都是各种争论文字。

这次国文试卷，对对子十分，标点三十分，作文六十分。两千多份试卷，两篇作文极好，得了满分。一篇是极流利的散文，一篇则是完全仿《三都》《两京》等赋作的，纯粹文选体，通篇皆妙。对对子没有特别好的，有的还较勉强。如以"情如碧海深"及"诗如白雪清"对"人比黄花瘦"，以"淮南子"对"墨西哥"等。

为此，陈寅恪在8月17日出版的《清华暑期周刊》第六期上发表对记者的谈话。

---

[1] 张北根：《国难会议综述》，《历史档案》1999年第4期，第124页。

今年国文题之前两部，对对子及作文题，皆我所出，我完全负责。外面有人批评攻讦，均抓不着要点，无须一一答复。将来开学后，拟在中国文学会[1]讲演出题用意及学理，今暂就一二要点谈其大概。

入学考试国文一科，原以测验考生国文文法及对中国文字特点之认识。中国文字固有其种种特点，因其特点之不同，文法亦不能应用西文文法之标准。盖中文文法属于"西藏缅甸系"而不属于"印欧系"也。国文完善的文法的成立，必须经过与西藏缅甸系文法作比较的研究；现在此种比较

1932年夏，唐筼携流求于北平卧佛寺。

的研究不可能，文法尚未成立。"对对子"即是最有关中国文字特点，最足测验文法之方法。且研究诗、词等美的文学，对对子亦为基础知识。

出对子之目的，简言之即测验考生：

（一）词类之分辨：如虚字对虚字，动词对动词，称谓对称谓，代名词、形容词对代名词、形容词等。

（二）四声之了解：如平仄相对求其和谐。

（三）生字（vocabulary）及读书多少；如对成语，须读书（诗、词、古文）多，随手掇拾，俱成妙对，此实考生国学根底及读书多少之最良试探法。

（四）思想如何：妙对巧对不惟字面上平仄虚实尽对，"意思"也要对工，且

---

[1] 此指清华大学中国文学系的系会。

上下联之意要"对"而不同,不同而能合,即辩证法之"一正,一反,一合"。例如,后工字厅门旁对联之末有"都非凡境""洵是仙居",字面对得甚工,而意思重复,前后一致,且对而不反,亦无所谓合,尚不足称为称对。[1]如能上下两联并非同一意思,而能合起一文理,方可见脑筋灵活,思想高明。

基上所述,悉与国文文法有密切之关系,为最根本、最方便、最合理之测验方法无疑。

评判标准,即基前项:(一)文法方面,如平仄,虚实词类之对否;(二)意思对工与不工,及思想如何。分数则仅占百分之十。倘字面对工,意思不差,可得十分;若文法恰好,巧合天成,可得四十分;即完全不对,亦不过扣国文总分百分之十,是于提倡中已含体恤宽待之意。其所以对对题中有较难者,实为有特长之考生预备。

有人谓题中多绝对,并要求主题者宣布原对,吾意不然。题对并无绝对,因非悬案多年,无人能对者。中国之大,焉知无人能对?若主题者自己拟妥一对,而将其一联出作考题,则诚有"故意给人难题作"之嫌。余不必定能对,亦不必发表余所对。譬诸作文,主题者亦须先作一篇,然后始能出该题乎?文尚如此,诗词对对之流,更不能自作答案,俨然作为标准,青年才子甚多,益无庸主题者发表原对。

现在国文考卷,尚有少许未完,且非尽我一个评阅。但就记忆所及,考生所对之较好者可提出一二。

对"孙行者"有"祖冲之""王引之"为最妙。而"引"字胜于"冲"字。"王"字这姓氏且同时有"祖"意(如"王父"即"祖父"之意),是为最佳。对"少小离家老大回"无良好者,记得有一考生以"匆忙入校从容出",尚可。中国文学研究所三言对"墨西哥",字少而甚难,完全测人读书多少,胸中有物与否。因读书多,能临时搜得专名词应对,某生对"淮南子",末二字恰合,已极难得。

---

[1] 后工字厅在清华校园内,北临荷花池。门额题"水木清华"四字,门旁对联的全文是:"槛外山光,历春夏秋冬,万千变化,都非凡境;窗中云影,任东西南北,去来澹荡,洵是仙居。"——卞僧慧按语。卞僧慧:《陈寅恪先生年谱长编(初稿)》,中华书局2010年版,第143页。

　　关于《梦游清华园记》作文题，多人误会以为系夸耀清华之风景与富丽，或误解为叙事体游记。其浅薄无聊，殊属可笑。所谓梦游云者，即测验考生之想象力及描写力。凡考本校生，总对本校有相当猜想。若不知实际情形，即可以"空中楼阁"地去写。这题换句话说，就是"理想中的清华大学"。再考者欲入大学，当必有一个理想中的大学形状景物。我所以不出《理想中的清华大学》或《梦游清华大学》者，乃以写景易而描写学校组织、师生课业状况较难，美的描写易而写实较难。近数年来，已将《求学志愿》《家乡》《朋友》《钓鱼》等题用尽，似此种题实新颖、简单、美妙，自由、容易之至。我以为那题很好。而有人仍发怨言者，想系入清华之心过切，或因他故而生忌嫉之感，不足介意。[1]

　　9月5日，又在天津《大公报·文学副刊》发表《与刘文典教授论国文试题书》。

1933年，流求
（左）、小彭（右）
在清华园南院。

---

[1] 卞僧慧：《陈寅恪先生年谱长编（初稿）》，中华书局2010年版，第142～144页。

谨订课程要旨

1932年秋季开学，陈寅恪所授科目有：

一、中国文学系

（一）唐诗校释（全学年四学分，每周二小时）：本学程系择唐诗中词句之有讹误及意义之不甚明了者，加以校正及解释。要在就唐代政治社会各种问题讨论，以说明文学之时代背景为主旨。

（二）唐代诗人与政治关系之研究（全学年四学分，每周二小时）：本学程专研究作者与当时政治之关系，以解释其作品。不仅以唐史释唐诗，并以唐诗证唐史也。（此课程为研究课，平时不上课。）

（三）中国文学中佛教故事之研究（全学年四学分，每周二小时）：本学程就佛教故事在印度及中国文学上之演变，加以比较研究。

（四）佛教翻译文学：本学程专就中国所译佛典之有文学价值者，加以讨论，并略述佛教翻译之艺术。

二、哲学系

中国中世纪哲学（全学年四学分，每周二小时）：本学程研究天台宗、禅宗等儒佛混合源流。

三、历史学系

（一）晋南北朝隋唐史之研究（全年四学分）：本学程以晋初至唐末为一整个历史时期。就此时期内关于民族、文化、政治、社会等问题，择要讨论，并旁采外国古籍，及近年新发见之材料，与中国所已知者，互相比证，以期补充旧史之未备，及订正其讹误。

（二）晋南北朝隋唐文化史（全年四学分）：本学程专就此时期民族精神生活，与社会环境互相影响诸问题，加以讨论。

（三）晋南北朝隋唐之西北史料（全年四学分）：本学程专就此时期西北史料，以故释新，以新证故，用补阙疑，而正谬误。

（四）蒙古史料之研究（全年四学分）：本学程取东西文字中旧有之蒙古重要史料，加以解说及批评。近年北平故宫博物院发见之满蒙文书籍，其与蒙古史有关者亦讨论之。[1]

在"唐诗校释"开课的时候，陈寅恪概述了本课程的要旨。略述如下：

读诗贵了解，但了解匪易，知识越多，了解的亦越多。作品是作者生活之反映。惟传世诗话，殊不足据。其所谓"本事"者，殊不可靠。因为诗不可解，乃造出本事以为解释。此只是小说，不是历史，今欲研究其历史，惟有研究其诗题。元人辛文房撰《唐才子传》，为研究诗人事迹，故研究诗题。辛文房曾谓："立题乃诗家切要，贵在卓绝清新，言简而意足。句之所到，题必尽之。中无失节，末无余语。"近代诗人曾习经亦重视制题。编年史很重要，可考定事之真伪。清康熙间徐倬《全唐诗录》中有《御定全唐诗人年表》，名目甚好，内容不佳。

地理位置亦很重要，往往一字之差，造成地理错位，亦影响文学意味。

有时作家对客观事实不很了解，凭其假想虚构，亦能写出很好文学作品，如着笔时又得知真象，其一切原来自以为真之美妙幻想，将顿时破灭，名篇亦作不成矣。

也有时诗已作成，才发现错了，诗又不易改，为了补救，或补写一篇序。这就不免自造矛盾，使读者迷惑难解。[2]

---

[1] 卞僧慧：《陈寅恪先生年谱长编（初稿）》，中华书局2010年版，第144页。
[2] 卞僧慧：《陈寅恪先生年谱长编（初稿）》，中华书局2010年版，第145页。

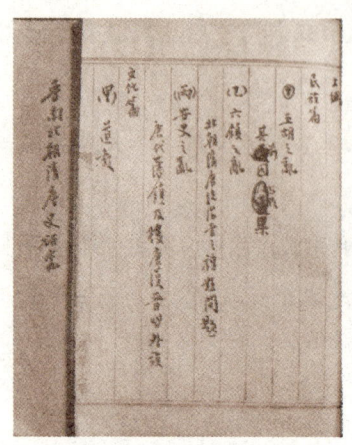

《晋南北朝隋唐史研究》授课大纲。

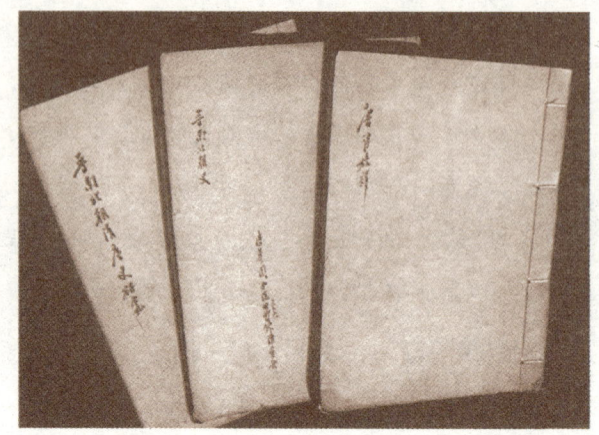

《唐诗校释》《晋南北朝史》《晋南北朝隋唐史研究》
备课笔记三种。

吴宓《空轩诗话》："寅恪尝谓唐代以异族入主中原，以新兴之精神，强健活泼之血脉，注入于久远而陈腐之文化，故其结果灿烂辉煌，有欧洲骑士文学之盛况。而唐代文学特富想象，亦由于此云云。"[1]

"唐代诗人与政治关系之研究"课为研究课，只在开始时说明本课宗旨，由选修生选题作文，以为学期成绩。

"晋南北朝隋唐文化史"开课之初，陈寅恪概述本课程要旨。略述如下：

本课程讲论晋至唐此一历史时期民族精神生活（包括思想、哲学、宗教、艺术、文学等）与社会环境（包括政治、经济、社会组织等）互相影响诸问题。只讲条件，不轻言因果。

以往研究文化史有二失：（一）旧派失之滞。旧派作"中国文化史"，其材料采自《二十四史》中之《儒林》《文苑》等传及诸志，以及《文献通考》《玉海》等

---

[1]《吴宓诗话》，商务印书馆2005年版，第175页；蒋天枢：《陈寅恪先生编年事辑（增订本）》，上海古籍出版社1997年版，第75页。

类书。类书乃供科举对策搜集材料之用。作史没有必要全行采入。此类文化史不过钞钞而已，其缺点是只有死材料而没有解释，读后不能使为了解人民精神生活与社会制度的关系。（二）新派失之诬。新派留学生，所谓"以科学方法整理国故"者。新派书有解释，看上去似很条理，然甚危险。他们以外国的社会科学理论解释中国的材料。此种理论，不过是假设的理论。而其所以成立的原因，是由研究西洋历史、政治、社会的材料，归纳而得的结论。结论如果正确，对于我们的材料，也有适用之处。因为人类活动本有其共同之处，所以"以科学方法整理国故"是很有可能性的。不过也有时不适用，因中国的材料有时在其范围之外。所以讲大概似乎对，讲到精细处则不够准确，而讲历史重在准确，功夫所至，不嫌琐细。

本课程的学习方法，就是要看原书。（以后讲题："东西晋之乱亡"看《晋书》《通鉴》，"清谈"看《世说新语》。）有的人不看原书，"说食不饱"，这样不好，要从原书中的具体史实，经过认真细致、实事求是的研究，得出自己的结论。一定要养成独立精神，自由思想，批评态度。[1]

其时，陈寅恪并为中文研究所、历史研究所开专题课。

是时，陈寅恪授课之余，精研群籍，于唐代文学及佛经多所涉及。所特好者，用力犹勤。时武强贺氏所刊吴挚甫评注本《韩翰林集》甫行世，他即购置一册，于书眉细字详录有关资料，间抒己校对意见。可惜其所校订的有关佛经之书，现在仅存《高僧传》一至四集及《弘明集》《广弘明集》各书而已。[2]

[1] 卞僧慧：《陈寅恪先生年谱长编（初稿）》，中华书局2010年版，第145～146页。
[2] 蒋天枢：《陈寅恪先生编年事辑（增订本）》，上海古籍出版社1997年版，第85页。

北平聊园春谜合影。前排左起陶湘、杨钟羲、伯希和、柯劭忞、孟森；后排左起谭祖任、朱叔琦、杨心如、陈寅恪、尹炎武、陈垣。（1933年）

1935年9月23日，在上"晋至唐史"第一课时，陈寅恪说明讲课要旨。略谓：

本课程是通史性质，虽名为"晋至唐"，实际所讲的，在晋前也讲到三国，唐后也讲到五代。因为一个朝代的历史不能以朝代为始终。本课程虽属通史性质，也不能全讲。如果各方面都讲一点，则类似高中讲法，不宜于大学。每星期二小时，在听者或嫌其少，在讲者已恨其多。其原因有三：（一）自己研究有限，自己没有研究过的，要讲就得引用旁人的研究成果和见解（包括古人的和今人的）。这些，都见于记载，大家都能看到，不必在此重说一遍。（二）有些问题确是值得讲，但一时材料缺乏，也不能讲。（三）以前已经讲过的也不愿意再重复。有这些原因，所以可讲的就更少了。现在准备讲的是有新见解、新解释的。

本课程是选修课，选课人的程度不齐。这是今日在大学里讲国文和历史最感困难的问题。因为中文书籍，人人都能看到，讲者和听者，在程度上没有多大的差别。（这和英文不同，有的人因为家庭环境接触不到英文，就不容易学。）然而也正因如此，选本课的，其间差异却很大。有些事情，有的人早已知道，也有人还不知道。在这里，分列几种书，第一类是必读书，从中可得到最低限度的常识。今日坊间教科书，以夏曾佑《中学历史教科书》为最好。作者以公羊今文家的眼光评论历史，有独特见解。其书出版已三十年，不必再加批评。其余大学课本，也可参考，看了也可引起对一些问题的注意，但不能作为依据。有些课本内容，辗转抄来，涉及的范围也有限。现在每有人以为历史必然限于普通课本里所有的，其实这是不对的。例如今年为留美考试所出的"中国通史"试题，有一题问金与南宋的学术有无异同；如有，异同何在。答卷中有人说这个问题遍找各种历史书都没有，想该是指南北朝的学术异同。这个人所说的各书大概指的就是普通课本一类的书。这等书或者确实没有讲到这个问题。但是如果细心阅读旧史，是能发见的。所以说课本只可供参考，不足为依据。

（一）最低限度必读书，不在堂上讲，考试要考这些。因为如不考，连这些常识也没有。

政治史部分要看《资治通鉴》。今人每好看《通鉴纪事本末》，以为此书有合于西洋科学方法，而不看《通鉴》。这实在错误。因为（1）《记事本末》是袁枢读《通鉴》时，心中所产生的问题，用以标题，分辑而成。不是人人阅读《通鉴》时所可能发现的问题尽在于此。所以如果只读《纪事本末》，就要受到它的限制，以为除袁枢所标题之外，再无问题了。（2）《纪事本末》于一事与两个问题都有关系的，就在第二个问题下注明。不过也有忘了注的，或不知其关系而不注的，如果只看《纪事本末》，就不容易发现其关系了。我们可以说《纪事本末》是《通鉴》带全文的索引，可作读《通鉴》时的参考，而不能代替读《通鉴》。《纪事本末》不能做依据，必须看《通鉴》原书。

典章制度部分看《通典》，天宝以后的《通典》没有，可用两《唐书》的志补充。《通典》不仅钞辑，它有考证，是一部著作。比《文献通考》等书高得多。今人每好用《文献通考》而不用《通典》，因为前者包括的时代长，用着方便，其实不对。《通考》的价值，在于对宋事的批评（姑不论其批评的是非）。再早的材料，也不过抄《通典》《通鉴》及正史。现在原书具在，不必用《通考》。

（二）进一步学习，可阅读《晋书》《南北史》《新唐书》。

（三）进行广泛的研究，除上列书外，再加宋、南齐、梁、陈、魏、北齐、周、隋书、《旧唐书》《册府元龟》《太平广记》，以及诗文集、笔记，如《全唐诗》《全唐文》等。

新材料：以上所列参考书皆属旧材料，新材料将在讲授涉及时提出。历史的新材料，上古史部分如甲骨、铜器等，中古史部分如石刻、敦煌文书、日本藏器之类。所谓新材料，并非从天空中掉下来的，乃指新发现，或原藏于他处，或本为旧材料而加以新注意、新解释。（旧材料而予以新解释，很危险。如做史论的专门翻新案，往往牵强附会，要戒惕。）

必须对旧材料很熟悉，才能利用新材料。因为新材料是零星发现的，是片段的。旧材料熟，才能把新材料安置于适宜的地位。正像一幅已残破的古画，必须知道这幅画的大概轮廓，才能将其一山一树置于适当地位，以复旧观。在今日能利用新材料的，上古史部分必对经（经史子集的经，也即上古史的旧材料）书很熟，中古以下必须史熟。而今日出版的许多课本，多不能利用新材料，有的用了也往往弄错。再看日本，其中虽有好坏，然而大都皆能引用新材料。

更有进者，研究历史，要特别注意古人的言论和行事。古人说："左史记言，右史记事。"这话很有道理。

言，如诗文等，研究其为什么发此言，与当时社会生活、社会制度有什么关系。如"清谈"为什么发生，与当时社会有何关系等。

事，即行，行动，研究其行动与当时制度的关系。《通典》《大唐六典》《唐律疏议》皆讲制度（system）组织方面（structure），现在要研究其制度的施行（function），研究制度对当时行动的影响，和当时人行动对于制度的影响。研究某种行动为何发生，如结婚必与民法有关，杀人必与刑法有关。[1]

1936年2月3日，陈寅恪在"晋南北朝史"课堂上谈到中学历史教学有关民族问题时说：

近闻教育部令，中学历史教科书不得有挑拨国内民族感情之处，于民族战争不得言，要证明民族同源。予以为这是不必的。

为证明民族同源，必须将上古史向上推，如拓拔魏谓为黄帝之后，欲证明其同源，必须上推至黄帝方可。这就将近年来历史学上之一点进步完全抛弃，至为可惜。此命令虽只限于中学以下，大学不在所限。然大、中、小学所讲之历史，只能有详略深浅之差，不能有真伪之别。在政府此种政策之下，遂有扫黄帝陵之举。殊不知非特不能调和民族间感情，反足以挑拨之也。

人每谓后代之某民族即古代之某民族，此极危险，极靠不住，极难说。持毫无证据之玄想假设，遂于古代民族间的战争，讳而不言，殊为不当。

不讲民族战争，如汉史不讲与匈奴之战和，本时期不讲华胡之战，则更无事可言。古代史上之民族战争，无避讳之必要。

每闻人言：汉族文化最高深。汉族文化自为一极高之文化，然遂谓其最高，则不当。如读藏文的正续《藏》，则可知西藏人的学问甚高。又如信奉回教的民族，在中古阿拉伯人有极高之文化，不能因自己无知，遂谓其无文化。

---

[1] 蒋天枢：《陈寅恪先生编年事辑（增订本）》，上海古籍出版社1997年版，第93～97页。

民族感情之挑拨，每因对历史之无知而引起。[1]

陈寅恪对篡改历史深恶痛绝，十分重视传播真实的历史知识。[2]

冯友兰《中国哲学史》审查报告

1931年3月，《学衡》第七十四期刊载陈寅恪《冯友兰〈中国哲学史〉上册审查报告》。

窃查此书，取材谨严，持论精确，允宜列入清华丛书，以贡献于学界。

兹将其优点概括言之，凡著中国古代哲学史者，其对于古人之学说，应具了解之同情，方可下笔。盖古人著书立说，皆有所为而发。故其所处之环境，所受之背景，非完全明了，则其学说不易评论。而古代哲学家去今数千年，其时代之真相，极难推知。吾人今日可依据之材料，仅当时所遗存最小之一部，欲藉此残余断片，以窥测其全部结构，必须备艺术家欣赏古代绘画雕刻之眼光及精神，然后古人立说之用意与对象，始可以真了解。所谓真了解者，必神游冥想，与立说之古人，处于同一境界，而对于其持论所以不得不如是之苦心孤诣，表一种之同情，始能批评其学说之是非得失，而无隔阂肤廓之论。否则数千年前之陈言旧说，与今日之情势迥殊，何一不可以可笑可怪目之乎？但此种同情之态度，最易流于穿凿傅会之恶习。因今日所得见之古代材料，或散佚而仅存，或晦涩而难解，非经

———————————

[1] 蒋天枢：《陈寅恪先生编年事辑（增订本）》，上海古籍出版社1997年版，第98～99页；卞僧慧：《陈寅恪先生年谱长编（初稿）》，中华书局2010年版，第171～172页。
[2] 蒋天枢：《陈寅恪先生编年事辑（增订本）》，上海古籍出版社1997年版，第99页。

过解释及排比之程序，绝无哲学史之可言。然若加以联贯综合之搜集及统系条理之整理，则著者有意无意之间，往往依其自身所遭际之时代，所居处之环境，所熏染之学说，以推测解释古人之意志。

由此之故，今日之谈中国古代哲学者，大抵即谈其今日自身之哲学者也。所著之中国哲学史者，即其今日自身之哲学史者也。其言论愈有条理统系，则去古人学说之真相愈远。此弊至今日之谈墨学而极矣。今日之墨学者，任何古书古字，绝无依据，亦可随其一时偶然兴会，而为之改移，几若善博者能呼卢成卢，喝雉成雉之比。此近日中国号称整理国故之普通状况，诚可为长叹息者也。今欲求一中国古代哲学史，能矫傅会之恶习，而具了解之同情者，则冯君此作庶几近之。所以宜加以表扬，为之流布者，其理由实在于是。

至于冯君之书，其取用材料，亦具通识，请略言之。以中国今日之考据学，已足辨别古书之真伪。然真伪者，不过相对问题，而最要在能审定伪材料之时代及作者，而利用之。盖伪材料亦有时与真材料同一可贵。如某种伪材料，若径认为其所依托之时代及作者之真产物，固不可也。但能考出其作伪时代及作者，即据以说明此时代及作者之思想，则变为一真材料矣。中国古代史之材料，如儒家及诸子等经典，皆非一时代一作者之产物。昔人笼统认为一人一时之作，其误固不俟论。今人能知其非一人一时之所作，而不知以纵贯之眼光，视为一种学术之丛书，或一宗传灯之语录，而断断致辩于其横切方面。此亦缺乏史学之通识所致。而冯君之书，独能于此别具特识，利用材料，此亦应为表章者也。

若推此意而及于中国之史学，则史论者，治史者皆认为无关史学，而且有害者也。然史论之作者，或有意，或无意，其发为言论之时，即已印入作者及其时代之环境背景，实无异于今日新闻纸之社论时评。若善用之，皆有助于考史。故苏子瞻之史论，北宋之政论也；胡致堂之史论，南宋之政论也；王船山之史论，明末之政论也。今日取诸人论史之文，与旧史互证，当日政治社会情势，益可藉此增加了解，此所谓废物利用，盖不仅能供习文者之摹拟练习而已也。若更推论及于文艺批评，如纪晓岚之批评古人诗集，辄加涂抹，诋为不通，初怪其何以狂妄至是，后读清高宗御制诗集，颇疑其有所为而发。此事固难证明，或亦间接与时代性有关，斯又利用材料之别一例也。

寅恪承命审查冯君之书，谨具报告书，并附著推论之余义于后，以求教正焉。[1]

1933年，《大公报·文学副刊》刊载陈寅恪《冯友兰〈中国哲学史〉下册审查报告》。

此书上册寅恪曾任审查，认为取材精审，持论正确。自刊布以来，评论赞许，以为实近年吾国思想史之有数著作，而信寅恪前言之非阿私所好。今此书继续完成，体例宗旨，仍复与前册一贯。允宜速行刊布，以满足已读前册者之希望，而使《清华丛书》中得一美备之著作。是否有当，尚乞鉴定是幸！寅恪于审查此书之余，并略述所感，以求教正。

佛教经典言："佛为一大事因缘出现于世。"中国自秦以后，迄于今日，其思想之演变历程，至繁至久。要之，只为一大事因缘，即新儒学之产生，及其传衍而已。此书于朱子之学，多所发明。昔阎百诗在清初以辨伪观念，陈兰甫在清季以考据观念，而治朱子之学，皆有所创获。今此书作者，取西洋哲学观念，以阐明紫阳之学，宜其成系统而多新解。然新儒家之产生，关于道教之方面，如新安之学说，其所受影响甚深且远，自来述之者，皆无惬意之作。近日常盘大定推论儒道之关系，所说甚繁（东洋文库本），仍多未能解决之问题。盖道藏之秘籍，迄今无专治之人，而晋、南北朝、隋、唐、五代数百年间，道教变迁传衍之始末，及其与儒佛二家互相关系之事实，尚有待于研究。此则吾国思想史上前修所遗之缺憾，更有

---

[1]《陈寅恪集·金明馆丛稿二编》，生活·读书·新知三联书店2009年版，第279~281页。

俟于后贤之追补者也。

南北朝时，即有儒释道三教之目，（北周卫元嵩撰齐三教论七卷。见旧唐书肆柒经籍志下。）至李唐之世，遂成固定之制度。如国家有庆典，则召集三教之学士，讲论于殿廷，是其一例。故自晋至今，言中国之思想，可以儒释道三教代表之。此虽通俗之谈，然稽之旧史之事实，验以今世之人情，则三教之说，要为不易之论。儒者在古代本为典章学术所寄托之专家。李斯受荀卿之学，佐成秦治。秦之法制实儒家一派学说之所附系。《中庸》之"车同轨，书同文，行同伦"，（即太史公所谓："至始皇乃能并冠带之伦"之伦。）为儒家理想之制度，而于秦始皇之身而得以实现之也。汉承秦业，其官制法律亦袭用前朝。遗传至晋以后，法律与礼经并称，儒家《周官》之学说悉采入法典。夫政治社会一切公私行动，莫不与法典相关，而法典为儒家学说具体之实现。

故二千年来华夏民族所受儒家学说之影响，最深最巨者，实在制度法律公私生活之方面，而关于学说思想之方面，或转有不如佛道二教者。如六朝士大夫号称旷达，而夷考其实，往往笃孝义之行，严家讳之禁，此皆儒家之教训，固无预于佛者之玄风者也。释迦之教义，无父无君，与吾国传统之学说，存在之制度，无一不相冲突。输入之后，若久不变易，则决难保持。是以佛教学说，能于吾国思想史上，发生重大久远之影响者，皆经国人吸收改造之过程。其忠实输入不改本来面目者，若玄奘唯识之学，虽震动一时之人心，而卒归于消沉歇绝。近虽有人焉，欲燃其死灰，疑终不能复振，其故匪他，以性质与环境互相方圆凿枘，势不得不然也。

六朝以后之道教，包罗至广，演变至繁，不似儒教之偏重政治社会制度，故思想上尤易融贯吸收。凡新儒家之学说，几无不有道教，或与道教有关之佛教为之先导。如天台宗者，佛教宗派中道教意义最富之一宗也。（其创造者慧思所作誓愿文，最足表现其思想。至于北宋真宗时，日本传来之《大乘止观法门》一书，乃依据《大乘起信论》者，恐系华严宗盛后，天台宗伪托南岳而作。故此书只可认为天台宗后来受华严宗影响之史料，而不能据以论南岳之思想也。）其宗徒梁敬之与李习之之关系，实启新儒家开创之动机。北宋之智圆提倡《中庸》，甚至以僧徒而号中庸子，并自为传以述其义（孤山闲居编）。其年代犹在司马君实作《中庸广义》之前，（孤山卒于宋真宗乾兴元年，年四十七。）似亦于宋代新儒家为先觉。二者之间，其关系如何，且不详论。然举此一例，已足见新儒家产生之问题，犹有未发之覆在也。至道教对输入之思想，如佛教、摩尼教等，无不尽量吸收，然仍不忘其本来民族之地位。既融成一家之说以后，则坚持夷夏之论，以排斥外来之教义。此种思想上之态度，自六朝时亦已如此。虽似相反，而实足以相成。从来新儒家即继承此种遗业而能大成者。

窃疑中国自今日以后，即使能忠实输入北美或东欧之思想，其结局当亦等于玄奘唯识之学，在吾国思想史上，既不能居最高之地位，且亦终归于歇绝者。其真能于思想上自成系统，有所创获者，必须一方面吸收输入外来之学说，一方面不忘本来民族之地位。此二种相反而适相成之态度，乃道教之真精神，新儒家之旧途径，而二千年吾民族与他民族思想接触史之所昭示者也。

寅恪平生为不古不今之学，思想圈于咸丰同治之世，议论近乎湘乡南皮之间，承审查此书，草此报告，陈述所见，殆所谓"以新瓶而装旧酒"者。诚知旧酒味酸，而人莫肯酤，姑注于新瓶之底，以求一尝，可乎？[1]

---

[1]《陈寅恪集·金明馆丛稿二编》，生活·读书·新知三联书店2009年版，第282～285页。

四 无用笔铭国兴亡

青年唐篃。

因结同心悟夙缘

　　陈寅恪刚到清华住工字厅的时候，认识了一位从美国留学回来的体育教师郝更生。郝更生的女朋友叫高梓，字仰乔，在北京女子师范大学任教。

　　1928年初春的一天，郝更生与陈寅恪聊天，说他看到高梓的朋友，一位女教师，家里墙上挂着一横幅，署名为"南注生"，感到好奇，请教陈寅恪，"南注生"为何许人，还简单介绍了横幅主人的情况。陈寅恪说："这肯定是灌阳唐景崧的孙女。"

　　唐景崧，字维卿，广西灌阳人。唐景崧曾将自己1883年8月至1886年10月间在越南协助刘永福抗法、在广西关外守边、建景字军开入镇南关进攻法军，以及战后参与中越划界等事撰为《请缨日记》。1894年，唐景崧出任台湾巡抚。甲午战败后，《马关条约》将台湾割让给日本。陈寅恪的舅舅俞明震曾在台湾

郝更生、高梓夫妇。

1929年4月，唐篔与高梓在姚家胡同3号。

协助唐景崧独立，据守台湾。所以陈寅恪对唐景崧的著作、事迹都很熟悉。

陈寅恪告诉郝更生，"南注生"是台湾最后一任巡抚唐景崧的别号，并且表示对这一横幅感兴趣，想亲自看一看，顺便拜访一下横幅的主人。

这位女教师果然是唐景崧的孙女，名篔，字晓莹，光绪二十四年五月初一（1898年6月19日）出生于桂林。父亲早故，同母亲住在天津。天津女子师范毕业后，留在女师附小教书。母亲在另一女校任教。后由女师保送上海体专，毕业后回母校任体育主任。现在是北京女子文理学院的体育教师。[1]

唐景崧。

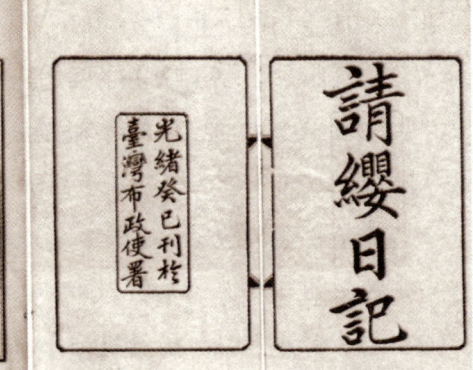

唐景崧《请缨日记》。

---

[1] 蒋天枢：《陈寅恪先生编年事辑（增订本）》，上海古籍出版社1997年版，第71页。

一个周末，郝更生陪陈寅恪拜访了位于西城受水河胡同的唐篔家，见到了唐篔后，仔细观看了挂在墙上的横幅。横幅内容为：

苍昊沉沉忽霁颜，春光依旧媚湖山。

补天万手忙如许，莲荡楼台镇日闲。

盈箱缣素偶然开，任手涂鸦负麝煤。

一管书生无用笔，旧曾投去又收回。

为人作书，口占二绝。冬阴已久，立春忽晴，亦快事也。南注生[1]

陈寅恪与唐篔互生好感，以后陈寅恪便约唐篔一同出游。随着不断交往，相互了解加深，感情也加深。1928年7月上旬，陈寅恪与唐篔在北平城里举行了订婚仪式。宾客是双方在北平的家人、亲友，女方的同事。7月15日中午，又在清华园南院赵元任家宴请了清华园的同事和朋友。吴宓用红笺写了《贺陈寅恪新婚》诗，云：

廿载行踪遍五洲，今朝萧史到琼楼。

斯文自有千秋业，韵事能消万种愁。

横海雄图传裔女，望门耆德媲前修。

蓬莱合住神仙眷，胜绝人间第一流。[2]

唐篔结婚照。

[1]《陈寅恪集·寒柳堂集》，生活·读书·新知三联书店2009年版，第235～236页。
[2]《吴宓日记》（第四册，1928～1929），生活·读书·新知三联书店1998年版，第89～90页。

陈寅恪将吴宓的贺诗传示众宾。宴会下午四时才散。[1]

8月31日，陈寅恪与唐筼在上海举行结婚典礼。婚后曾到杭州短暂旅行。因开学在即，陈寅恪只身返回清华。途中写下诗句："解识阴晴圆缺意，有人雾鬓独登楼。"[2]表达出当时的无奈与不舍。

婚后，陈寅恪租赁了西城姚家胡同三号居住。毛子水《记陈寅恪先生》文云："寅恪于民国十五年由德国回国就清华国学研究院的导师。我从德回国于十九年三月到北平时，他住在北平西四姚家胡同。那年夏秋间有几个月我从东城搬至西城一老同学家住，常在寅恪家吃饭；饭后有时同到中央公园吃茶散步。他那时除在清华上课外，每周必和钢和泰作一两次学术讨论，工作相当繁重。公园吃茶散步的调节，大概是他夫人的安排。"[3]

1929年4月，陈寅恪、唐筼夫妇在姚家胡同3号。

当初引起双方认识的唐景崧的横幅，他们非常珍惜重视。陈寅恪于1931年九一八事变前，请胡适为此横幅题诗。胡适在事变次日作《题唐景崧先生遗墨（陈寅恪先生嘱题）》。

南天民主国，回首一伤神。黑虎今何在？黄龙亦已陈。

几支无用笔，半打有心人。毕竟天难补，滔滔四十春。

---

[1]《吴宓日记》（第四册，1928～1929），生活·读书·新知三联书店1998年版，第89～90页。
[2]《陈寅恪集·诗集》，生活·读书·新知三联书店2009年版，第18页。
[3] 蒋天枢：《陈寅恪先生编年事辑（增订本）》，上海古籍出版社1997年版，第73页。

胡适父亲胡传,字铁花。1893年,代理台东直隶州知州,兼镇海后军各营统领。台湾被割让,台湾民众推举巡抚唐景崧为台湾民主国大总统,帮办军务刘永福为大将军,胡传在台东主持后山的防务。

陈寅恪收到胡适的题诗后,23日给胡适回信,对他的题诗表示感谢。云:

1929年8月,俞大纲(立)、唐篔(坐)、流求(婴儿)在北平姚家胡同3号。

　　昨归自清华,读赐题唐公墨迹诗,感谢,感谢。以四十春悠久之岁月,至今日仅赢得一"不抵抗"主义,诵尊作既竟,不知涕泗之何从也![1]

1895年台湾被日本占领,近四十年后,东北三省又被日本侵占。胡适的题诗与陈寅恪的复信,皆感伤时事,忧愤难已。

抗战期间,陈寅恪逃难到香港。约在1938年春,又请许地山为该横幅题字。许地山名赞堃,字地山,笔名落华生。许地山的父亲许南英,号蕴白,任台南筹防局团练统领,《马关条约》后,参与台湾抗日。许地山《题唐南注公手迹》序云:

　　堃先世玉明嘉靖间,自揭阳东入鲲海,为台湾最古住户之一。乙未之变,先父在台南领兵防匪,部署粗定,而台北莠民资敌,情况转劣,唐公不得已,挂冠内

---

[1]《陈寅恪集·书信集》,生活·读书·新知三联书店2009年版,第139页。

胡适。　　　　　　　　　　许地山。

渡，民主国亦随之沦没。寅恪同事，近以公手迹见示，且命题识。……自立民声压怒雷，何端天意竟难回。鸡峰陷没鲲洋沸，一去东溟永不归。[1]

　　太平洋战争爆发，陈寅恪全家仓促逃离香港，唐景崧手书的诗幅略有损毁。1953年，陈寅恪在广州时，将其重新装裱，并题四绝以纪念。

　　　　　　横海雄图事已空，尚瞻遗墨想英风。
　　　　　　古今多少兴亡恨，都付扶余短梦中。

　　　　　　当年诗幅偶然悬，因结同心悟夙缘。
　　　　　　果剩一枝无用笔，饱濡铅泪记桑田。

---

[1] 陈流求、陈小彭、陈美延：《也同欢乐也同愁：忆父亲陈寅恪母亲唐篔》，生活·读书·新知三联书店2010年版，第61页注2。

一卷新装劫后开，劫痕犹似染炱煤。

湖山明媚虽依旧，旧日春光去不回。

频年家国损朱颜，镜里愁心锁叠山。

行尽铁围层底路，傥能偕老得余闲。[1]

此诗幅作为陈寅恪夫妇相知相爱、患难与共四十载的见证，最终在七十年代初丢失，至今下落不明。

散原老人来北平养老

陈寅恪结婚后，散原老人即表示有来北平养老之意。[2]

散原老人住在庐山、九江，由陈隆恪夫妇陪侍。1932年1月28

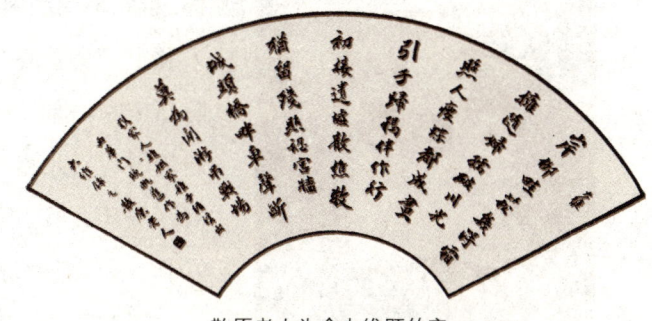

散原老人为俞大维题的字。

日，日本武力入侵上海闸北，淞沪战争爆发。散原老人在庐山牯岭，日夜不安，从邮局订阅航空沪报，每天盼望着报纸早到，一到就读，读完则愀然若有深忧。一天夜里，忽然在梦中狂呼杀日本人，于是旧病复发，日益加重。

---

[1]《陈寅恪集·诗集》，生活·读书·新知三联书店2009年版，第92页。

[2] 陈流求、陈小彭、陈美延：《也同欢乐也同愁：忆父亲陈寅恪母亲唐篔》，生活·读书·新知三联书店2010年版，第104页。

1932年10月，亲友上庐山贺散原老人80大寿。散原老人（左1）、隆恪（左2）、俞大维（左3）、黄国巽（左4）等。

流求（左）、雷崇立（中）、小彭（右）在清华园新西院雷家花园里。

1933年秋，陈寅恪夫妇吩咐侄儿陈封怀，自北平到庐山，迎接年过八旬的散原老人北上。陈隆恪全家陪送到南京俞大维、陈新午家。散原老人在南京住了约一个月。唐篔带着女儿流求到南京，迎接老人。11月8日（农历九月二十一日），家人为散原老人八十一岁生日做寿，随后登程北上。

到北平后，散原老人的日常起居，由陈师曾夫人黄国巽照顾。陈寅恪夫妇和孩子们则在1932年春搬到清华园南院八号。1935年，清华新西院落成，又搬到新西院三十六号，与雷海宗家隔墙而居。[1]

---

[1] 陈流求、陈小彭、陈美延：《也同欢乐也同愁：忆父亲陈寅恪母亲唐篔》，生活·读书·新知三联书店2010年版，第91页。

　　1934年，寅恪与家人陪同散原老人游北平北海公园。左起陈寅恪、陈封怀、张梦庄、陈流求（小童）、散原老人、唐篔、陈小彭（小童）、黄国巽。

　　1935年夏，家人陪同散原老人游北平中山公园。前排左起陈寅恪、唐篔、张梦庄、喻徽、陈小从、陈流求、陈小彭、陈封猷、黄国巽、贺黔云；后排左起散原老人、陈登恪、陈隆恪、陈封雄。

散原老人到北平后，陈寅恪与家人每周末进城省侍。多数周末下午，夫人唐筼带着女儿流求和小彭进城看望祖父。陈寅恪星期六上午到东交民巷学梵文，后即回姚家胡同老人寓所团聚。然后带着孩子一同乘校车返清华园。[1]

1933年12月17日，杨树达拜访散原老人，陈寅恪不在，但老人已经知道杨树达的情况，并告诉杨，当年在时务学堂入学考试，阅卷者就是自己。[2]

《四声三问》探古音

1933年底，陈寅恪作《四声三问》，1934年4月由学校排印。
1933年10月18日朱自清日记云：

> 下午开会，讨论研究生毕业考试科目等问题，陈寅恪谈四声，疑古三声相混，受梵吹影响始分为三，因韦陀中梵唱亦分三调也。又谓《高僧传》谓齐竟陵王子良集诸文士作《梵吹新声》，《南齐书》亦有之，而为人所删去。亦见《南史·陆厥传》后。又谓诗音平入通押，或因详略之故。如n、ng省去即可与入声相押也。又今日之平声，昔日恐亦有语尾，如丝silk，弥勒melk（？），故此事殊难定耳。[3]

陈寅恪据此观点写成论文。12月10日朱自清日记云：昨孙子书谈寅恪文，竟

---

[1] 蒋天枢：《陈寅恪先生编年事辑（增订本）》，上海古籍出版社1997年版，第84页。
[2] 杨树达：《积微翁回忆录》，《杨树达文集》，上海世纪出版股份有限公司、上海古籍出版社2013年版，第77页；卞僧慧：《陈寅恪先生年谱长编（初稿）》，中华书局2010年版，第157页。
[3]《朱自清日记1932～1934年》，《新文学史料》1981年第4期，第262页；卞僧慧：《陈寅恪先生年谱长编（初稿）》，中华书局2010年版，第156页。

未见,甚惭。[1]可能就是指《四声三问》一文。

12月20日,朱自清日记云:

读陈寅恪先生《四声三问》,陈义凡三:

一、中土平、上、去三声之分,系文士依据及摹拟转读佛经之声(入声不易混,自为一类)。

二、四声之说起于周颙、沈约,以建康为南朝政治文化之中心,善声沙门及审音文士共居之地,二者之间发生相互影响,实情理之当然,而由《高僧传》所载善声沙门之生卒考之,建康经呗之盛,实始自宋之中世而及于齐之初年。是时竟陵王子良在鸡笼西邸,同时集诸文士作《四部要略》,又集诸名僧造《经呗新声》,此又二者相关之机缘也。至曹植《鱼山集》,自系伪作,其事出刘敬叔之《异苑》,及刘义庆《宣验记》。东晋中晚时代,经声虽已流行,而尚无鱼山制契之神话,逮东晋末年,始有此传说。此传说实含有一善声沙门与审音文士合作之暗示,而此二种人之合作,即四声之起源。

三、论四声者皆说五声而不及四声,盖四声只用于属文,谈音理则当言五也。[2]

在《四声三问》一文中,陈寅恪用"中体西用"作为比喻。

宫商角徵羽五声者,中国传统之理论也。关于声之本体,即同光朝士所谓"中学为体"是也。平上去入四声者,西域输入之技术也。关于声之实用,即同光朝士所谓"西学为用"是也。盖中国自古论声,皆以宫商角徵羽为言,此学人论声理所不能外者也。至平上去入四声之分别,乃摹拟西域转经之方法,以供中国行文之

---

[1]《朱自清日记1932～1934年》,《新文学史料》1981年第4期,第262页;卞僧慧:《陈寅恪先生年谱长编(初稿)》,中华书局2010年版,第157页。

[2]《朱自清日记1932～1934年》,《新文学史料》1981年第4期,第262页;卞僧慧:《陈寅恪先生年谱长编(初稿)》,中华书局2010年版,第158页。

用。其"颠倒相配，参差变动"，如"天子圣哲"之例者，纯属于技术之方面，故可得而谱。即按谱而别声，选字而作文之谓也。然则五声说与四声说乃一中一西，一古一今，两种截然不同之系统。论理则指本体以立说，举五声而为言，属文则依实用以遣词，分四声而撰谱。苟明乎此，则知约之所论，融之所言，及厥之问约，约之答厥，所以止言五声，而不及四声之故矣。[1]

并表明，此解之意旨实启自段玉裁、王国维。"今更借喻同光旧说，重为引申。"[2]

1934年夏，吴宓作《空轩诗话》，亟称陈寅恪学问之博，并道其得益于陈寅恪者，谓："其《与刘文典教授论国文试题书》及近作《四声三问》一文，似为治中国文学者所不可不读者也。"[3]

1935年秋，陈寅恪与流求在清华园新西院36号丝瓜藤前。　　1935年秋，唐篔与流求、小彭在清华园新西院36号院子花架下。

[1] 陈寅恪：《陈寅恪集·金明馆丛稿初编》，生活·读书·新知三联书店2009年，第381页。
[2] 陈寅恪：《陈寅恪集·金明馆丛稿初编》，生活·读书·新知三联书店2009年，第381页。
[3] 吴宓：《吴宓诗话》，商务印书馆2005年版，第196页。

卢沟桥事变——北平沦陷

　　1936年8月，伪军李守信部犯绥远，傅作义部将其击败。11月，伪军再犯绥远，日本飞机助战，傅作义部再次将其击败，并收复百灵庙。敌寇入侵，黑云压城，有热血的知识分子无不感到窒息。绥远抗战的消息传来，立即得到各界的支持。11月12日起，清华大学为慰劳守土将士，大食堂停火三日，大家吃阳春面度日，以节约支援前线。理学院院长叶企孙发起教师捐款，家属把自用缝纫机组织起来，制作棉衣和伤病员的卫生疗养品，送往百灵庙前线。[1]唐篔就在自己家，和校内几位教授夫人，铺上木板，一同忙着手工赶制棉军衣慰劳在绥远百灵庙的抗日战士。

　　1937年7月7日，卢沟桥事变。

　　14日，晚七点到八点，陈寅恪与吴宓一同散步。陈寅恪："谓中国之人，下愚而上诈。此次事变，结果必为屈服。华北与中央皆无志抵抗。且抵抗必亡国，屈服乃上策。保全华南，悉心备战；将来或可逐渐恢复，至少中国尚可偏安苟存。一战则全局覆没，而中国永亡矣。"[2]八点到九点，陈寅恪同叶企孙、熊大缜到吴宓处，谈论局势。九点到十点，到工字厅，参加秘书长沈履、教务长潘光旦召集的谈话会。听沈履从市长秦德纯处所得的消息：日军决意吞并华北，大战即在目前，二十九军决定牺牲抗战到底。大家还讨论了学校防务方面的事。[3]

　　21日，陈寅恪晚饭后到吴宓处，与吴宓、叶企孙、熊大缜等一同散步。此时

---

[1] 钱伟长主编：《一代宗师叶企孙》，上海科学技术出版社1995年版，第15页。
[2] 《吴宓日记》（第六册，1936~1938），生活·读书·新知三联书店1998年版，第168页。
[3] 《吴宓日记》（第六册，1936~1938），生活·读书·新知三联书店1998年版，第169页。

获悉宋哲元部完全退让，片面撤兵，日内北平郊区当可无战事。[1]陈寅恪对战局的看法，仍持前论，一力主和，谓战则亡国，和可偏安，徐图恢复。此时陈寅恪仍能安静读书，吴宓决心效法。[2]

25日夜至26日晨，日军攻占廊坊，与我军接战。[3]

26日，陈寅恪晚饭后同吴宓散步，谈及明末事，与今比较。[4]

7月28日，北平郊外发生激烈战事，当夜二十九军撤退。在清华园里，可以看到日机在空中整队飞行，偶尔能听到一两声炸弹的爆炸声。传闻日军已从南面进入清华园火车站，不久可能会来校接收，情形甚为忙乱。吴宓本想始终留在清华，叶企孙则力主入城。陈寅恪认为，"在此生命无忧，入城可免受辱"。[5]陈寅恪和众教授陆续进城。[6]

1937年10月，在北平姚家胡同3号散原老人灵堂外。右起陈封猷、陈星照、陈小彭、陈流求、陈美延。

8月8日正午，日军入城。天津塘沽也沦陷。北平人心惶惶。

日军既入北平，陈寅恪父亲散原老人终日忧愤，旧病复发，拒不服药，9月14日去世，享年八十五岁。

陈寅恪为父亲料理丧事。23日，下午两

[1]《吴宓日记》（第六册，1936～1938），生活·读书·新知三联书店1998年版，第174页。
[2]《吴宓日记》（第六册，1936～1938），生活·读书·新知三联书店1998年版，第174页。
[3]《吴宓日记》（第六册，1936～1938），生活·读书·新知三联书店1998年版，第178页。
[4]《吴宓日记》（第六册，1936～1938），生活·读书·新知三联书店1998年版，第178页。
[5]《吴宓日记》（第六册，1936～1938），生活·读书·新知三联书店1998年版，第219页。
[6]卞僧慧:《陈寅恪先生年谱长编（初稿）》，中华书局2010年版，第178页。

点，吴宓来祭奠散原老人。陈寅恪为吴宓讲述了老人生病的过程。谈到今后打算，陈寅恪很赞同吴宓隐居北平读书一年的办法。但是春天里日本人曾来函邀请自己到日本使馆赴宴。倘今后日本人来逼迫，为了保全气节，免受侮辱，决定还是悄悄离开北平，逃亡他处。[1]

南逃 —— 长沙临时大学

　　清华大学南迁，与北京大学、南开大学联合，在长沙组成临时大学。1937年10月25日，长沙临时大学开学，陈寅恪和吴宓得到校长梅贻琦来电，命清华教授迅速赶往长沙。

　　正在这个时候，陈寅恪高度近视的眼睛因视网膜剥离，导致右眼失明。这对于一位立志毕生从事学术研究，极为勤奋的学者，打击之沉重，令人难以想象。陈寅恪决意不在沦陷区教书。那天晚上，父亲灵前亲友离开后，陈寅恪独自一人，斜卧在走廊藤躺椅上，表情严峻，一言不发。过后，他表示，决定不做手术，奔向内迁的临时校址，赶着上课。

　　还没有等到父亲出殡的日子，陈寅恪就与夫人一起，带着一个九岁、一个七岁两个刚上小学的女儿，一个才四个多月大的小女儿，照顾婴儿的奶妈王妈，佣人忠良，开始了逃难的历程。

　　11月3日早，陈寅恪一家买到快车票。送行者有大嫂、大姐、蹇华芬等，分别时伤心难过，几欲哭出声来。幸好车站汉奸检查不严，得以顺利上车。车行甚快。到了天津，住在六国饭店。

[1]《吴宓日记》（第六册，1936～1938），生活·读书·新知三联书店1998年版，第169页。

天津海河上，有一座铁桥，叫万国桥，北连老龙头火车站，南通紫竹林租界地。当时的天津有英、法、俄、美、德、日、意、奥、比等九国租界，此桥位于法租界入口处，到天津的人，要过了万国桥才算出了鬼门关。天津车站，俗呼老龙头火车站，出站也不容易。陈寅恪和唐篔每人抓紧一个大小孩，忠良照料小件行李，王妈抱着小女儿美延，当时必须用力挤着前进，一家人紧紧靠拢，深恐失散。陈寅恪一家总算侥幸平安出站，还几乎被挤散。

1937年11月，流求（右）、小彭（左）在济南号邮轮上。

大家知道住进租界，看不到日本鬼子和太阳旗，心中为之一畅。但未达目的地，身心都不安定。

陈寅恪从叶企孙处领到部分薪水作路费，他们决定乘英国商船"济南号"南下，由紫竹林搭大汽车至大沽口外上船。王妈决意跟陈寅恪一家走，忠良要回家照料家事，不能南行，送大家上船。忠良在陈家工作已过十年，现在不得不与大家分别。

坐同一艘船的有袁复礼（未带家眷）、毛准，以及北大某教授的家眷。到了青岛，已过了夜里十二点，紧接着搭夜车离开青岛。为了方便，由青岛站买了直达长沙的联票。

到了济南，却见风声甚紧，形势大变，商店闭门，哄传"日本鬼子就要来了，我们都要逃走啦"！大批人争着逃难，谁也不知走到哪里是好。火车停开，无所谓班次，见车就上。赶到车站，人山人海，挤着要想上一列车，东西观看，车上满满的，根本挤不上去。幸亏刘清扬家人已经先上了车，帮助陈寅恪一家从窗口爬了进去。

陈家在青岛买的是头等卧车票,一家连同王妈三个大人三个小孩,却只坐上了三等车厢中三个座位。除吃奶的小孩外,两个大小孩挤睡在地上。三个大人只得笔直地坐着,转动都不容易。经过将近二十四个小时才到达徐州。

幸好天在下雨,没碰上敌机的轰炸扫射。夜间十点转上陇海路去郑州的火车。天仍在下雨,平安到了郑州。

在郑州总算挤上了一节破烂的头等车,得以安睡一夜。隔壁的毛准不肯关门睡觉,陈寅恪劝他也不听,结果手提箱不翼而飞,唐筼取笑他说:"不听好人言,吃亏在眼前。"

到了汉口,在旅店内休息半天,然后搭粤汉铁路的列车往长沙。码头上不知受了多少气。渡江时风浪很大,兼又下雨,历尽了艰辛。11月20日夜到了长沙,天仍在下雨。幸好事先发了电报,有人来接,夜里住在亲戚家,到的时候已经深夜了。[1]

陈寅恪本想乘轮船直接去上海或香港再转长沙,后来为求快,在青岛登陆。结果反拖延了近二十天,尝尽了苦痛,足见当时逃难路上的混乱与艰难。

陈寅恪到达长沙后,旋即开始上课。所授课程为长沙临时大学历史社会系的"晋南北朝史""晋南北朝隋唐史研究"。[2]陈寅恪的课吸引了许多外系学生来听。中文

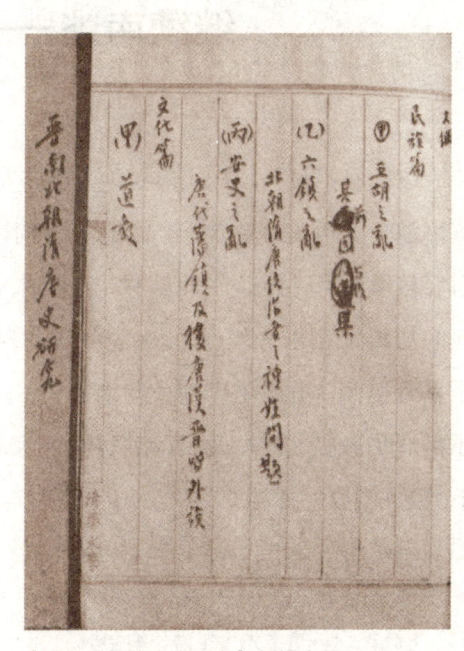

《晋南北朝隋唐史研究》授课大纲。

[1] 蒋天枢:《陈寅恪先生编年事辑(增订本)》,上海古籍出版社1997年版,第113～115页。
[2] 卞僧慧:《陈寅恪先生年谱长编(初稿)》,中华书局2010年版,第181页。

系的王永兴、哲学系的徐高阮都因为听了陈寅恪的讲课，最后决定转到历史系来。[1]

陈寅恪的讲课是高层次的，不同于一般讲义教科书体裁，讲课与论著往往统一，讲完一个问题，就成一篇论文。在长沙临时大学，陈寅恪曾讲过两个单元，其中一个是关于南方民族巴、蜀、蛮、僚、溪、俚、楚、越，一个一个的分别解释。对巴族特别解释说"瞎巴三千"是讲巴人战斗勇猛，目前无敌，故称"瞎巴"。讲晋室南渡与王导功业，特别解释"江左夷吾"（管仲），"微管仲，吾其披发左衽矣"。[2]

继续南逃——转道香港

在长沙不久，由于时局变化，清华大学临时校址又决定迁往云南。于是陈寅恪挈全家再度登程南行。离开长沙时已经霜冻，经衡阳搭长途汽车，星夜投宿零陵县，随后到达广西桂林市。桂林是唐筼祖籍所在。唐筼父母早已去世，他们与叔父母相聚叙谈几天后，又急着赶路。在细雨蒙蒙中登上长途汽车，经乐平到梧州。梧州是广西大学所在地。广西大学理工学院院长、教务长李运华原是清华教授，李夫人招待陈寅恪一家吃了顿饭。晚间登上内河江轮沿西江而下，经虎门直达香港。[3]

---

[1] 卞僧慧：《陈寅恪先生年谱长编（初稿）》，中华书局2010年版，第181页。
[2] 陈述：《陈寅恪先生手书信札附记》；王永兴编：《纪念陈寅恪先生百年诞辰学术论文集》，江西教育出版社1994年版，第2页；卞僧慧：《陈寅恪先生年谱长编（初稿）》，中华书局2010年版，第181～182页。
[3] 蒋天枢：《陈寅恪先生编年事辑（增订本）》，上海古籍出版社1997年版，第115页。

抵香港已近春节。香港大学许地山夫妇来旅馆看望陈寅恪一家。许氏夫妇看到陈家小女儿美延正生病发高烧，就把大女儿流求和二女儿小彭带到他们家，并在自己家附近的罗便臣道为陈家租好房子暂住。1938年1月31日是农历春节，陈寅恪一家就在只有简单行李和家具的房子里，度过逃难后的第一个春节。

年后，陈寅恪必须赶往学校上课。唐篔则因长途劳顿，心脏病发，体力不支，不能再走，决定先由陈寅恪一人取道安南去云南。

2月3日，为了安全起见，陈寅恪将自己收藏的光绪年间"福建台湾巡抚关防"银印和唐景崧回到上海后上李鸿藻手书一通，寄存在香港大学总务处保险柜里。

其时，货币贬值，陈寅恪薪资寄到香港换成港币后很难维持生活。3月初，陈寅恪家搬家到九龙福仔村道十一号三楼，和沈乃正一家合住，两家都各挤在一间小房间内。这里位置比较偏僻，房租低廉。

许地山、周俟松夫妇携子周苓仲、女许燕吉在香港。

1938年初春在香港。唐篔（中坐）、陈美延（怀中幼儿）、陈流求（左立）、陈小彭（右立）。

与许家兄妹在香港梅芳中学。左起：许燕吉、陈小彭、陈流求、陈美延、周苓仲。

蒙自——西南联合大学

2月底3月初,闻临大因昆明无校址克觅,拟搬到蒙自。浦薛凤曾在叶公超处见到蒋梦麟一电:"昆明校舍无着,工料两难,建筑需时,蒙自海关银行等处闲置,可容九百人,据视察报告,气候花木均佳,堪作校址。"[1]最后确定理工各院系留在昆明,文法搬到蒙自。

吴宓先于3月7日乘滇越火车抵达昆明,[2]3月底,联大决定文法学院迁到蒙自后,方准备再往蒙自。4月1日晨,吴宓重新登上滇越火车,2日上午抵达蒙自。[3]校址租用蒙自海关房屋,此乃昔日法国人所经营布置,为一法国式花园,多热带植物,花木繁盛,绿荫浓茂,美丽缤纷。吴宓写下《蒙自校园即景》诗云:[4]

> 万绿丛中一点红,静看晓日出林东。
>
> 云山远带成环翠,花圃密栽似绣工。
>
> 杜宇哀歌翔白鹭,巴蕉大叶裹苍桫。
>
> 避兵尚有桃源地,好景天南春正融。

4月15日,陈寅恪搭乘"嘉应号"客轮离开香港。相约同行的有浦薛凤、

---

[1] 浦薛凤:《浦薛凤回忆录(中):太虚空里一尘游》,黄山书社2009年版,第73页。
[2]《吴宓日记》(第六册,1936～1938),生活·读书·新知三联书店1998年版,第316页。
[3]《吴宓日记》(第六册,1936～1938),生活·读书·新知三联书店1998年版,第326页。
[4]《吴宓日记》(第六册,1936～1938),生活·读书·新知三联书店1998年版,第326页。

沈乃正、彭光钦、赵以炳四位教授，同船的还有蔡方荫夫妇、张荫麟及学生一百七十八人。陈寅恪、蔡方荫、张荫麟买的是二等舱（亦称华人头等），浦薛凤、沈乃正则坐三等（所谓二等）。三等八铺一舱，却在二等的上层，有四扇大窗，两面通风，空气流通，较之二等毫不逊色。唯男女同舱，不大方便，携家眷者，总以二等为宜。[1]午后三点，轮船起航。

19日晨，船达安南海防。徐锡良即来招呼，领事也随即过来，总计临大师生约二百余人，行李有七八百件之多，卸下装车，推至海关，颇费时间。法国人对此无数等于免检的行李，既无好处，即无热情，大摆架子，一直等到午后两点半，才来查验。

安南人索贿之风甚烈，法国人也不落后。故查验时，声色俱厉，翻箱倒箧，拆被摸衣，无所不至其极。陈寅恪在船上即听说，有一次临大师生过此海关，一箱一箱无不翻阅，极感痛苦。[2]等坐人力车到天然客栈，腹中已经饥饿不堪。[3]

21日，学生一百七八十人先包四等车出发。陈寅恪等定于22日出发。21日下午，一行人将行李运至车站过磅，堆置在车上，由天然客栈的人看守过夜。22日晨起，五点半开车。火车每站必停，天气炎热，四等车无玻璃窗，但有大块木窗，勉强对付。晚上七点半，车抵老街。所住客栈秽陋不堪，陈寅恪带有飞力脱杀虫剂，喷洒之后，幸而没有受到臭虫的骚扰。23日下午四点四十五，车抵蒙自碧色寨。陈寅恪与浦薛凤及一女生下车，有校工来接，故尚方便，乘小火车到蒙自。政治系的曹保颐来接，一同到了海关旧址，已是暮色苍茫，见到了王化成、孙国华、朱自清诸位教授，大家欣喜异常。[4]

---

［1］浦薛凤：《浦薛凤回忆录（中）：太虚空里一尘游》，黄山书社2009年版，第80页。
［2］浦薛凤：《浦薛凤回忆录（中）：太虚空里一尘游》，黄山书社2009年版，第81页。
［3］浦薛凤：《浦薛凤回忆录（中）：太虚空里一尘游》，黄山书社2009年版，第80页。
［4］浦薛凤：《浦薛凤回忆录（中）：太虚空里一尘游》，黄山书社2009年版，第82页。

碧色寨车站。

　　此时，陈寅恪一行人才知道临时大学已经改称国立西南联合大学，而原来西安的临时大学，此时迁到汉中，改名国立西北联合大学。[1]由清华、北大、南开所组成的西南联合大学，设立文、理、法商、工、师范五个院二十六个系，两个专修科，一个选修班，在昆明、蒙自两地上课。

　　5月5日，蒙自开课。陈寅恪同浦薛凤、沈乃正住在哥胪士洋行楼上一号。第二天下午，决定住所分配问题。三人分得两间屋子，一大一小，陈寅恪住里边的小间，浦薛凤、沈乃正住大间。本来要抽签决定，这样安排，是联大教务长樊际昌商量融通的结果。[2]

　　当时联大所租的房子有三个地方，一是旧海关，作为教室上课，一为旧汇丰银行，设图书馆、讲堂及教职员宿舍，一为哥胪士洋行，楼下及后进为学生宿

　　[1] 浦薛凤：《浦薛凤回忆录（中）：太虚空里一尘游》，黄山书社2009年版，第82～83页。
　　[2] 浦薛凤：《浦薛凤回忆录（中）：太虚空里一尘游》，黄山书社2009年版，第85页。

今日西南联大蒙自分校旧址。

舍，面湖楼上尽作教授住所。海关和银行通连，洋行则略隔百码。[1]

哥胪士为希腊人，原开有旅馆和洋行。临街系洋行，此时早已歇业。哥胪士洋行有两进，临街一进的楼上作教师宿舍，楼下和后进作为男生宿舍。陈寅恪三人是最先住进洋行的教师。

后来陆续住进来的有郑天挺、邱大年、闻一多、刘文典、樊际昌、陈岱孙、邵循正、李卓敏、陈序经、丁佶等十几人。

哥胪士洋行的房子不错，不比清华学生宿舍差。但房中设备甚简陋，每人板床一张，由三块木板两张长凳搭成，书桌一，木椅一，洋油灯一，余则一无所有。陈寅恪和浦薛凤各花四元买了一张旧藤椅。藤椅为当年繁盛之日开旅馆时所用，藤椅无多，后来者虽欲出重价，不可再得。[2]

---

［1］浦薛凤：《浦薛凤回忆录（中）：太虚空里一尘游》，黄山书社2009年版，第85页。
［2］浦薛凤：《浦薛凤回忆录（中）：太虚空里一尘游》，黄山书社2009年版，第86页。

蒙自为滇南重镇。1887年被辟为商埠，设有蒙自海关、法国银行、法国领事馆。清末时，法国人修滇越铁路，途经碧色寨而绕过蒙自，随之经济大受影响，商业一蹶不振。联大文法学院迁至蒙自时，法国领事馆、银行及各洋行均已关闭。由昆明至蒙自，快车近五小时先至开远，再坐车五十分钟始至碧色寨，然后换碧个（旧）铁路车，半小时多才可抵蒙自。因此，由昆明至蒙自一般需要一天时间，如车慢或行晚，甚至须在开远歇一夜，次日才能到达。

联大师生来到蒙自，轰动了整个县城，该地商人乘机提价。原来在长沙时，学生包饭每月仅五元五角，且午餐、晚餐都是三荤二素。及至蒙自，商人却将学生包伙提至每月九元，且菜为一硬荤、二叉荤（肉加菜）、二素。教师包伙每月十四元。是时云南本地各机关的三等办事员，月薪不过十二元，教职员一月的伙食费已经超过当地职员一个月收入。

包饭虽每月十四元，但饭菜并不好，味道不适口，营养也较差，而且菜量也越来越少。于是同桌吃饭的同事，轮流每隔一两天就添点肉或鸡等菜，以增加营养。陈寅恪与浦薛凤、闻一多、赵凤喈、余肇池、沈乃正、周先庚、刘文典等八人一桌。另外有叶公超、金岳霖等一桌，柳无忌、李卓敏等一桌。[1]

6月2日，端午节。下午，陈寅恪与浦薛凤、余肇池一同看滇戏，演白蛇传，剧场在江西会馆。[2]

联大教授们，于课余饭后，对于整个民族国家的出路，尤其是对于当前战局的前途，不免时常谈到。大体意见，分为两种观点。一种观点注重感情，出于主观意气，对形势表示乐观，认为早应抗战，精神志气，比起武器来更为重要，无论如何，不可以委屈谋和，必须作战到底，而且宁为玉碎，不为瓦全。另一种观点则注重理智，取客观态度，保持戒慎恐惧的心理，认为当初倘能拖延时日，

[1] 浦薛凤：《浦薛凤回忆录（中）：太虚空里一尘游》，黄山书社2009年版，第86页。
[2] 浦薛凤：《浦薛凤回忆录（中）：太虚空里一尘游》，黄山书社2009年版，第89页。

充分准备,情形会更好,倘能保全主权,虽暂时委曲,可以徐图伸张,也就是俗话所说的"能屈能伸""留得青山在,不怕没柴烧"。注重感情的一方讥讽注重理智的一方为怯懦悲观;注重理智的一方斥责注重感情的一方为鲁莽糊涂,陈寅恪则评其为"非愚即诈"。[1]

蒙自城很小,东南西北四门,尽可于一小时内走遍。进东门,出西门,到市集,仅需一刻钟。西门大街最热闹,门外为市集之地,每逢三六,拥挤非常。本地粗窑出品,古色古香,有人开玩笑说,置之宋磁之列或难辨别。陈寅恪尝与浦薛凤选购茶杯大碗之类,仅二三分钱一只。[2]

自哥胪士到旧海关,要走一条石子街。右靠湖,左则小屋毗连,大多为安南人所居。自联大来后,安南人开设咖啡馆甚多。咖啡馆里也卖西餐、鸡蛋糕,面包本地没有,是从开远运来。陈寅恪有胃病,每天都到咖啡馆里购买面包,六分钱一块。但法式面包奇硬难咽。[3]

当时蒙自恶性疟疾猖狂,陈寅恪未能幸免。

陈寅恪从北平逃难出来,损失了大量藏书。起初,清华大学迁往长沙,陈寅恪带着家人奔往长沙时,曾将应用书籍包好托人寄往长沙。当时交通不便,陈寅恪人到长沙时,书尚未到。不久陈寅恪又随校迁往云南,书籍慢慢寄到长沙堆在亲戚家中。后来亲戚也逃难去了,长沙大火时,亲戚家的房子和陈寅恪的很多书一起烧光。未寄出的书存在北京朋友家中。

为了开课,陈寅恪极力搜集必用书籍,因此特别写信给劳干、陈述,请他们在昆明为他搜集。

[1] 浦薛凤:《浦薛凤回忆录(中):太虚空里一尘游》,黄山书社2009年版,第95页。
[2] 浦薛凤:《浦薛凤回忆录(中):太虚空里一尘游》,黄山书社2009年版,第101~102页。
[3] 浦薛凤:《浦薛凤回忆录(中):太虚空里一尘游》,黄山书社2009年版,第102页。

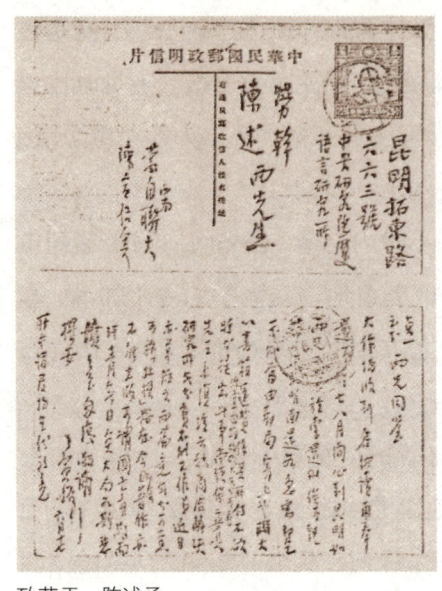

致劳干、陈述函。

欲授课而无书。不知史语所之《三国志》《晋书》《南北史》《魏书》《隋书》《通典》等在昆明否？如在昆明，无论何种版本（即开明《廿五史》本亦可），请借出，邮寄或托友人带下均可。如昆明史语所无此类书，则朋友中能辗转借得否？此次来蒙，只是求食，不敢妄称讲学也。[1]

劳干、陈述为陈寅恪寄来《南北史》《北史》及一些佛书。

自5月开学之后起，蒙自几乎无日无雨，直至6月下旬始间有晴时，7月下半月始常有晴日，8月则全月又大雨不息。阴雨连绵，人心亦多悲感，战事消息也不佳，5月19日徐州失陷。外传中国大兵四十万被围，甚危。于是陈寅恪有《残春》二首，吴宓亦作诗和之。[2]

陈寅恪《残春》诗云：

> 无端来此送残春，一角湖楼独怆神。
>
> 读史早知今日事，对花还忆去年人。
>
> 过江愍度饥难救，弃世君平俗更亲。
>
> 解识蛮山留我意，赤榴如火绿榕新。

[1]《陈寅恪集·书信集》，生活·读书·新知三联书店2011年版，第202页。

[2]《吴宓日记》（第六册，1936～1938），生活·读书·新知三联书店1998年版，第334页。

家亡国破此身留，客馆春寒却似秋。

雨里苦愁花事尽，窗前犹噪雀声啾。

群心已惯经离乱，孤注方看博死休。

袖手沉吟待天意，可堪空白五分头。[1]

陈寅恪又有《蓝霞》诗云：

天际蓝霞总不收，蓝霞极目隔神州。

楼高雁断怀人远，国破花开溅泪流。

甘卖卢龙无善价，警传戏马有新愁。

辨亡欲论何人会，此恨绵绵死未休。[2]

初到之时，南湖干涸见底，绿草满覆，不久即值雨季，及雨水充满，悉变为湖，景致益佳。[3]南有瀛洲亭，北岸为蒙自师范学校、蒙自中学校、联大教授居住的歌胪士洋行楼房，东为由校入城的石子路，西则为堤，有桥、有树。堤西更为巨湖，有红白荷花，极广且盛。更西南为菘岛，遥南为军山公园，湖岸环以柳槐等树，南岸有三山公园，又有昔日法国人布置的别墅，以花树覆叠为壁，极美。夏日水涨，湖光鲜艳。陈寅恪与吴宓等常散步其间。[4]

6月，陈寅恪作有《蒙自南湖》诗云：

[1]《陈寅恪集·诗集》，生活·读书·新知三联书店2009年版，第23页。
[2]《陈寅恪集·诗集》，生活·读书·新知三联书店2009年版，第23页。
[3] 浦薛凤：《浦薛凤回忆录（中）：太虚空里一尘游》，黄山书社2009年版，第85、100页。
[4]《吴宓日记》（第六册，1936～1938），生活·读书·新知三联书店1998年版，第334页。

陈寅恪手书自作诗《蒙自南湖》。

景物居然似旧京，荷花海子忆升平。

桥边鬓影还明灭，楼外笙歌杂醉醒。

南渡自应思往事，北归端恐待来生。

黄河难塞黄金尽，日暮人间几万程。[1]

陈寅恪认为南湖颇似什刹海，故诗有"风物居然似旧京，荷花海子忆升平"句。吴宓认为南湖颇似杭州西湖，则有"南湖独步忆西湖"句。正当此时，日军已攻陷开封，据陇海路，决黄河堤，死民若干万人，我军形势颇为不利，且国币不断贬值，所以诗有"黄河难塞黄金尽"句。[2]

7月7日，陈寅恪又有诗云：

地变天荒意已多，去年今日更如何。

迷离回首桃花面，寂寞魂销麦秀歌。

近死肝肠犹沸热，偷生岁月总蹉跎。

南朝一段兴亡影，江汉流哀永不磨。[3]

7月上旬，自昆明传来消息，柳州航空学校将迁蒙自，要用海关银行等房屋，故文法学院将离蒙自他迁。7月中旬已决定迁往昆明。7月23日，学校大考。

大考一周内，教授们曾结伴游黑龙潭。陈寅恪坐轿，赵凤喈发起步行，于

---

[1]《陈寅恪集·诗集》，生活·读书·新知三联书店2009年版，第24页。
[2]《吴宓日记》（第六册，1936～1938），生活·读书·新知三联书店1998年版，第335页。
[3]《陈寅恪集·诗集》，生活·读书·新知三联书店2009年版，第24页。

是陈岱孙、余肇池、周先庚、浦薛凤、邱椿、郑天挺等随之步行。既到黑龙潭，则见瀑布不大而奔流湍急撞击乱石，水珠飞舞四溅，泥色水尽成银白，如雾如云，颇觉悦目。大家带去餐点，席地分食。适值小雨，在潭上破庙立避，雨止乃还。[1]

7月底，日苏两国在张高峰发生军事冲突。张高峰事件一起，庸俗称快，并有举杯欢舞，以为东亚局面，从此一变者。唯独陈寅恪和浦薛凤以为不然。陈寅恪断言苏联于表面强硬之后，终必让步，打不起来。[2]

8月初大考结束，同人渐次离蒙。

陈寅恪又有《蒙自杂诗·和容元胎》：

少年亦喜定盦作，岁月堆胸久忘之。
今见元胎新绝句，居然重颂定盦诗。

定盦当日感蹉跎，青史青山入梦多。
犹是北都全盛世，倘逢今日定如何。

《别蒙自》云：

我昔来时春水荒，我今去时秋草长。
来去匆匆数月耳，湖山一角已沧桑。

---

[1] 浦薛凤：《浦薛凤回忆录（中）：太虚空里一尘游》，黄山书社2009年版，第109页。
[2] 浦薛凤：《浦薛凤回忆录（中）：太虚空里一尘游》，黄山书社2009年版，第106页。

《戊寅蒙自七夕》云：

银汉横窗照客愁，良宵无睡思悠悠。

人间从古伤离别，真信人间不自由。[1]

8月13日，雨，陈寅恪、邱椿、刘崇铉三人一早搭乘快车动身，前往昆明。浦薛凤、陈福田、陈岱孙则于午后二时搭乘慢车动身。快车当晚即到，过山洞时无烟煤之苦。[2]

昆明——西南联合大学

浦薛凤十二年前曾在昆明东陆大学任教，现改称国立云南大学，旧地重游，口占二绝。诗云：

十二年前讲学地，重来感想不须论。

风声云影都非旧，呆对西山无一言。

五华金碧胜云昙，依旧青山不自惭。

那是一身荣辱事，乾坤塌陷到西南。[3]

---

[1]《陈寅恪集·诗集》，生活·读书·新知三联书店2009年版，第25～26页。

[2] 浦薛凤：《浦薛凤回忆录（中）：太虚空里一尘游》，黄山书社2009年版，第111页。

[3] 浦薛凤：《浦薛凤回忆录（中）：太虚空里一尘游》，黄山书社2009年版，第114页。

西南联大校门。

　　陈寅恪读了此诗,深表同情,评道:"十年国事一至于此,国人虽俱与有责,吾辈不求官者,责任较轻,且不作欺人之语,于良心或稍安也。"[1]

　　暑假以后,联大文学院迁到昆明西门外的昆华农业学校。陈寅恪开始上课,为历史系讲"晋南北朝史",上课地点在昆华农校大楼西北角楼上与公路隔墙相对的一间教室,听课的总共十人左右。听课的学生中有汪籛、翁同文、季平、徐高阮、王永兴、丁则良等人。

　　开学第一课,陈寅恪特地以东晋初年从北方南渡僧人支愍度所立"心无义"作为例证,说明中国佛学初期多以"格义"方式演绎,往往采用周易老庄之说加以傅会,与印度佛经原典不免总有距离。

---

[1] 浦薛凤:《浦薛凤回忆录(中):太虚空里一尘游》,黄山书社2009年版,第114页。

支愍度意欲渡江，准备与一个伧道人（北方僧人）结伴而行，跟伧道人商量："凭旧义到江东去，恐怕混不到饭吃。"于是创立"心无义"。后来这个伧道人没有渡成江，支愍度则在江东讲了多年的"心无义"。以后，北方有人过来，捎了伧道人的话："'心无义'是不成立的，不过是权且想出这一计策来混混饭吃而已，但却不能因此辜负了如来佛祖。"

这个故事出自《世说新语》第二十七篇《假谲》，由于故事生动，学生留下了深刻的印象。陈寅恪1933年发表《支愍度学说考》一文，此时正处在南渡西迁的局面之下，重申旧义，正是要表达学者应该终于学术良心，不妄立新义而藉以曲学阿世，哗众取宠。

翁同文、季平、徐高阮三人即将毕业。张荫麟要去重庆，就与陈寅恪一同商定学生论文题目的范围，然后由陈寅恪指导学生开始做论文。陈寅恪事先警告，论文文字必须精简，若太冗长，必有泛滥，那他就不愿评阅。

在昆明时，陈寅恪住在青云街靛花巷一所破旧的老式小楼里，这里是史语所的宿舍。当时西南联大的教室在文林街的昆华北院和北门外临时修建的简易校舍，距离陈寅恪的住处很远。陈寅恪总是抱着黑色布袱包着的一大包书，沉重而缓慢地走在昆华路上。

为什么要带这么多书呢？陈寅恪讲课时要引证许多史料，他把每条史料一字不略地写在黑板上，总是写满了整块黑板，然后坐下来，按照史料分析讲解。陈寅恪告诫学生，有一分史料讲一分话，没有史料就不能讲，不能空说。当时，陈寅恪多病体弱，眼疾已经非常严重，写完黑板时常常汗水满面，疲劳地坐下来闭目讲解。[1]

---

[1] 王永兴：《怀念陈寅恪先生》；《学林漫步》初集，中华书局1980年版，第10～11页；卞僧慧：《陈寅恪先生年谱长编（初稿）》，中华书局2010年版，第192页。

联大文学院迁往昆明后，钱穆借居在宜良县县长的别墅，写作《国史大纲》。别墅在宜良北山岩泉下寺中。寒假，陈寅恪与汤用彤一起去看望钱穆，在那里住了一夜。三人在院中石桥上临水而坐，陈寅恪感叹道：如此寂静之境，实在难得，你在这里撰写大作，真是大好事。不过，要是我一个人住在这样冷清的地方，非得神经病不可。

1939年的陈寅恪。

1939年3月13日，陈寅恪到云南大学参加中央研究院第一届第四次评议会，在会上遇到张其昀，向张其昀推荐钱穆《国史大纲引论》一文。陈寅恪告诉张其昀，此间报端有一大文章，你必须读一读。张其昀问文章的题目叫什么，陈寅恪说就是钱穆的《国史大纲引论》。张其昀于是会后到宜良访钱穆，并将陈寅恪的话告诉了钱穆。后来，《国史大纲》印出来，钱穆专门给陈寅恪去信，恐书中有误，请多指正。陈寅恪回信说，只是书中引文没有注明出处，难以查对。钱穆则不以为然，认为自己的《国史大纲》只是一本教科书，应该力求简净，为了减少篇幅，所引材料全都略去出处。

钱穆。

五　战乱不与学人便

1938年初春，陈寅恪在香港。

牛津大学汉学教授

1939年春，陈寅恪被英国牛津大学聘为汉学教授，并授予英国皇家学会研究员职称。

牛津大学聘任陈寅恪为汉学教授，与设在伦敦的一个名为"大学中国委员会"（Universities' China Committee in London，简称UCC）的机构有直接的关系。早在1935年5月，由于牛津大学原汉学教授苏维廉去世，牛津大学正式宣布另觅人选填补汉学教授之空缺，并在1936年3月就遴选汉学教授事通过的有关大学规章中，列明遴选委员会的组成，除牛津大学有关方面人士外，特别留一席位由大学中国委员会指派代表出任。大学中国委员会是英国政府为推动英国的中国研究，于1931年从庚子赔款中拨出二十万英镑成立的，主要由英国汉学家和与中国有关系的人士组成。

伦敦大学中国艺术和考古学教授颜慈（UCC成员之一）在1938年10月28日致牛津大学注册处的一封信中云：

我已同大学中国委员会的秘书谈过，得悉他昨天方才收到中英文化协会主席杭立武的电报，转达陈（寅恪）教授申请剑桥教授职位事。

我们觉得电报应该发到下列地址：

Professor Chen Yin chieh

c/o Han Li wu

Board Trust

Chungking, CHINA

"Chen Yin chieh"的写法，是以往通讯中的写法，"Board Trust"是注册的电报地址。

请容许我冒昧建议，电报的措辞应该确定无疑地表明他已经被选定并正被邀请出任该职位。我之所以这样提议，是因为他申请剑桥职位已经落选，如果他以为这次也只是提出给予他一个候选人资格，他大概不会愿意再冒另一次落选的险。

我是否还可以建议，如果薪金少于剑桥提供的1000镑的话，电报应该清楚说明确实的数额，以免他以为也是1000镑。当然，你会写明是"牛津"，以免和剑桥之事混淆。[1]

这封信说明，牛津大学在1938年10月28日之前，已经决定聘请陈寅恪出任中文教授。信中提到的"中英文化协会"是1933年由时任"管理中英庚款委员会"总干事的杭立武在南京成立的一个"国际性文化友好组织"。至于剑桥大学聘请中文教授之事，胡适于1938年7月30日在伦敦给傅斯年的信中提到"Cambridge大学中国教授Monle退休，寅恪电告Cambridge愿为候选，他们将暂缓决定，以待商榷。Pelliot允为助力。我已写一推荐信，昨交去。大概不成问

---

[1] 程美宝：《陈寅恪与牛津大学》，《历史研究》2000年第3期。

题"。[1]

　　1938年10月4日,杭立武给大学中国委员会秘书的信,谈及陈寅恪申请剑桥教职一事。

　　我在上月收到你于7月21日发到汉口给我有关剑桥大学中文教授的信,很抱歉,我并不能够通过你向剑桥大学提供有关陈寅恪(Chen Yinchieh)先生更详细的资料(他自己喜欢用的姓名的罗马拼音是"Tchen Yinkoh")。我收到你的信后,立即发了一份电报给他(指陈寅恪),请他提供你所需的资料。不过,由于他任教的西南联合大学现正放假,他居处不定,直到10月2日之前,我们仍无法获取他的资料。我当天已经发了一个电报给你,电文如下:

　　"陈寅恪年47健康良好能以英语授课打算在剑桥逗留5年被认为是最好的中国学者之一。"(原文无断句——译注)

　　我希望这份电报能够及时到达你处,以供负责遴选教授的委员会考虑。很抱歉在该电报我未能提供他的著作的详情。附上一封胡适为其他目的提交的保密推荐信,以供剑桥委员会参考。

　　至于遴选委员希望了解有关T. K. Chu先生的资料,由于你未提供他的中文姓名给我,很抱歉我不能辨认出他是何人。[2]

　　从杭立武的信可以看出,大学中国委员会在1938年7月曾就剑桥大学聘请中文教授事,发信给中英文化协会,了解有关陈寅恪的情况。但杭立武9月才收到此信,了解过陈的情况后,10月2日才向大学中国委员会发出一个非常简短的电报,并于10月4日发出了这封信件。后来,大学中国委员会把原来为剑桥大学

---

[1] 程美宝:《陈寅恪与牛津大学》,《历史研究》2000年第3期。
[2] 程美宝:《陈寅恪与牛津大学》,《历史研究》2000年第3期。

了解的情况转到牛津。牛津大学在剑桥大学未聘请陈寅恪的情况下，根据大学中国委员会转来的这些材料和颜慈本人的介绍，很快就作出了聘请的决定。

1938年11月19日，颜慈致函牛津大学注册长，告知陈寅恪的通信地址，让牛津大学直接与陈寅恪联络。

杭立武信后除附有胡适的信之外，还有一份是关于陈寅恪学术研究特点和学术水平的介绍，内容如下：

陈寅恪（Chen Yinchieh）先生比较喜欢他的名字的罗马拼音作"Tchen YinKoh"。

1. 候选人之履历：陈寅恪先生，江西义宁人，清末民初留学日本、英国、德国，1917年后，他继续在哈佛大学、柏林大学和巴黎大学进修，1925年，他被聘任为清华大学研究院教授和国立北京大学讲师，现任清华大学教授，自1929年以来，任中央研究院历史语言研究所历史组主任。

2. 研究领域及方法：陈先生的研究领域极为广泛，并在中国比较语言学研究各个方面都深有造诣。近年来，他致力于汉、中国和六朝的历史（原文是the history of Han, China, and Six Dynasties），而他的著述表面上以微不足道的枝节为基础，但成果却相当深远，堪称真正的贡献。他在西方比较语言学方面受过的训练是一流的。他曾经学过梵文、藏文及蒙古文，并尤其精于藏文。他不但能够同时使用中国和西方历史学家的方法和文献，并且善于利用。

3. 其贡献之重点：由于历史研究的领域甚为广泛，要达致最好的成果，必须具备深厚的知识和批判的态度。在现代中国，历史研究真正的进展，是透过运用批判性的方法达致的，惟应用范围一般仍十分狭窄。近来，研究领域已有所扩展，但方法一般仍欠严密。欧洲正统比较语言学的影响，只是在最近的历史著述中才开始感觉得到。陈先生是朝着这个方向发展的先行者。以下是一些能够突显其贡献的重点：

　　a. 陈先生能够掌握其他人忽略的某些事实的真正意义，利用一些看来是微不足道的事实，论证意义极为重大的事件。以前的中国历史学家，要么就是对细微的事实感兴趣，故他们的成绩不免支离破碎；要么就是对通史有兴趣，因此过于理论化和太具想象力。陈先生以令人钦佩的方式，展示出各种细微事实的联系，以解决大的历史问题。他的著作诸如《唐太宗的祖先》第一至第四（这里估计是指《李唐氏族之推测》《李唐武周先世事迹杂考》《李唐氏族之推测后记》《三论李唐氏族问题》等四篇论文），《约公元126~536年间道教与沿海省份》（这应该是指《天师道与滨海地域之关系》）是目前历史研究的最高成就，他的方法和他的观点，都可以作为其他研究者的楷模。

　　b. 陈先生是目前中国惟一可以利用藏、蒙、满文原始文献研究中国边疆史地的学者，他的成就，正如在他的《蒙古源流研究》等著作中展现出来的那样，是西方汉学家难以超越的。

　　c. 陈先生比较梵文、藏文和汉文的佛教文本，例如他对不同的佛教文本所做的笔记，于准确性方面在中国无人能超越。（虽然这在严格意义上不是历史研究，但这在历史研究中是非常根本的基础）

　　毫无疑问，中国的历史研究必须以文本批判开始，如此，所引用的材料才属可信，并能得到合理的诠释。陈先生是中国可以这样做的最前沿的学者。他的见识，他对于细节的关注及其严谨的态度为将来的历史研究打下了坚实的基础；而他的成就也结合了西方和中国学者的优点。

　　4. 学者的评价：中国学者和外国的汉学家对于陈先生的著述评价甚高。伟大的汉学家伯希和认为，陈先生能以批判性的方法并利用各种不同文字的史料从事他的研究，是一位最优秀的中国学者。[1]

---

[1] 程美宝：《陈寅恪与牛津大学》，《历史研究》2000年第3期。

从文中有关陈寅恪的研究领域、研究方法、学术贡献以及伯希和等中外学者对陈的评价等内容来看，这份介绍文字应该是由对陈寅恪的学问有较全面了解的人提供的。相比之下，胡适的信则比较简单和含糊。[1]

陈寅恪教授〔原文是"Professor Ying ch'iuh Chen（陈寅恪）"〕年约47，江西义宁人，出身书香门第，其祖父在戊戌变法时任湖南巡抚，父亲陈三立乃著名的旧体诗人，兄长之一陈衡恪是一位甚具天赋的画家。

他不但是古文的大师，而且也懂梵文，我想他的梵文是在哈佛大学学习的。如果我没有记错，他也懂得藏文。他曾在佛教研究方面和已故的钢和泰（Baron A. von Stael Holstein）合作。

在我这一辈人当中，他是最有学问、最科学的历史学家之一。他已经发表了许多有价值的专论，包括他对中国佛教、道教、唐代文学、唐皇室的种族源流等方面的历史的研究。他的研究大多刊载在中央研究院的集刊和清华大学学报。他惟一的英文著作是他关于韩愈及其时代的小说（这里指的是《论韩愈与唐代小说》）的研究，该文刊载于早期的哈佛亚洲研究学刊（*The Harvard Journal of Asiatic Studies*）。

1937年，他获由中国基金颁发的历史学科学研究奖。

在任职国立清华大学历史教授的同时，他已担当历史语言研究所历史组主任达十年之久，该所是中央研究院的十个研究所之一。[2]

为牛津聘请陈寅恪事，各方电函往来频繁。但陈寅恪本人对于到牛津大学任教却兴趣不大，且一度犹豫。颜慈1938年12月26日写给牛津大学注册长Douglas Veale的信中说：

---

〔1〕 程美宝：《陈寅恪与牛津大学》，《历史研究》2000年第3期。
〔2〕 程美宝：《陈寅恪与牛津大学》，《历史研究》2000年第3期。

中国大使发出一封信函,谓陈教授已改变初衷,愿意接受大学之聘任,我为能将此信之摘录送交与你而松一口气。如此一来,亦必省却了遴选委员不少忧虑。我估计,遴选委员毋需再次开会。四日前我在雪中摔伤了腿,因此有数周不能参加会议。

你会从大使的信函得悉,他将愿意代你与陈教授联络。[1]

颜慈信中提到的中国大使,即中国驻英大使郭泰祺,陈寅恪应聘牛津,很大程度上是郭泰祺劝说的结果。至1939年年中,陈寅恪本人和牛津方面都为陈赴英做好准备,牛津大学东方研究学院亦同意拨款一百镑作为陈寅恪旅费之用。[2]陈寅恪则于1939年6月动身离开昆明。

陈寅恪接受牛津大学的聘任之后,先后两次赴香港,准备动身前往英国。第一次是1939年夏由昆明到达香港,正准备转乘轮船赴英就任的时候,却适逢欧战爆发不能成行,只好于9月返回昆明。次年夏天,陈寅恪再次赴港"待赴英时机。既难成行,就任香港大学客座教授"。[3]

1939年暑假在香港九龙山林道。陈寅恪抱美延,小彭在侧。

[1] 程美宝:《陈寅恪与牛津大学》,《历史研究》2000年第3期。
[2] 程美宝:《陈寅恪与牛津大学》,《历史研究》2000年第3期。
[3] 蒋天枢:《陈寅恪先生编年事辑》(增订本),上海古籍出版社1997年版,第118~119、126~127页。

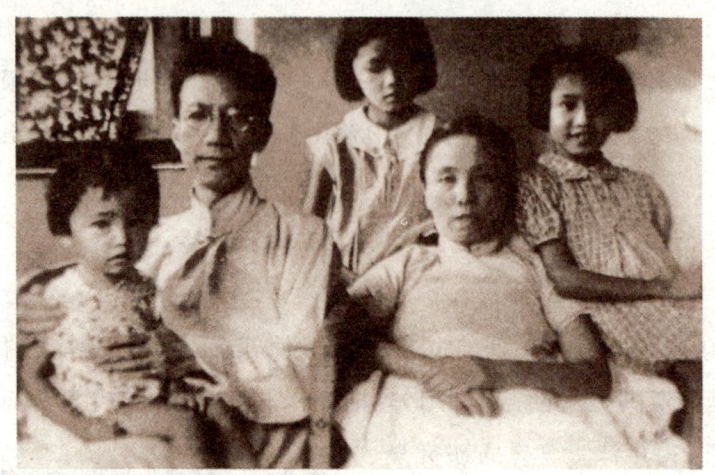

1939年暑假，陈寅恪全家于香港九龙山林道寓所。左起陈美延、陈寅恪、陈流求、唐筼、陈小彭。

　　陈寅恪第一次在香港因战争受阻不能按时赴英，曾于1939年9月5日致函牛津大学注册长。函云：

　　我原来打算在8月底乘船赴欧洲，并且万事俱备，由于局势紧张和不明朗，我不得不等待数天。如今欧战已经爆发，此时此刻，我已经不可能也不必要前往牛津，故此，我决定推延1939年至1940年学年度赴英之事。我将返回云南，任教于国立西南联合大学。[1]

　　牛津大学马上作出相应的决定，在陈寅恪1939年9月回到昆明的同时，大学的监察委员会已向大学当局提出建议，允许陈寅恪延迟至1940年度第一个学期初就任。此建议随即得到牛津大学同意。陈寅恪1940年第二次动身赴港，即是准备在该年度第一学期到牛津上任。1940年5月，陈寅恪从昆明发给牛津大学亲笔信，信云：

　　[1] 程美宝：《陈寅恪与牛津大学》，《历史研究》2000年第3期。

我谨通知你我计划在9月初自香港乘船前往英国,可望于9月抵达牛津,恳请代为安排下榻学院事宜。[1]

但是陈寅恪抵达香港后,却没有按照原计划成行。1940年8月24日,陈寅恪致函梅贻琦,清楚地讲明了改变行程的原由。信云:

弟到港即接郭大使自英来电,因时局关系欲弟再缓一年赴英,当即托英庚款会代复照办。[2]

陈寅恪1940年滞留香港乃是根据郭泰祺的意思"照办"。但当时牛津方面从郭泰祺那里所得到的信息,却是陈寅恪本人希望再推迟一年上任。郭泰祺在1940年7月8日亲笔签名致牛津大学注册长Douglas Veale的信函中写道:

有关我6月17日的信函,我今天接获中英文化协会秘书长的电报如下:
"请告知牛津大学陈寅恪推迟到明年上任之意愿——杭立武"
请就上述之请求发信往昆明答复陈教授。[3]

牛津大学周议事会6月17日发出的定期通告中,有:

注册长接到指示,答复中国大使刚提出的查询,假若陈教授希望再次推延其上任的日期,周议事会将提出一个议案,予他再度休假一年。[4]

[1] 程美宝:《陈寅恪与牛津大学》,《历史研究》2000年第3期。
[2]《陈寅恪函梅校长报告滞港就聘港大客座教授事(1940年8月24日)》,清华大学校史研究室:《清华大学史料选编》第三卷(上),清华大学出版社1994年版,第203页。
[3] 程美宝:《陈寅恪与牛津大学》,《历史研究》2000年第3期。
[4] 程美宝:《陈寅恪与牛津大学》,《历史研究》2000年第3期。

这个议案后来在1940年10月获得通过, 据此, 陈寅恪应在1941年第一学期到任。[1]

陈寅恪1940年中赴英之意本已甚决。[2]陈流求回忆说, 陈寅恪在滞留香港期间,"仍在做些赴英的准备, 如缝制他素不喜欢穿的西服"。[3]接下来, 按照牛津大学当时的决定, 应该在1941年10月之前到任。1941年, 日军占领香港。1941年4月28日, 牛津大学发出定期通告, 报道大学已经通过议案, 容许陈寅恪延迟到任, 直至当时的紧急状况结束为止。这是牛津大学第三次通过批准陈寅恪再缓上任。[4]然而, 郭泰祺于1941年10月之前再次电函牛津大学, 云:

请坦诚地给我意见, 在目前的情况下, 你们希望陈寅恪教授在明年秋季赴英, 还是希望他再缓一年, 抑或是希望中止协议。据我了解, 由于其健康不佳, 他对此行并不热心, 但十分希望按照你们认为是最好的做法去做。[5]

1941年10月21日, 牛津大学遴选委员会关于此份电报进行了讨论。遴选委员会强烈反对陈寅恪教授辞职的建议, 但同意他应该再缓一年到任。与此同时, 应该查询究竟健康不佳是否陈寅恪教授不愿到任的真正理由。[6]

陈寅恪从1939年接受牛津聘请, 一直到1945年因医治眼疾无效正式提出请辞之前, 从没有表示过放弃就任的意愿。1942年, 牛津大学中文高级讲师修中诚到访中国期间, 陈寅恪曾与之会面, 详细而具体地商讨牛津大学中文系的教学和研究发展方向。直至1944年9月, 陈寅恪还致函修中诚, 请他代表自己向

[1] 程美宝:《陈寅恪与牛津大学》,《历史研究》2000年第3期。
[2] 程美宝:《陈寅恪与牛津大学》,《历史研究》2000年第3期。
[3] 陈流求:《回忆我家逃难前后》; 王永兴编:《纪念陈寅恪先生百年诞辰学术论文集》, 江西教育出版社1994年版, 第73页。
[4] 程美宝:《陈寅恪与牛津大学》,《历史研究》2000年第3期。
[5] 程美宝:《陈寅恪与牛津大学》,《历史研究》2000年第3期。
[6] 程美宝:《陈寅恪与牛津大学》,《历史研究》2000年第3期。

牛津大学提交有关的学系发展方案。[1]

　　在陈寅恪受聘牛津大学一事上,先是郭泰祺力劝陈寅恪就任,陈寅恪但觉勉为其难;到陈寅恪决定赴英,郭泰祺又请其缓行;正当陈寅恪对赴牛津之兴趣未见有减,甚至越觉有所作为之际,郭泰祺却向牛津大学提出甚为极端的建议,字里行间有意让陈寅恪任教牛津一事无疾而终。[2]

滞留香港

1939年秋在香港。左起陈小彭、陈寅恪、唐篔、陈美延(前小童)、陈流求。

　　1940年,陈寅恪在香港感觉进退维谷。8月2日给杨树达信,说:

　　弟九月间仍须返西南联大(闻有迁蜀之说,恐不易实行)授课,而云南地高,
于患心脏病者不适宜(弟前数月患怔忡病,几死于昆明);港居又以物价汇价之故

---

[1] 程美宝:《陈寅恪与牛津大学》,《历史研究》2000年第3期。
[2] 程美宝:《陈寅恪与牛津大学》,《历史研究》2000年第3期。

不能支持；欧战正剧，亦难浮海西行，真所谓进退维谷者矣。[1]

8月15日，陈君葆去见许地山。许地山告诉陈君葆，庚款委员会拨款若干给香港大学，史乐诗准备聘陈寅恪为哲学系教授，一年为期，待遇月薪五百元，因陈寅恪是清华教授，能否接受仍须由清华决定。[2]

陈寅恪滞留香港，杭立武觉得有责任施以援手，于是出面与香港大学商洽，聘陈寅恪为客座教授，并为此事于8月24日致信清华大学校长梅贻琦，云：

中英文化协会为促进香港大学与国内大学之关系，经与该校商定，资送陈寅恪先生为客籍教授。关于陈先生薪金问题，中英文化协会因港币折合率甚高，无力全数担负，深盼能在贵校照支原薪，俾可共促其成，惟恐此点不易办到，且寅恪先生亦不愿出此，但盼保留教授服务资格，想贵校为玉成此举，当可乐于考虑。如何之处，还乞察酌示复，以便会中正式奉函确定也。[3]

清华大学回复杭立武函，云：

贵会借聘陈先生一节，本校可予同意，即作为陈先生请假一年，但关于薪金一节，敝校因经济不裕，且格于定章，碍难照支。[4]

---

[1] 杨树达：《积微居友朋书札》，湖南教育出版社1986年版，第93页；《陈寅恪集·书信集》，生活·读书·新知三联书店2009年版，第175页。

[2] 卞僧慧：《陈寅恪先生年谱长编（初稿）》，中华书局2010年版，第201页。

[3]《杭立武函梅校长关于借聘陈寅恪为港大客座教授事（1940年8月24日）》，清华大学校史研究室：《清华大学史料选编》第三卷（上），清华大学出版社1994年版，第202页。

[4]《杭立武函梅校长关于借聘陈寅恪为港大客座教授事（1940年8月24日）》，清华大学校史研究室：《清华大学史料选编》第三卷（上），清华大学出版社1994年版，第202页。

陈寅恪之最终受聘于香港大学，实际上是杭立武一手促成的。关于陈寅恪在香港大学的薪金，可能也是由杭立武的中英文化协会全额支付。

陈寅恪亦于8月24日致函梅贻琦，为自己滞留香港事向梅贻琦请假。函云：

近因滇越交通又阻，而飞机票价太高，内子复以病不能即旅行赴沪，弟几陷于进退维谷之境。经杭立武君与香港大学商洽，聘弟为客座教授（Visiting Prof.），暂在港讲授。此事想已由杭君函商，弟拟照去年之例，向学校请假。据杭君言，前英庚款会教授讲座，曾聘清华教授，如萧叔玉、公权诸先生，有前例可援，谅无不可也。联大闻有迁地之议，未知究竟如何决定，敬祈便中示知为感。[1]

1940年，陈寅恪全家于香港九龙太子道369号楼下。左起陈小彭、唐筼、陈美延（小童）、陈流求、陈寅恪。

梅贻琦在陈寅恪来函上批示：

送潘、冯、雷诸先生阅，倘由英庚款会来函可照允。[2]

---

[1]《陈寅恪函梅校长报告滞港就聘港大客座教授事（1940年8月24日）》，清华大学校史研究室：《清华大学史料选编》第三卷（上），清华大学出版社1994年版，第203页。

[2]《陈寅恪函梅校长报告滞港就聘港大客座教授事（1940年8月24日）》，清华大学校史研究室：《清华大学史料选编》第三卷（上），清华大学出版社1994年版，第203页。

1940年于香港九龙太子道369号楼梯上。左起陈寅恪、唐篔、陈美延、陈流求、陈小彭。

陈寅恪本来决意赴英，接到郭泰祺电告再缓一年，不得已搁置行程，欲尽快回滇，滞港亦非所愿，寄籍香港大学实属不得已之举。

陈寅恪在香港大学任客座教授，住在九龙太子道，乘公共汽车到轮渡，渡海后再转电车到港大，单程需近两个小时，条件非常艰苦。[1]

1940年10月23日，陈寅恪还用英文做过学术性的公开讲演，题目是《武则天与佛教》。讲稿后由陈君葆译为英文。

11月22日，香港大学中文系专门在扶林运动场举行仪式欢迎陈寅恪。

陈寅恪在香港大学讲韦庄的《秦妇吟》，就此一篇诗，讲了两月，充分显示了他的博大精深。

1941年2月5日（农历正月初十），许地山请客，大排筵席，到席上陈寅恪才知道是许地山生日。

3月中旬，陈寅恪由香港乘飞机赴重庆参加中央研究院评议会。作有诗《辛巳春由港飞渝用前韵》，云：

> 海鹤飞寻隔岁游，又披烟雾认神州。
> 江干柳色青仍好，梦里蓬瀛水浅流。

---

[1] 蒋天枢：《陈寅恪先生编年事辑（增订本）》，上海古籍出版社1997年版，第127页。

草长东南迷故国，云浮西北接高楼。

人间春尽头堪白，未到春归已白头。[1]

　　这首诗似是在飞机上即兴依前韵所作。吴宓按："此诗乃寅恪一九四五年一月在存仁医院病床口授宓者。三四句末对未工，抄写恐有误。又按，寅恪两次飞渝，皆为中央研究院开评议会。"[2]出席会议后，陈寅恪飞回香港，继续在港大任职。

　　8月4日，许地山逝世，陈寅恪深为悼念，为其作挽联。许地山的追悼会在9月21日举行，陈君葆说"挽联中以陈寅恪的一对为最亲切有味，可谓情文兼至"[3]。挽联为：

人事极烦劳，高斋延客，萧寺属文，心力暗殚浑未觉；

乱离相倚托，娇女寄庑，病妻求药，年时回忆倍伤神。[4]

　　陈寅恪曾经对人说：

　　寅恪昔年略治佛道之学，然于道教仅取以供史学之补证，于佛教亦止比较原文与诸译本字句之异同。至于微言大义之所在，则未能言之也。后读许地山先生所著佛道二教史论文，于教义本体有精深之评述，心服之余，弥用自愧。遂捐弃故技，不复谈此事矣。[5]

---

[1]《陈寅恪集·诗集》，生活·读书·新知三联书店2009年版，第30～31页。
[2] 蒋天枢：《陈寅恪先生编年事辑（增订本）》，上海古籍出版社1997年版，第127页。
[3] 卞僧慧：《陈寅恪先生年谱长编（初稿）》，中华书局2010年版，第206～207页。
[4] 卞僧慧：《陈寅恪先生年谱长编（初稿）》，中华书局2010年版，第207页。
[5] 蒋天枢：《陈寅恪先生编年事辑（增订本）》，上海古籍出版社1997年版，第128页。

1941年，陈寅恪（前排左六）与港大师生合影。

《唐代政治史略稿》

1941年1月27日，农历辛巳年春节，陈寅恪撰成《唐代政治史略稿》自序。序云：

寅恪尝草《隋唐制度渊源略论稿》，于李唐一代法制诸端，妄有所论述，而于政治史事未能涉及。兹稿则以唐代政治为范围，盖所以补前书之未备也。夫吾国旧史多属于政治史类，《资治通鉴》一书尤为空前杰作。今草兹稿，可谓不自量之至，然区区之意仅欲于《袁机仲书》中增补一二条目，以便初学，而仍恐其多所疏误，故付之刊布，以求并世学者之指正，本不敢侈言著作也。通识君子幸谅宥而教诲之！辛巳元旦陈寅恪书于九龙英皇太子道三百六十九号寓庐。[1]

清写稿系定稿，其中仍有改笔，有红色校笔，即双行注与括号之增减，亦细密斟酌；其他，一字之去留，一笔画之差错，一语之补充，及行款形式之改正，无不精心酌度，悉予订正。

此书手写清稿，从香港寄往上海，原稿封面写有"请交上海浙江兴业银行王兼士先生收存，弟寅恪敬托"，及"稿两种共两册：一、《唐代政治史稿》二、《魏书司马睿传释证》"两行。后书稿遗失。

后经邵循正用不完整的最初草稿拼凑成书，交内迁重庆的商务印书馆，1943年5月此书首次出版。书名由右向左横行，书名上方，并有"国立中央研究院历史语言研究所专刊"一行。

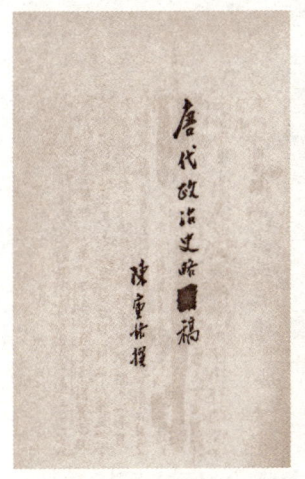 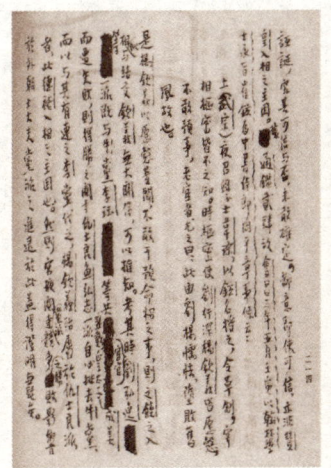 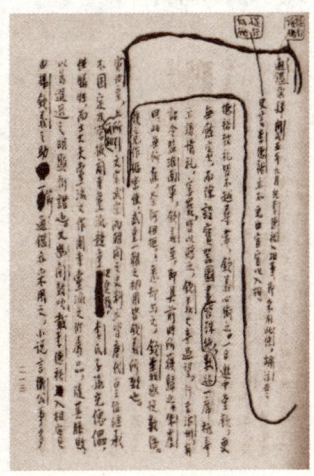

陈寅恪手写清稿"唐代政治史略稿"（后易名为"唐代政治史述论稿"）书名页。 "唐代政治史略稿"手写清稿正文。

[1]《唐代政治史略稿手写本》，上海古籍出版社1988年版，第1页；卞僧慧：《陈寅恪先生年谱长编（初稿）》，中华书局2010年版，第203页。

目录前有简短自序，文曰：

寅恪尝草《隋唐制度渊源略论稿》，于李唐一代法制诸端，妄有所论述。至于政治史事，以限于体例，未能涉及。兹稿所言则以唐代政治史为范围，盖所以补前稿之未备也。夫吾国旧史多属于政治史类，而《资治通鉴》一书，尤为空前杰作，今草兹稿，可谓不自量之至！然区区之意，仅欲令初学之读《通鉴》者得此参考，或可有所启发，原不敢谓有唐一代政治史之纲要，悉在此三篇中也。倘承通识君子不误会草创兹稿之本旨，而纠正其伪谬，何幸如之！壬午七夕陈寅恪书于桂林良丰雁山别墅。[1]

此序与原清写稿序文字多有出入，应该是该书在商务印书馆付印前，回忆旧序重新写的。[2] 后来原清写稿失而复得，上海古籍出版社于1988年曾出版此手稿影印本。

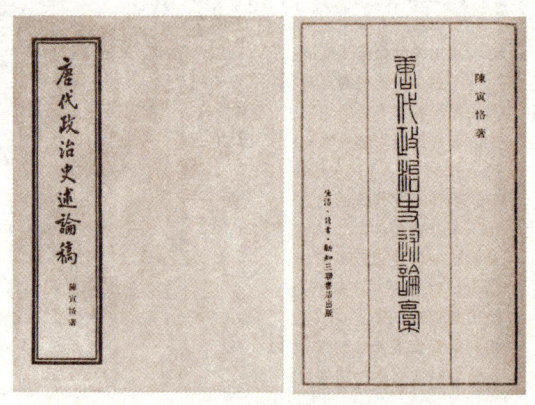

1956年三联书店出版的《唐代政治史述论稿》封面、扉页。

《唐代政治史略稿手写本》封面。

---

[1]《陈寅恪集·隋唐制度渊源略论稿 唐代政治史述论稿》，生活·读书·新知三联书店2011年版，第179页。
[2] 蒋天枢：《唐代政治史略稿手写本序》，《唐代政治史略稿手写本》，上海古籍出版社1988年版，序第2页。

傅斯年催促北上

陈寅恪滞留香港期间，傅斯年不断催促其北上，前往位于四川宜宾李庄的史语所。

1941年2月的一天，陈寅恪收到傅斯年2月5日写的信。12日晚，陈寅恪在给傅斯年的回信中写道：

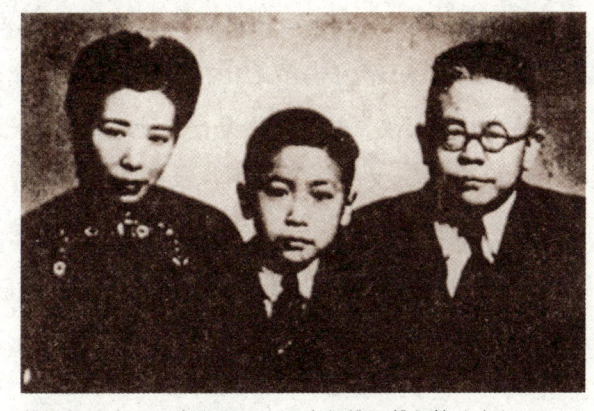

傅斯年（右）、俞大彩（左）夫妇携子傅仁轨（中）。

别来半岁，久欲奉书，而执笔便中止者，盖居港地进退维谷，前途茫茫，不能以楮笔达其苦闷故也。顷得二月五日手示，始先略言一二，即希亮察是幸。

弟今年不能去英，大部分已可决定。在港则居、食、药三者，每月寅支卯粮，何能了局？若全家大小五人飞渝，则票须三个半，则价将近国币万元矣！此款恐难筹出。行李则问之亲友，亦俱言难设法运输。若无行李衣被，则如何能在内地重行购置耶？以上皆困难情形，为兄所能料及者，故略述一二，不必多言也。

中央研究院评议会若在暑假中（或五六月）开会，弟即可乘此飞赴四川。今港大每周只教一二小时，且放假时多，中研评会开会之时正不放假，且又须回港授课，则去而复回，仍旋移居内地，藉此省川资之计复不能做到也。若到渝可与兄等及诸亲友面商，亦未尝不好，但因此耽搁港大之功课，似得失未必相偿，不如用函札，亦可略商量也。现除飞机外，尚有由广州湾至桂林一道勉强可通（亦须经过无穷苦难）。内人及小孩等不计其生死存亡,令其迁至广西居住,通计载运人身及搬输行李,据最近车船伕轿之价,约近四五千元国币,若此能设法筹出,或者于五六月,敝眷及弟全部可由港至广西,弟一人赴川而置家于广西,以免多费川资及免再跋涉之苦。但又不知彼时此道能通与否耳!总之,于今年暑假将届时,即五月间,能设法为弟借贷国币五千元或英金百镑(与朱、杭诸公商之如何),以为移家至内地之费,则弟或可不致愁忧而死,否则恐与兄无相见之机矣。

又近六月来,内子与弟无日不病,只得轮班诊治服药,以二人不能同时治病也,因此病又时发,未能全恢复健康也。所幸近已努力作成《唐代政治史略》一部,约七八万言,又考证唐人小说二篇(《会真记》《东城老父传》)约一二万言,现因无人誊抄故,尚未能一时写清寄上求教,约暑假前总可誊清也。

又,如开中研评会必须到渝,则亦求速示并寄款来,方能成行。弟在此每月日用尚不给,不能先付飞机票价,想能想象得之也。[1]

第二日,又补充道:

弟近日顶发一丛忽大变白,此忧愁所致,他日相见,与公之白发可互竞矣。如见杭立武君,告以弟今岁仍作赴英之准备,请渠亦为我早为预备,弟之所以作此想者,自因在港不能再住下去,且弟已写成二书(一为《隋唐制度渊源论》、一为《唐代政治史略》),数年来所剩余在脑中之材料已写出一部分,则在英无中国书可看,即不看,而途中若遇险,亦不致全无成绩遗留也。

故至今年五六月间有二计划:(一)将家眷迁于广西,而自己赴川。但须筹备川资四五千元,或百镑。(二)则仍冒险赴英。只要得英政府上岸许可证,Landing Permit及借得川资两百镑。

---

[1]《陈寅恪集·书信集》,生活·读书·新知三联书店2009年版,第69~70页。

弟一思及此,即心烦意乱,此时所能思得者,即上列意见,尚乞兄与亲友(亲指兄与大维等)共商,有何妙法及高见速示,以免白发更增(心跳自不必说),至感至盼。[1]

并同时给邓广铭回信说:

昨日亦得孟真先生函,所言亦与尊函意旨相同。弟已径复寄重庆,兹再为兄略述之。弟居港下半年,即六月以后便无办法,行止两难,进退维谷,颇如待决之死囚,故半年来白发又添无数茎矣!敝眷大小共五人,若坐飞机,至少须三张半票,其价约合国币万元,且询之亲友即司运输者,俱言无输运行李之可能,故衣被等物若坐飞机则必全部弃置,在内地重购亦非数千元不可,此情势之最困难者也。又中央研究院评议会开会在三月五日,弟现在港大授课钟点甚少,假期又长,现既负演讲之责,若不在其假期中往渝,势必缺课太多,且又须返港,往返仆仆,劳神费钱。今年之会,非同去年有选举院长之重要,故弟不必去,遂亦不能利用其赴会之旅费以迁川,若开会在五六月间,则公私俱使矣!但弟下半年既不能再居港,则拟弟一人至川,而将家眷由广州湾赴广西居住,因路短费省,且可略带行李(运费极昂)。但经此路亦极苦辛,又恐将阻滞不通也。据最近估计,即由此路,亦非别筹川资四五千元国币不能离港,因已困在此间,欲离去真匪易事。若由此路之川资无从筹借,则只有冒险赴英之一法,而欧局形势如此,恐不可能。弟已将此意径复孟真先生,不知有无良策解我所悬?近因函件检查,颇多延误,前函不知达到否?请兄并将此函寄与孟真先生一阅,不胜感盼之至。

又附言:

弟到李庄之可能甚多,便中乞告以地方情形,即何物最须带,何物不必带之

---

[1]《陈寅恪集·书信集》,生活·读书·新知三联书店2009年版,第73页。

类，以便有所预备也。[1]

27日早，陈寅恪收到前一天朱家骅、傅斯年发来的电报，要他到重庆出席3月12日中研院评议会。午后，给傅斯年回信。

惟有二事请速办为感：

一、顷托大纲代定飞机票，据云在港购票至难，非有骝先先生电致欧亚驻港公司，不能得一位子，故请即转达速电以便定票，而免误期。至于此间购票之款，系暂由大纲代垫，如何付还，亦乞示知。因亦不宜久延不还，以致不便也。

二、弟前函想已达览。此次飞渝是否即可一去不来？抑去而复返港？务求示知，以便预备如何略带书籍行李及稿件。又弟前日已函询杭立武先生，以港大薪俸送至何时止？尚未接复书，因此亦与飞渝及还港事有关也。并求速复至盼。[2]

第二日，再次给傅斯年复函云：

昨日得宥电，即复兄一函，言弟已托大纲垫款买飞机票。惟据大纲言，机位极难得。请骝先先生速致电驻港欧亚航空公司，方能得一位。又请催询杭立武先生以送弟之港大俸至何月止一事。此函或先到。今弟既决到渝，则旅费请早寄，免大纲久垫款不便也。弟之所以决来渝者，（一）因耶稣复活节港大放假无课。（二）因诸事非与兄及大维等面商不易详尽。（三）迁内地既决定，则广州湾亦有制限行李之事，衣被不能多带，故乘天气尚寒时，将皮袍棉袍尽量穿在身上带渝，以为过冬御寒及当作被盖之用。（四）如有暇则赴李庄一看情形，以为迁居之预

---

[1]《陈寅恪集·书信集》，生活·读书·新知三联书店2009年版，第72～74页。
[2]《陈寅恪集·书信集》，生活·读书·新知三联书店2009年版，第74～75页。

备。大约昆明地太高，心脏不能堪。如不能去李庄，叙永不知如何？叙永情形在渝可详问杨金甫兄一切也。

广州湾现尚有人去，须乘轿数日始有公路车，且广西广东边界有匪，不论广州湾上岸之检查限制也。（因是惟一较廉且可略带衣被之路，其余只余航空鸟道矣。）姑俟觅得熟人照料再说，现内人又患病，最近期间因无同伴之人，且亦未能即行，尚须筹备一切也。匆复，余俟面谈。

前书不知达否？托骝先先生发电及寄赴渝出席旅费希速办，至感！此函请并交大维一阅，因到渝须住其家，恐须预备被盖等，此行不带被也。[1]

8月26日，陈寅恪致傅斯年函云：

弟自今年七月十日接杭君函，言港大讲座不能继续后，即拟移家离港，同时接北大文科研究所不移川之信，故致函北大请其资助旅费，得今甫转告可助三千元（今已请其不寄来），忽闻广州湾路阻，上海即一间房亦须顶费，且未觅得亦不能去，近更不妥故也，几于无地可去，而香港只余一月粮，不能久住。

飞机则港渝票六百四十元港币，港昆票八百二十元港币，故即得北大三千元之助，亦须取道公路，作一月余之旅行。总此诸端，其难可想。无怪三舅母、大纲、若农又徐森玉及诸亲友之为弟焦急也。

近因许地山逝世，其所遗之中国历史课二门（共八点钟）由弟暂代，其余行政事务一概不管，大约月可得港币四百元，以近一年港地物价计（每月渐涨），想可敷衍（近一年来每月约费三百六十元上下），惟求其不生大病，则大幸矣。[2]

---

[1]《陈寅恪集·书信集》，生活·读书·新知三联书店2009年版，第76～77页。
[2]《陈寅恪集·书信集》，生活·读书·新知三联书店2009年版，第77～78页。

10月16日，陈寅恪又致傅斯年函云：

徐森玉先生返渝，不知遇见否？如晤见则鄙状可知其详。近在港大代教历史课四门，共每周八点钟，异常劳倦，上课回家，心跳不能安眠，不得已而打磷质及服安眠药，真无可奈何。盖弟自教书以来，多不过三门课，五六点钟一周，今年衰病增而忽值此，宜其不久将淘汰也。月薪港四百元，止九个月计算，故至明年五月后即无给（中英文化协会月送二百元国币，然近日亦未寄来，大约此数本为一种对外之表示，合港币至微，不便零星汇寄也）。

去年港地生活用费尚低，三百余元可勉强敷衍，今年则大异，四百元亦觉困难矣，惟有忍病不诊，或亦是一法，明年研究院开评议会在何时？如能在五月后，则弟可利用旅费飞入国内，否则彼时又将有旅费无从措划之问题，至于置家之无地，更不论矣。近日因上课太劳，不能多看书作文，除将前作完之《唐代政治史略》稍事增改外，复于六朝史有所论述，非俟至年暇时无时间写完，此文俟写完再寄呈教，或可于史语所集刊发表也。弟今夏陷于进退维谷之境，承兄及诸亲友之力，得免于难，而徐公森玉在港时尤为热心相助，俱深感激也。[1]

香港沦陷和努力营救

1941年12月8日凌晨，日军在联合舰队司令山本五十六指挥下，偷袭美国在太平洋最大的海空军基地夏威夷群岛的珍珠港。

同日8时30分，日军主力在空军、海军的配合下，向香港发起了猛烈进攻。

---

[1]《陈寅恪集·书信集》，生活·读书·新知三联书店2009年版，第79～80页。

空军首先轰炸了香港启德机场和停泊在香港海面的英军舰船，摧毁了香港英军薄弱的空军力量。日军步兵随即向九龙要塞发起攻击。英军瓦利斯准将指挥的大陆旅疏于防范，九龙要塞被日军轻易攻占，英军被迫转守香港岛。12日，日军向英军发出通牒，要英军投降，遭到拒绝。

18日深夜，经过五天的彻底炮击后，日军分别在北角、不莱玛、水牛湾完成了登陆。英军反攻，未能成功。19日，英军西部旅旅长罗松准将战死。20日，英军被日军完全分割在东、西两个地区。21日，英军东部旅向黄泥涌山峡反攻，西部旅向尼克松山反攻，均未能成功。24日，日军再次对英军劝降，但仍被拒绝。

25日，日军飞机及炮兵集中火力对仓库山峡、湾仔山峡、歌赋山、扯旗山、西高山的英军阵地狂轰滥炸，迫使英军放弃抵抗，无条件向日军投降。26日，日军举行了占领香港的入城式。

香港被日军占领，一时社会秩序混乱，孤岛上生活困难，交通阻断，学校停课，商店闭门，人心焦虑不安。陈寅恪立即从香港大学离职，在家闲居半年，备历胁迫艰困。

12月10日时，傅斯年病中得知日本偷袭珍珠港，太平洋战争爆发，第二次世界大战全面扩大，决定立即设法促使陈寅恪离港，接连拍了三封加急电报。

重庆杭立武兄：

　　务盼设法助陈寅恪兄来渝，电复宜宾转李庄。

斯年

二十年十二月十日

重庆王毅侯兄：

　　祈电丁巽甫兄，设法助寅恪离港，先垫款，弟负责料理此事，并陈院长。再此间无存款，前说四千元，均为同人垫借，乞速汇。

斯年

香港九龙太子道三六九号三楼陈寅恪：

　　已电杭及丁巽甫助兄，速飞渝。

斯年[1]

　　困居香港期间，陈寅恪仍读书不断。12月4日，校读《新唐书》第二过，见于书后自记。这年冬天，陈寅恪买到一套商务国学基本丛书本宋李心传《建炎以来系年要录》十二册，排印的字很小，而且有许多双行注，字体更小。陈寅恪这时的视力已经很差，极不适宜读这样版本的书籍了。1942年1月31日，陈寅恪在读完该书后，在第十二册末有跋云：

　　辛巳冬无意中于书肆廉价购得此书。不数日而世界大战起，于万国兵戈饥寒疾病之中，以此书消日，遂匆匆读一过。昔日家藏殿本及学校所藏之本虽远胜于此本之讹脱，然当时读此书犹是太平之世，故不及今日读此之亲切有味也。丁巳岁不尽四日青园翁寅恪题。[2]

　　1942年2月15日，春节，作有《壬午元旦对盆花感赋》诗。

寂寞盆花也自开，移根犹忆手亲栽。

云昏雾湿春仍好，金蹶元兴梦未回。

乞米至今余断帖，埋名从古是奇才。

劫灰满眼看愁绝，坐守寒灰更可哀。[3]

　　"乞米至今余断帖"句，言自己生活困难。乞米帖，唐书法家颜真卿向李太

　　[1]《傅斯年全集》（第七卷），湖南教育出版社2003年版，第226～227页。
　　[2] 蒋天枢：《陈寅恪先生编年事辑（增订本）》，上海古籍出版社1997年版，第129页。
　　[3]《陈寅恪集·诗集》，生活·读书·新知三联书店2011年版，第31页。

保借米函，又称与李太保帖。陆游《寓叹》："临成乞米帖，看人借车诗。"苏轼《次韵米黻二王书跋尾》之二："忍饥看书泪如洗，至今鲁公余乞米。"戏指向他人借贷。此时日军占领香港，社会秩序混乱，加上陈寅恪半年未任教职，一家生活极艰困。陈寅恪在1940年至1942年居港期间，致傅斯年函多言生计困难，以求援助，即是陈氏的乞米帖。[1]

"埋名从古是奇才"，当时日军大肆搜捕各界名流，诱引、胁迫他们在政治上与日方或南京汪精卫政权合作，各界知名人士多隐姓埋名，以避免暴露身份而被日方利用。[2]

春节后，有位陈寅恪旧时学生来访，说是奉命请陈寅恪到当时沦陷区的上海或广州任教。还有一次，日本人拿了四十万元钱，硬要给陈寅恪，让他办东方文化学院，陈寅恪极力拒绝，终于使日本人放弃了自己的打算。[3]陈寅恪明白自己的身份已经暴露，在香港没法再待下去了，于是决定设法尽快逃出。

正月里，陈寅恪仍校读《新唐书》，该书卷一百一《萧瑀传》后有"补表"，略为：

本书七一下，《宰相世系表》萧氏悟行，误高一格，不合。兹为补正之如下，以便读此传时参考。壬午正月七日，寅恪读讫题记。[4]

陈寅恪被困香港，国民政府由时任国民党中央组织部长、代理中央研究院院长朱家骅出面，积极设法予以救助。

1942年3月31日，高廷梓致朱家骅报告函，云：

---

[1] 胡文辉：《陈寅恪诗笺释（增订本）》（上册），广东人民出版社2013年版，第214页。
[2] 胡文辉：《陈寅恪诗笺释（增订本）》（上册），广东人民出版社2013年版，第214～215页。
[3] 蒋天枢：《陈寅恪先生编年事辑（增订本）》，上海古籍出版社1997年版，第130页。
[4] 蒋天枢：《陈寅恪先生编年事辑（增订本）》，上海古籍出版社1997年版，第130页。

骝公钧鉴：关于中央研究院及中基会留港人员消息，二月廿四日电呈各节续有补充，陈寅恪截至本月中旬尚未赴广州，伪方四次派要员劝驾，尚不肯走，同时经济困迫，致卧病不能起床，情形甚惨。蔡夫人初住张延祥宅，后又迁居。蔡公子各人平安，但住宅所有一切家私衣物全部被劫一空，本月六日对友人说决往上海。陈衡哲女士由杨伯平招应，杨与温源宁家眷将由广州湾内迁，或将同行，惟以前购备之衣物颇多，亦悉遭劫。丁申夫赴上海详情未悉，其余各人消息须俟第二、三两次所派之人复到，方能奉告，拟请将上述各项转致有关方面，以便设法接济。弟在桂候机两旬，尚无确定日期，或须改由公路返渝，已托人接洽商车矣。谨此奉闻，并颂钧安。

弟廷梓拜启 三月卅一日，桂林[1]

从国民党港澳总支部书记长高廷梓向朱家骅的报告函来看，香港沦陷后，朱家骅对陈寅恪等人的状况十分关注，几次通过国民党驻港机构派人打探（至少派出了三批人员），并得知陈寅恪已多次拒绝伪方拉拢，但处境艰困，急待救济。朱家骅一面将之转告中央研究院总干事、历史语言研究所所长傅斯年，一面通过国民党中央调查统计局的秘密渠道派人到香港与陈寅恪联络，积极设法救援。

4月10日，朱家骅致函傅斯年，云：

孟真吾兄大鉴：顷据由港归来同志报告，"陈寅恪截至本月中旬尚未赴广州，伪方四次派要员劝驾，尚不肯走，同时经济困迫，致卧病不能起床，情形甚惨。蔡夫人初住张延祥宅，后又迁居。蔡公子各人平安，但住宅所有一切家私衣物被

---

[1] 夏蓉：《香港沦陷后朱家骅组织救助陈寅恪的经过》，《中山大学学报（社会科学版）》2006年第1期。

劫一空，上月六日对友人说决往上海"等语，知关锦注，特此转达，并请转知有关方面或须设法接济也。顺颂台祺。弟朱家骅　卅一，四，十[1]

4月13日，校读《新唐书》第三遍完。陈寅恪书后自记云：

一九四二年四月十三日读一过。此刊本误字颇多，未及校正也。陈寅恪题记。（下钤"青园居士"阳文方印）

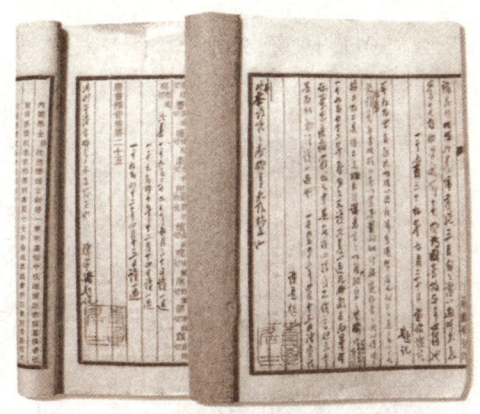

《新唐书》陈寅恪读讫题记。

4月22日，陈君葆日记记载：

刘、孙二人昨携米十六斤、罐头肉类七罐予陈寅恪，今日回来报告陈近况，据谓他已挨饥两三天了，闻此为之黯然。

这一天，朱家骅致陈寅恪电云：

急，澳门。密，朱学贤兄请即密转并候取复电，下电送九龙太子道三六九号三楼陈寅恪先生鉴：港变以来，无时不以尊况为念，嗣闻备受艰辛，又苦不审最近寓址，且交通断绝，无从闻讯，悬系曷极。顷获泽宣兄函告尊寓，甚慰，盼即设法由广州湾返国，如能设法先至澳门或广州湾后即可与弟通讯。所需费用若干请电复，当照汇。复电即交原送电人带回代发可也。弟骝先，卯养裹。廿二。[2]

[1] 夏蓉：《香港沦陷后朱家骅组织救助陈寅恪的经过》，《中山大学学报（社会科学版）》2006年第1期。
[2] 夏蓉：《香港沦陷后朱家骅组织救助陈寅恪的经过》，《中山大学学报（社会科学版）》2006年第1期。

电稿右上角批有"抄送调统局译发"字样，左下角盖有"中华民国卅一年四月廿贰日发出"戳印。"朱学贤"应为中统在澳门情报机构的化名。[1]

陈寅恪在接到朱家骅的电报后，很快作出回应，决定照朱家骅的安排，经广州湾尽快回内地，且提出请电汇二万元以敷急用，并令沿途关卡予以保护等两项要求。[2]

30日，陈寅恪致朱家骅电云：

中年俞大维。

骝先先生钧鉴：来电敬悉，即携眷赴广州湾返国。请急电汇两万元至遂溪麻章三元宫梁汝文女士代收留交，并乞电麻章海关及桂省长转饬盘龙关及沿途关卡军警特予保护为感。寅恪叩，陷。[3]

朱家骅接电次日，即复电陈寅恪，告知此前即已为之预留了一万五千元经费，并立即再寄款五千元，完全满足陈的要求。5月8日，又电告陈寅恪，俞大维也曾汇一万元至广州湾赤坎转交他，请他注意洽收。[4]

---

[1] 夏蓉：《香港沦陷后朱家骅组织救助陈寅恪的经过》，《中山大学学报（社会科学版）》2006年第1期。

[2] 夏蓉：《香港沦陷后朱家骅组织救助陈寅恪的经过》，《中山大学学报（社会科学版）》2006年第1期。

[3] 夏蓉：《香港沦陷后朱家骅组织救助陈寅恪的经过》，《中山大学学报（社会科学版）》2006年第1期。

[4] 夏蓉：《香港沦陷后朱家骅组织救助陈寅恪的经过》，《中山大学学报（社会科学版）》2006年第1期。

隋唐制度淵源略論稿

一　敍論

李唐傳世將三百年，而楊隋享國為日至短，兩朝之典章制度傳授因襲幾無不同，故可視為一體，並聚合論之，此不待煩言而解者。傳世典章制度之資料今日得以依據以討論者，蓬傳世之簡冊，近歲壁有新出遺文，足資補證。然其關係，重要者實亦至少，故欲為詳確證釋之研究甚非易事。夫隋唐兩朝傳授吾國中古極盛之世，其文物制度流傳廣播，北逾大漠，南暨交趾，東被日本，西極中亞，而追縱遡洄其淵源沿宴之專著，則吾國史學之缺憾也。茲綜合舊籍所載及新出遺文之有關隋唐兩朝制度者，分析其因子，推論其源流，成此一書，聊供初學之參考，匪敢言能維正前賢之闕失也。

隋唐之制度雖極廣博紛復，然究析其因素，不出三源：一曰（北）魏（北）齊，二曰梁陳，三曰（西）魏周。所謂（北）魏（北）齊之源者，凡江左承襲漢魏西晉之禮樂政刑與章文物，自東晉至南齊其間所發展變遷，而為北魏孝文帝及其子孫摹仿採用，傳至北齊成一大結集者是也。北史往往以「漢魏」制度目之，寶則其沿襲所及，不止限於漢魏，而東晉南朝前半期之文物制度皆屬於此範圍也。又西晉永嘉之亂，中原搢紳以陸之文言，凡北朝承襲元魏所採用東晉南朝前半期之文物制度者，源稱為「山東」目之者，則以山東之地恒北齊文化轉移保存於涼州一隅，至北魏取涼州，而河西文化遂融入於鄴，其後北齊孝文宣武再代所製定之典章制度深受其影響，故此（北）齊（北）魏（北）齊之源其中亦有河西之一支派，斯則前人所未深措意，而今日不可不詳論者也。所謂梁陳之源者，凡梁代繼承創作陳氏因襲擴改之制度，迄楊隋統一中國吸收採用，而傳之於李唐者，屬晉之，即南朝後半期內其文物制度之變遷發展乃王肅等輸入之所不及，故魏孝文及其子孫未能採用，而北齊之

一　敍論

一

萬國兵戈一葉舟 故邱歸死不夷
猶袖間縮手嗟空老 紙上刲
肝或少留此日中原真一髮
當時遺恨已千秋 讀書久
識人生苦未待 崩離早白
頭

壬午五月發香港赴廣州灣舟中和義
山韻 寅恪

陈寅恪手书《壬午五月发香港赴广州湾舟中和义山韵》。（1942年5月5日）

逃离香港

1942年5月1日，陈君葆收到陈寅恪的信。陈寅恪告诉陈君葆自己近日将由香港取道广州湾返回内地，并称自己过海后可能会到冯平山图书馆和中文学院作最后一眺望，说这是"数年来托命之所，今生死无重见之缘，李义山诗云，他生未卜此生休，言之凄哽"。

5月1日，朱家骅致陈寅恪电云：

急，澳门朱学贤兄，密译转九龙太子道三六九号三楼陈寅恪先生鉴：陷电敬悉，闻兄将携眷脱险，无任欣慰。前已嘱高廷梓兄汇款一万元存麻章商务印书馆李浩年兄处，并嘱杭立武兄已于日前电汇赤坎汽车路十八号信义行陈乐素君五千元，兹再电汇五千元至麻章李浩年处，请台洽是荷，弟骝先，东。[1]

该电发出日期是5月2日。

---

[1] 夏蓉：《香港沦陷后朱家骅组织救助陈寅恪的经过》，《中山大学学报（社会科学版）》2006年第1期。

5月5日，陈寅恪一家带了简单行李从香港乘海轮经澳门到广州湾。途中遇到狂风巨浪，多数乘客晕船卧倒。大女儿流求也晕船，无力地靠在椅上。陈寅恪把女儿拉起，说他像流求同样年龄（十三岁），已经乘海轮东渡留学，最初也是晕船，以后逐步锻炼，能在恶劣的天气和水手同时进餐。

5月8日，朱家骅致陈寅恪电云：

急，麻章琼崖中学转郑绍玄兄。密译送麻章三元宫梁汝文女士留转陈寅恪先生鉴：

本院先后共汇壹万伍千元存麻章商务印书馆李浩年处，杭立武兄汇五千元存赤坎汽车路十八号信义行陈乐素君处，又大维兄亦曾汇壹万元至赤坎汽车路十八号信义行陈德君处，统为留转吾兄者。希分别洽领，早日来渝为幸。弟家骅，辰齐裹。[1]

此电稿写在"中央执行委员会组织部发电稿"纸上，发电时间标5月9日。[2]

到达广州湾后，陈寅恪一家住进嘈杂拥挤的旅社。在与内地学校取得联系后，5月26日，他们又从广州湾出发，由旱路经赤坎、廉江，6月4日到玉林，由贵县换船到桂平，换拖轮到柳州，18日到桂林，在环湖酒家住下。19日，陈寅恪给朱家骅、叶企孙、傅斯年、王毅侯一起写了一封长信，报告在港情形及逃离香港返回内地的经过。

---

[1] 夏蓉：《香港沦陷后朱家骅组织救助陈寅恪的经过》，《中山大学学报（社会科学版）》2006年第1期。
[2] 夏蓉：《香港沦陷后朱家骅组织救助陈寅恪的经过》，《中山大学学报（社会科学版）》2006年第1期。

骝先、企孙、孟真、毅侯先生同赐鉴：弟于疾病劳顿九死一生之余，始于六月十八日携眷安抵桂林。前奉孟真兄电嘱先到桂林，故拟将家先在心理研究所近傍安置，并稍休养，将此两年所著之唐代政治史及晋书补证等稿（皆港大演讲底稿）誊写清楚，呈候教正。此二稿当在港危迫时，已将当时写清之本托人带与上海浙江兴业银行王兼士，因恐死亡在即故也。后复又重读新唐书、北史等基本资料一过，增补若干处，幸此次冒险携出，俟在桂林写清及与所引原书一校，大约计时三月可了，俟彼时再乘飞机到渝承教。此次应报告之事甚多，因劳苦太甚不能多写，故仅略述一二，尚希鉴谅是幸。

此次到广州湾，其地生活极高，因银行汇款限制及电文误会迟延之故，亲友所寄之款未到者多，不得不留待当时本院（所寄五千元）及杭立武先生所寄之五千元收到，及五月廿六日由广州湾出发后，六月四日至玉林始知麻章商务书馆李浩年君已得骝先先生电嘱，将前汇之九千九百九十元交弟，乃发一电致李君，请其将此款电汇至桂林商务书馆转交，昨日领得九千元（大约零数系李君扣除汇费之故）。

故本院及杭先生及骝公所寄款，共领到一万九千元，均具有收条备查。至俞大维昆仲寄弟与曾君约农之款，止到一万五千，弟因与曾君有尽先移用之约，又曾君之弟别已派人携款至广州湾迎接，并直拨至香港，故亦移借此款，因此种种遂得抵桂林。此皆骝公及诸兄亲友之厚赐，感激之忱，非纸墨可宣也。弟之在香港危迫情状，不能在此函详述，然亦不得不略言一二。当俞君大纲临离港，曾托其友人资助还国路费，乃其人绝不践诺言，弟当时实已食粥不饱，卧床难起，亦仅病贫而已；更有可危者，即广州伪组织之诱迫，陈璧君之凶妄，尚不足甚为害，不意北平之伪"北京大学"亦来诱招，香港倭督及汉奸复欲以军票二十万（港币四十万）交弟办东亚文化协会及审定中小教科书之事，弟虽拒绝，但无旅费离港，其苦闷之情，不言可知。至四月底忽奉骝公密电，如死复生，感奋至极。然当时尚欠债甚多，非略还一二不能动身，乃至以衣鞋抵债然后上船，到澳门晤周尚君始知已先后派人五次送信，均未收到。闻送信之人，有一次被敌以火油烧杀一次，凡接信者皆被日宪兵逮问，此亦幸而未受害也。又一事附陈者，即在澳门见庄泽宣君，亟欲来自由中国，其家眷共五人，欲骗公资助旅费。弟在广州湾晤郑绍玄君，知已汇三千元，但此数不足用，想骗公能设法续寄用也。

蔡子民夫人欲至上海，领得特许，或能得之，其所存金城银行保险箱物，尚无损失，较当香港陷落时被抢一空之窘状，略为缓和，知诸公关注蔡先生遗族，附及之。其余友人情状，如蒙垂询，苟能以笔墨传者当即奉复，否则俟面述一切也。病后潦草，乞恕不恭，顺叩

研安　不宣

弟陈寅恪谨上　六月十九日桂林环湖酒家

赠示请由心理或地质所转下。[1]

因为清楚陈寅恪的困难，朱家骅于9月再请振济委员会许静仁资助陈寅恪八千元、蔡元培夫人一万元。[2]

9月20日，朱家骅致电陈寅恪，云：

前以文从脱险归来，损失甚大，曾函振济委员会许静仁先生关说，顷接复云，"嘱事已电桂林第九救济区及救济会拨助八千元汇由中研院转汇"等语，特以奉闻。[3]

[1]《陈寅恪集·书信集》，生活·读书·新知三联书店2009年版，第82～84页。
[2]夏蓉：《香港沦陷后朱家骅组织救助陈寅恪的经过》，《中山大学学报（社会科学版）》2006年第1期。
[3]夏蓉：《香港沦陷后朱家骅组织救助陈寅恪的经过》，《中山大学学报（社会科学版）》2006年第1期。

史语所的傅、叶之争

到了桂林之后，陈寅恪本来准备继续往四川李庄的史语所。这时候，广西大学相约讲课，陈家遂搬进背傍石山的广西大学宿舍中。[1]

陈寅恪所居住的环湖酒家应该就在"心理研究所近傍"，所以信件转收也是委托"心理或地质所"。大概在7月15日前[2]，物理所所长丁西林来接陈寅恪一家，遂搬迁至物理所丁西林的宿舍住。[3]

6月9日，叶企孙致函傅斯年，云：

寅恪兄已于5月26日从麻章往桂林，史语所是否拟请彼为专任研究员？月薪拟何数？请示及。薪似可从一月份支起，但从六月起实付寅恪，以首五月薪抵销旅费之一部分。以寅恪夫妇之身体论，住昆明及李庄均非所宜，最好办法，似为请彼专任所职，而允许其在桂林工作，不知尊意如何？亦请示及。[4]

傅斯年对于叶企孙提议陈寅恪住在桂林为史语所工作领专任研究员薪，当即回信表示反对。大意为：

---

[1] 蒋天枢：《陈寅恪先生编年事辑（增订本）》，上海古籍出版社1997年版，第132页。

[2] 《吴宓日记》（第八册，1941～1942），生活·读书·新知三联书店1998年版，第344页。

[3] 陈流求：《回忆我家逃难前后》；张杰、杨燕丽选编：《追忆陈寅恪》，社会科学文献出版社1999年版，第417页。

[4] 《傅斯年全集》（第七卷），湖南教育出版社2003年版，第253～254页。

寅恪来敝所专任其职，原为本所同人所渴望。但寅恪家庭情形或者不肯来李庄，弟亦不能勉强。寅恪兄自港返，弟主张本院应竭力努力，弟固以为应该，然于章制之有限制者，则丝毫不通融。盖凡事一有例外，即有援例者也。故寅恪不能住在桂林而领本所专任研究员薪，必来李庄而后可以（此事服务规程有规定）。若彼来李庄，其薪自应为六百元又临时加薪四十元。至于为弥补所领旅费，作为几个月专任薪报销，自无不可。[1]

叶企孙。

傅斯年还在信纸上端空白处注明寅恪何以历来称为"专任研究员暂主兼任薪"的原因。后来也就此专门写信跟陈寅恪商量。

叶企孙收到傅斯年信，于6月30日回信说：

关于寅恪事，尊见甚是，请兄电彼征询其意见，倘彼决定在李庄工作，清华方面谅可容许其续假也。寅恪身体太弱，李庄昆明两地中究以何处为宜，应由彼自定。[2]

傅斯年接到信，没有按照叶企孙的提议做，理由是"前此已两函与之商榷此事，而电文又不能明也。然寅恪来信，未提及弟信，来信嘱弟托杭立武兄设法在广西大学为彼设一讲席"。[3]傅斯年两次给陈寅恪写信商量其来李庄，但陈寅恪回信都说"正在著作，九月可完"，绝未谈及到李庄事。[4]

[1]《傅斯年全集》（第七卷），湖南教育出版社2003年版，第254页。
[2]《傅斯年全集》（第七卷），湖南教育出版社2003年版，第254页。
[3]《傅斯年全集》（第七卷），湖南教育出版社2003年版，第254页。
[4]《傅斯年全集》（第七卷），湖南教育出版社2003年版，第254页。

7月下旬，中央研究院总办事处办事员刘次箫在致傅斯年的信中附一消息说：

叶先生函商院长聘陈寅恪先生为专任研究员，月薪六百元外加薪四十元，院长已批准照办。俟叶先生将起薪月日函复核，聘书即当寄贵所转寄桂林也。[1]

傅斯年得到这一消息，甚为诧异，因为他并未收到陈寅恪明确来李庄的信函，也没有变更此前的意见，何以忽然有此？尽管心中不甚痛快，但想到信中有"寄贵所转寄桂林"一语，稍感释然，打算等陈寅恪的聘书寄到李庄后扣下来。8月5日，傅斯年收到王毅侯7月31日来信，云：

发寅恪兄聘书已办好，企孙兄函嘱径寄桂林，免得转递之烦。并云一月至五月领薪由院保留作抵销旅费之一部，弟本日寄寅恪一函，征其同意。[2]

王毅侯提到给陈寅恪的信中有关薪金"6月份起全部寄交先生应用"。傅斯年收到王毅侯此信，对叶企孙的做法愤怒不已，于6日给叶写信声明：

一、弟绝不承认领专任薪者可在所外工作。在寅恪未表示到李庄之前，遽发聘书，而六月份薪起，即由寅恪自用，无异许其在桂林住而领专任薪。此与兄复弟之信大相背谬。
二、自杏佛、在君以来，总干事未曾略过所长直接处理一所之事。所长不好，尽可免之；其意见不对，理当驳之；若商量不同意，最后自当以总干事之意见为正。但

[1]《傅斯年全集》（第七卷），湖南教育出版社2003年版，第254页。
[2]《傅斯年全集》（第七卷），湖南教育出版社2003年版，第255页。

不可跳过，直接处理。在寅恪未表示到李庄之前，固不应发专任聘书，即发亦不应直接寄去（以未得弟同意也），此乃违反本院十余年来一个良好Tradition之举也。

三、为弥补寅恪旅费，为寅恪之著作给奖（或日后有之，彼云即有著作寄来），院方无法报销，以专任薪为名，弟可承认。在此以外，即为住桂林领专任薪，弟不能承认。

此事幸寅恪为明白之人，否则无异使人为"作梗之人"。尊处如此办法，恐所长甚难做矣。弟近日深感力有不逮，为思永病费，已受同人责言。今如再添一个破坏组织通则第十条之例，援例者起，何以应付。此弟至感惶恐者也。[1]

写完信，傅斯年意犹未尽，又补充道：

即令弟同意此事，手续上亦须先经本所所务会议通过，本所提请总处核办。总处照章则（人事会议及预算）办理。亦一长手续也。又及与此事有关院章各条文：

组织通则第十条"专任研究员及专任副研究员应常川在研究所从事研究"。

服务通则第二条"本院各处所及事务人员之服务均须遵守本通则之规定"（以下各条即规定办事时间等项）。

此外，间接有关者尚多，故领专任研究员薪而在所外工作，大悖院章也。[2]

傅斯年另外给陈寅恪发了一封电文，云：

总处所发聘书，乃假定兄到李庄者。[3]

---

[1]《傅斯年全集》（第七卷），湖南教育出版社2003年版，第255页。
[2]《傅斯年全集》（第七卷），湖南教育出版社2003年版，第256页。
[3]《傅斯年全集》（第七卷），湖南教育出版社2003年版，第258页。

并与8月14日给陈寅恪写信，说明原委。此时陈寅恪已决定受广西大学之聘。傅斯年在信末告诉陈"兄之原薪（月百外有无暂加薪四十已向企孙请示矣）已函毅侯照旧寄兄于桂林。"[1]

8月1日，陈寅恪给傅斯年写信，告知傅自己不能去李庄，并已接受广西大学的聘请。

弟前在港忧患与饥饿交病不能兴，忽得接济，重返故国，精神一振，扶病就道，直抵桂林。然二月之久，舟车劳顿，旅舍喧呼，俟到心中，稍获休息。岂知久劳之后，少息之余，忽觉寂倦不堪，旧病如心跳不眠之症，渐次复发。盖神经兴奋既已平静，大病又将到而尚未到矣，此时必须再有长期休息，方可渐复健康。若短期内再旅行，重受舟车劳顿之苦（旅费亦将无所出，此姑不论），必到目的地，恐将一病不起矣！前上一书言，欲与中英庚款会商量，设一讲座于广西大学，即是此旨，想蒙谅解。昨广西大学得杭君电，已允设一讲座，每周三小时，月薪则不多。桂林物价近大涨，去渝不远，亦不足用，且西大设备等等皆不足言。自不应在西大教书。但半年或数月之内，弟个人及全家皆不能旅行，又不可无收入以维持日食，授课之时既少，可整理年来在港大讲授旧稿，藉此暂为休息过渡之计，作渐次内迁之预备，似亦无不可。因此受中英庚款会及西大之合约。盖非此不足暂解目前困难，谅能俯察狼狈情形加以谅解也。兄病想已全愈，思永兄病谅已渐愈，济之、彦堂、方桂、君毅……诸兄谅均安好。恭三及廉君二兄想仍在李庄，将来弟有琐事尚须奉烦。集刊及本所专刊有无新出者？弟前年交与商务之隋唐制度论，商务坚执要在沪印，故至今未出版，亦不知其原稿下落如何？（前年弟交稿，数月后许地山方交印其言扶乩之书，而王云五以其为香港名人，即在港印，故不久出版。商务二字名符其实，即此可知。）近袁守和已全家来桂林，又闻陈衡哲及李

[1]《傅斯年全集》（第七卷），湖南教育出版社2003年版，第259页。

伯嘉亦到广州湾（水经注稿无恙）。

　弟近日忙于誊清拙著唐代政治史略，意颇欲在内地付印，以免盖棺有期，杀青无日之苦。尊意如何？乞示。[1]

陈寅恪收到傅斯年8日电报后，于11日给傅斯年回信说：

　齐电敬悉。弟前上三函，谅已达览。弟病体一时不能乘公路车到所，已详前书，谅蒙垂察。是以中央研究院总办事处寄来之专任聘书，已寄还王毅侯先生。而广西大学送来与中英庚款会约定之聘书则已接受。（此点已于前书言之。）顷接杭立武先生电谓："广大已洽定，惟闻中央研究院奉聘专任研究"，意恐弟接受专任聘者与中英庚款及西大聘约有所冲突。弟即复函告以早将专任研究员聘书寄还，自与庚款会之约不生冲突也。尊电云函详，俟尊函到后，再详复。先此专复，即希谅察。[2]

收到傅斯年8月14日信函后，30日陈寅恪又给傅斯年回信说：

　弟尚未得尊电之前，已接到总办事处寄来专任研究员聘书，即于两小时内冒暑下山，将其寄回。当时不知何故，亦不知叶企孙兄有此提议。（此事今日得尊函始知之也，企孙只有一书致弟，言到重庆晤谈而已。）弟当时之意，虽欲暂留桂，而不愿在桂遥领专任之职。院章有专任驻所之规定，弟所夙知，岂有故违之理？今日我辈尚不守法，何人更肯守法耶？此点正与兄同意者也。但有一端不得不声明者，内人前在港，极愿内渡；现在桂林，极欲入川。而弟却与之相反，取拖延主

---

[1]《陈寅恪集·书信集》，生活·读书·新知三联书店2009年版，第87～88页。
[2]《陈寅恪集·书信集》，生活·读书·新知三联书店2009年版，第89页。

义，时时因此争辩。其理由甚简单，弟之生性非得安眠饱食（弟患不消化病，能饱而消化亦是难事），不能作文，非是既富且乐，不能作诗。平生偶有安眠饱食之时，故偶可为文。而一生从无既富且乐之日，故总做不好诗。古人云诗穷而后工，此精神胜过物质之说，弟有志而未逮者也。现弟在桂林西大，月薪不过八九百元之间，而弟月费仍在两千以上，并躬任薪水之劳，亲屑琐之务，扫地焚（蚊）香，尤工作之至轻者，诚不可奢泰。若复到物价更高之地，则生活标准必愈降低，卧床不起乃意中之事，故得过且过，在生活能勉强维持不至极苦之时，乃利用之，以为构思写稿之机会。前之愿留香港，今之且住桂林，即是此意。若天意不许毕吾工作，则亦只有任其自然。以大局趋势、个人兴趣言之，迟早必须入蜀，惟恐在半年以后也。总之，平生学道，垂死无闻，而周妻何肉，世累尤重，至负并世亲朋之厚意，唏已。拙著唐代政治史数日内可写校完工，隋唐制度论原稿已携出，意欲在此间令人重钞清本或油印，即钞写之费亦不赀，西大如能代出固佳；不能，则将唐代政治史寄呈削正付刊。隋唐制度论则非弟亲钞一过不可，恐需半年时日也。又弟撰有魏书司马叡传释证一篇供集刊稿者，俟写清呈教。又有一事奉托那廉君兄或他位，即请代查本所集刊中有周一良论南朝疆域内民族及其对待政策之文，其题目如何？在何本何分？均求从速示知为感。[1]

并附言：

中山、贵大、武大皆致聘书，而中央大学已辞了，而又送来并代为请假半年（怪极）。弟于此可见教书一行，今成末路，盖已不能为生，皆纷纷改行，致空位如此之多，从未见银行或税关之急急求人也。庾子山诗云："何处觅泉刀，求为

---

[1]《陈寅恪集·书信集》，生活·读书·新知三联书店2009年版，第90～91页。

洛阳贾。"此暮年之句也。[1]

因此，傅斯年建议叶企孙依旧给陈寅恪发一聘书，其格式如下：

专任研究员暂适用兼任研究员之待遇

月薪一百元外　暂加薪四十元[2]

傅斯年注明说："此为十年相沿之公式（最初"为适用特约待遇"）。有换文，两方轮转，后来不转了。如改此式，恐须先在本所所务会议中谈，弟觉此式似可不必改也。""有此暂加薪否，由兄决定（彼接了广大之聘而言，薪水甚少）。""后来之问题，是他明年来川（恐广西大学非久居之地）川资如何出，此大是难事也。"[3]

最终，叶企孙给陈寅恪寄发了"兼任"聘书。

傅斯年多次写信催促陈寅恪离开桂林前往四川李庄史语所。1943年1月20日，陈寅恪给傅斯年回信，告诉傅斯年，自己与广西大学签订的是一年的契约，所授课程的安排也是以一年为终结，除非有不得不走的事发生，必须等到暑假才能离开桂林。另外，桂黔公路7月间修到都匀，陈寅恪也想等到公路修通之后坐汽车到贵州，以免心悸病复发，虽然自己最怕坐汽车。并叹道："弟所患为穷病，须服补品，非有钱不能愈也。奈何，奈何！"[4]

次日夜里，陈寅恪再道：自己在桂林无书可读，所以很想到四川。桂林的生活费很高，每月家用在三千元左右，上个月女工辞去，于是家人全体劳动，自己

---

[1]《陈寅恪集·书信集》，生活·读书·新知三联书店2009年版，第91页。

[2]《傅斯年全集》（第七卷），湖南教育出版社2003年版，第260页。

[3]《傅斯年全集》（第七卷），湖南教育出版社2003年版，第260页。

[4]《陈寅恪集·书信集》，生活·读书·新知三联书店2009年版，第92页。

也亲自提水劈柴,夫人唐篔终日做菜煮饭,小孩子不上学而在家做丫头,但不几日夫人心脏病发,结果服药打针又用去千余元。仍须雇工,桂林物价较四川尚低。"若如来示所云,弟到李庄薪津约月千七百元,不识何以了之也。弟明知如此非了局,然身体关系,省则病或死,未知如正式薪水之外,有何收入可以补贴日用(弟今则卖衣物为生,可卖者将卖尽矣,因怕冷不能卖皮衣棉被,皮鞋则早卖矣)。"[1]

半山小筑讥颂德

陈寅恪任教广西大学一年,前半年住在良丰山中,后半年迁入校内宿舍,即半山小筑也。[2]"良丰山"指桂林南郊的雁山,当时广西大学法商学院的校舍即在雁山的西林公园内。此处原为雁山别墅,始建于同治八年(1869),是清代广西桂林士绅唐岳的私人园林。宣统三年(1911)两广总督岑春煊以纹银四万两买下此园,改名雁山公园。"桂林佳境,一园看尽",雁山园建好以后,就被称为"岭南第一园"。

西大理工学院在园外通往桂林和阳朔的公路旁边,那里较大的建筑物,有新建的西大图书馆,和中央研究院物理研究所的三层大楼。

物理所人员的宿舍和西大理工学院教授的宿舍,均建于公路旁的松树林中,那里浓荫密布,郁郁葱葱,经常来空袭的日本飞机是很难发现目标的。陈寅

[1]《陈寅恪集·书信集》,生活·读书·新知三联书店2009年版,第93页。
[2] 唐篔:《忆故乡二首》序,《陈寅恪集·诗集》,生活·读书·新知三联书店2009年版,第203页。

恪乃暂时寄居于此。[1] 唐篔诗《忆故乡二首》其一《忆良丰山居》曰：

屋对青葱半岭松，云峰遥望几千重。

鹁鸪声缓随风远，踯躅花开满谷红。

日暖桂香穿涧树，夜深枫影上帘栊。

山居乐事今成梦，欲再还山只梦中。[2]

1943年初，寒假，陈家搬到依山傍石而建的西大教职员宿舍半山小筑。唐篔诗《忆故乡二首》其二《忆半山小筑》曰：

半山有屋两三椽，邻近桃源傍水边。

洞口干云红豆树，湖心倒影彩灯船。

群鸡啄食竹篱下，稚女读书木槲前。

此是雁山幽胜景，名园回首已风烟。[3]

唐篔自注："校中最大之山洞名桃源洞。遇空袭警报时可容千人。""桃源洞口有红豆树二株，大者高十余丈。闻七年一次开花结子，即相思豆也。树旁有屋数椽名'红豆院'，为教职员宿舍，家各一室。"[4]

1943年春，陈寅恪有《癸未春日感赋》，题注"时居桂林雁山别墅"，诗云：

[1] 姚平方：《陈寅恪教授的雁山乡居岁月》，《桂林日报》2005 年7 月17日，第003 版。
[2]《陈寅恪集·诗集》，生活·读书·新知三联书店2009年版，第203页。
[3]《陈寅恪集·诗集》，生活·读书·新知三联书店2009年版，第204页。
[4]《陈寅恪集·诗集》，生活·读书·新知三联书店2009年版，第204页。

> 沧海生还又见春，岂知春与世俱新。
>
> 读书渐已师秦吏，钳市终须避楚人。
>
> 九鼎铭辞争颂德，百年粗粝总伤贫。
>
> 周妻何肉尤吾累，大患分明是此身。[1]

此诗又题《癸未春日感赋寄呈史语所第一组诸友》。[2] "读书渐已师秦吏"，谓国民党的党化教育。国民党确立统治时即已推行党化教育，抗战后更进一步强化，具体包括学校高级行政领导人必须加入国民党，教师资格审查须由教育部认定，党义和军训等为必修课，推行训育制度等；此即所谓"以党治校"。国民党的"以党治校"亦犹李斯的"以吏为师"。[3]

陈寅恪一开始就拒绝党化教育，其1927年《王观堂先生纪念碑铭》特别强调"思想而不自由，毋宁死耳"及"独立之精神，自由之思想"，实际上就是针对国民党的思想专制倾向而言。吴宓1927年6月29日记："夕，陈寅恪来，谈大局改变后一身之计划。寅恪赞成宓之前议，力劝宓勿任学校教员。隐居读书，以作文售稿自活。肆力于学，谢绝人事，专心致志若干年。不以应酬及杂务扰其心，乱其思，费其时，则进益必多而功效殊大云。又与寅恪相约不入（国民）党。他日党化教育弥漫全国，为保全个人思想精神之自由，只有舍弃学校，另谋生活。艰难固穷，安之而已。"[4]

"九鼎铭辞争颂德"，朱家骅发起向蒋介石献九鼎，由顾颉刚作铭文，陈诗即讽刺此事。竺可桢日记云："寅恪对骝先等发起献九鼎，顾颉刚为九鼎作

---

[1]《陈寅恪集·诗集》，生活·读书·新知三联书店2009年版，第35页。

[2]《陈寅恪集·书信集》，生活·读书·新知三联书店2009年版，第233页。

[3] 胡文辉：《陈寅恪诗笺释（增订本）》（上册），广东人民出版社2013年版，第236页。

[4]《吴宓日记》（第三册1925～1927），生活·读书·新知三联书店1998年版，第363页；胡文辉：《陈寅恪诗笺释（增订本）》（上册），广东人民出版社2013年版，第236～237页。

隋唐制度淵源略論稿

一 敍論

1944年重庆熟料纸初版《隋唐制度渊源略论稿》书影。时在抗战，物资匮乏，图书用纸极差。

铭，惊怪不已。谓颉刚不信史上有禹，而竟信有九鼎。"[1]

"百年粗粝总伤贫""周妻何肉尤吾累，大患分明是此身"则谓经济困难，家庭和生活负担重。

当时桂林是日军空袭的重点目标之一，路上来往车辆人员经常受到袭击。寒假刚开始，广西大学校车从城内返回学校，在行驶途中遭到日本飞机扫射，一名青年学生受伤严重。1943年7月，迁到粤北坪石镇的中山大学文学研究所坚持邀请陈寅恪前往演讲。陈寅恪于是冒着敌机轰炸的危险，从桂林搭乘火车，经衡阳至坪石，住了几日，作有"清谈与清谈误国"和"五胡问题及其他"等学术演讲。

[1] 卞僧慧：《陈寅恪先生年谱长编（初稿）》，中华书局2010年版，第216页。

修中诚来访与"高级中国研究计划"

　　住在半山小筑的时候，牛津大学中文高级讲师修中诚曾受邀来到陈家做客，并进午餐。

　　修中诚（1883～1956），英国伦敦会教士，1911年来华，在福建汀州传教十八年，1929～1932年在上海中华基督教青年会全国协会任职，[1] 自1934年1月起，在牛津大学任中国宗教和哲学高级讲师。

　　1939年6月1日，陈寅恪第一次准备赴英，致梅贻琦请假函中所谓"牛津近日注意中国之宗教及哲学"，指的应该就是修中诚的研究兴趣，而当时陈寅恪的兴趣已经转到"历史与文学方面"。[2] 陈寅恪最初不十分愿意去牛津，很可能是觉得自己的研究方向与修中诚不能配合，修中诚原来对陈寅恪似乎也了解甚少。

　　修中诚此次是专程前来了解陈寅恪赴牛津大学任职的工作设想的。他们两人相处了一个多月，详细而具体地商讨了牛津大学中文系的教学和研究发展方向，修中诚了解到陈寅恪对于工作的设想，双方谈得很投机。[3]

　　1943年11月29日，修中诚从昆明致牛津大学校长（Vice chancellor）的信中写道：

---

[1] 中国社会科学院近代史研究所翻译室编：《近代来华外国人名辞典》，中国社会科学出版社1981年版，第220页。
[2]《陈寅恪集·书信集》，生活·读书·新知三联书店2011年版，第152页。
[3] 程美宝：《陈寅恪与牛津大学》，《历史研究》2000年第3期。

所谓我的许诺，是对陈教授——即我们选定的中文教授而言的。让我从头说起：多数对这次聘请感到有兴趣的人士，一定有一个印象，认为陈教授对于这次聘请是半心半意的，并且对于任教于牛津有被流放的感觉，因此似乎居留不会多于三或四年。我凭着对他深奥晦涩的专著的性质的印象，也曾经这样以为。我现在有一点我自以为很清楚的依据可以证实，情况其实并非如此。在此，我向你提出这些依据，希望你认真考虑。首先，我同陈寅恪教授相处了一个月，就我所专注研究的在语言中句法和文体的发展所反映出的逻辑意识发展的问题进行探讨。我们研究的中古前期是一个特别困难的时代，西方汉学家对这个时代知之甚少，而陈教授是研究这一时代的大师。我发现，他不但是一个令人钦佩的教师，他很快可以看出一个人研究的途径和真正问题所在。我亦发现，他用英文陈述他的观点和进行讨论如同他用中文一样好。再者，他尖锐的批判能力和令人喜悦的幽默感，使得所有的讨论生色不少。因此，对于我来说，他不但是一个专家学者，也是一个天生的导师。其次，让我感到高兴的是，我不但认识到西方研究在中国文化史的价值——很多学者也多多少少认识到这一点——我更肯定地确信，只有等到训练有素的西方人，以他们自己的观点，委身研究历史和哲学的材料，中国学者才有希望得到他们需求甚殷的启发，以重新发现新问题。其三，因此，由于牛津此次聘请为这样的发展开启了一条路子，这对于他便具有策略上的重要性，因而愿意接受在西方从事研究。其四，故此，他所想到的并不是在三数年内可以做到什么，或者要促进什么和睦的文化交流，他认为对于牛津给予他的荣耀，惟一一个应有的回报是一个实在的、至少为期五年的工作计划。因此，当他考虑到本科中文系学生的基础中文训练时，他觉得他的贡献不应该放在这方面。这类工作，若由一个英语助理承担，应更能胜任。他也希望他要承担的一般教学任务可以减至最少，比如说，每年只需任教一个课程。其五，由于(a)唐代（618~906）在中国历史和世界历史中具有关键的文化重要性，可与印度和希腊文化相媲美；(b)此时期尚未以现代方法系统地重新研究；(c)敦煌手稿对于了解此时期极有帮助；（d）此范畴之文献乃陈教授多年来专门研究的课题，因此应该在陈教授的指导下，进行有关的研究，包括大规模的翻译工作和就某些方面做专门著述。[1]

陈寅恪和修中诚的会面，不仅澄清了修中诚以及牛津大学方面原来对陈寅恪没有到牛津就任的误解，更令修中诚了解到陈寅恪的学术与人格。根据他们当面商谈所形成的共识，陈寅恪在1944年9月致函修中诚，授权修代表他向牛津大学提交有关中国研究学科发展的计划，该计划提交到东方研究学院，经由东方研究学院议事会（Board of the Faculty of Oriental Studies）和总议事会（General Board）通过的备忘录，再提交大学当局。下面是该计划的主要内容：

高级中国研究计划东方研究学院

代理中文教授修中诚先生在访华期间，曾专程到桂林，与陈寅恪教授相处一月。以下的建议出自他们就西方汉学研究以及中国、欧洲和美洲的中国文化研究动态的讨论。这些论点来自陈教授和修先生的看法：即思考一文化之历史非仅为该文化本身，也是将该文化视做人类文明生活和思想经验的一部分。陈教授请修先生代向大学表示敬意，对大学给予他的荣誉，再次表示诚挚的感谢，并诚盼在大学杰出学者的协助下，他能够对卓越研究和高等教育做出贡献。陈教授授权修先生（参看1944年9月18日的信函）作为"向大学当局提交这个计划的代言人"。

---

[1] 程美宝：《陈寅恪与牛津大学》，《历史研究》2000年第3期。

计划

A. 该教授应负责将《旧唐书》（刘昫，二百二十卷，十世纪）及《新唐书》（欧阳修，二百二十五卷，十二世纪）以比较形式译成英文的工作，为确保该任务能够在五至六年内完成，应聘请五名专业的协作人为编辑及翻译，即除教授外，再加上二名华人、三名英国人及美国人。

B. 为了提高唐史翻译的价值，应鼓励这五名翻译及其领导（即该教授）在从事主体工作的同时，运用这种新的比较研究方法，利用敦煌手稿，撰写研究论著，阐明唐代文化；论著应同时以英文及中文发表。

C. 同时，出版社应该委任雷海宗（哈佛博士，清华大学历史系主任）、邵循正（清华硕士，曾在巴黎和柏林读研究生）、孙毓棠（清华硕士，曾在日本读研究生）写一套三卷本约一千五百页并附所需地图及详细索引的中国历史。这套历史应用英文撰写，并以认真的历史学生为对象。上述作者应该征询一个顾问委员会的意见，其成员有汤用彤（哈佛博士，研究中国佛教的历史学家）、冯友兰（哥伦比亚博士，中国哲学史学家），连同其他专家包括Robert Payne（小说家及诗人，清华大学英国文学系教授）、陈教授、修中诚，以及出版社的一名代表。

D. 大学应与出版社磋商，在大学及大学以外、英国及英国以外去寻求财政资源来应付该计划的开销，即每年四千镑，不少于五年，不多于六年。

该计划之论证

1. 这是首次在牛津这样一所在西方学术世界享有盛名的大学聘请一位中国人担任教授。这所大学有其独特的传统，应利用这个机会提高英国的汉学研究水准，并适时地尽力产生一些现已有可能把中国和西方的批判性学术结合起来进行创新研究的成果。

2. 众所周知，唐代（618～907）是中国历史上最繁盛的时期之一。在这几个世纪里，中国人在诗歌和绘画方面成就卓著，才华尽显。中国人对于佛教有了新的认识和理解，并把这些成就带到了纯哲学的领域，政府采取了新的形式，对法律的研究也有所进展。一种以开放的态度去欣赏世界的精神为其他任何时期所不可比拟，而希腊和印度艺术的影响更达到顶峰。如果不明白唐代在散文和论说文的写作方面的发展，就不可能理解宋代理学的影响，当时，中国的哲学思想已达到一种新的睿智的整合和水平。

3. 除了上述特色外，还有一点事实是，在中国历史上各个主要的进步时代当中，唐朝是惟一一个有着两套以传统方式撰写的官方历史的时代。由于这两套历史的原材料相若，而第二套则从不满第一套的观点出发而撰写，故此，进行严谨的比较的试验，实在大有可为。再者，专门研究历史方法的西方学者，对于中国史学的独特价值，向来都没有给予足够的重视；中国史学可上溯至殷周时期，到《史记》（司马谈、司马迁，公元前二世纪）以其有条不紊的论述及广阔宽宏的眼界，更使中国史学达到惊人的成就，并成为后来各朝代写作二十四史的楷模。

4. 尽管近期的出版著作也有从世界史的眼光出发撰写的，但有意无意地，这类著作都显示出，对于这些博学的作者来说，惟一值得注意的历史是源于希腊－罗马文化的历史，即使这些作者尝试把中国文化纳入，但不论对于精通中国历史的人，还是对于那些已经尽量利用可兹利用的史料的作者来说，结果都同样令人感到苦恼。这套以英文撰写的中国历史不是比提纲稍为详细一点的著作，在过去三十年间，罕有以中文发表的批判性研究被西方学者翻译或评价。有见及此，美国学会协会（American Council of Learned Societies）委托一个中美小组翻译班固的《汉书》，现在向大学和出版社提交的这个双重计划将会大大扩展该项译事及Dr Wittvogel摘译二十四史的工作（尚未完成）。此举将大大改善目前这种令研习历史、历史方法、宗教哲学、纯哲学、文学和艺术的学生不满的状况。并且，正如陈教授在不同的场合强调过的，中国历史研究在其自身的领域中所存在的弊病，正在于缺乏具有足够学识和资讯的西方批评。

其他考虑

1. 陈教授是仍在世的最伟大的唐代文献权威和在敦煌手稿这个特殊领域的大师。他现年五十。约三十年前，他赴日本读书，为留学德国做准备。他在日本、德国、巴黎和哈佛都从事过专门的研究工作，精通梵文、巴利文、藏文和蒙文。正当他在北京与钢和泰合作的时候，战争爆发，他们的工作因此中断。

2. 由于过去三十年中国学术圈在批判性研究方面有所进展，以及不少中国学者和历史学家熟稔英语，这样，在会讲英语的中国历史学家和会看中文的西方历史学家之间，合作的大门，正前所未有地打开。[1]

1945年8月25日，修中诚在一份年度工作报告中还提到，他正在向大学提出一个由他和陈寅恪共同商拟的计划，陈寅恪教授如能早日到英国，将有助于为英国的汉学研究开拓一个新时代。[2]可惜的是，虽然陈寅恪当年秋天就到达英国治疗眼疾，终因未能奏效，不得不放弃牛津的聘任。当时在伦敦的联合国教科文组织中国代表、武汉大学教授陈源于1945年12月31日写给牛津大学校长的信件中写道：

我的朋友陈寅恪教授委托我转达以下事宜：陈教授请我感谢你友好的音信。他的眼睛已经动过两次手术，但尚未知道是否需要做第三次，亦未知他需要在医院留多久。事实上，他并不清楚自己是否能够完全恢复视力，不过，他相信即使有幸恢复视力，要在研究方面比较大量地阅读，还需要至少两至三年的时间。所以，他决定，一旦他的身体状况恢复到足以应付舟车劳顿，就会马上返回中国。故此，他不得不谢绝接受牛津大学中文教席的荣誉。他为把这个决定告知你

---

[1] 程美宝：《陈寅恪与牛津大学》，《历史研究》2000年第3期。
[2] 程美宝：《陈寅恪与牛津大学》，《历史研究》2000年第3期。

而深感遗憾，并且希望你相信这是一个经过深思熟虑的决定。他觉得，只有尽快表明自己的想法，对大学，对各有关人士，以及对他自己，才是公平的做法。[1]

任教成都燕京大学

1943年夏，鄂西会战后，日军开始准备进攻常德，长沙、桂林吃紧。迫于形势，陈寅恪于8月携全家由桂林启程北行，赶赴成都。

一家人搭乘货车，经宜山、金城江进入贵州境内，过独山后到了都匀。夫人唐筼染上痢疾，勉强走到贵阳市后，病情加重，腹泻脓血。觅得中西成药，疗效很慢。其间，陈寅恪和女儿美延也患病，全家只好停下来。幸得借住兵工署属下的兵工厂招待所，稍作休整。大约一个月后，又登上川黔公路的汽车北上。一路颠簸，到了重庆时已是12月初，暂住在观音岩俞大维家中休养。

那时候，蒋天枢与蓝文徵同在北碚夏坝的重庆复旦中学任教，听说陈寅恪一家到了重庆住在观音岩俞宅，一同前往拜谒。蓝文徵在街上仅买到三罐奶粉。陈寅恪和夫人都在病中，虽然稍有好转，但仅能在床上倚靠被子坐起。

身体稍微康复后，陈寅恪即启程继续前往成都，到成都燕京大学任教。

1937年7月，卢沟桥事变后，燕京大学留守北平。1941年12月8日，日军偷袭珍珠港，美国对日宣战。当天早上日本宪兵便封闭了学校，数十名师生被捕。12月9日，正在天津的司徒雷登也遭逮捕，被囚禁了将近四年，直至1945年日本投降后才获释。一批逃离沦陷区的师生辗转到达抗战后方四川，借用成都华西协和大学校园继续办学。1942年10月1日，成都燕京大学正式开学。原北平燕京大

---

[1] 程美宝：《陈寅恪与牛津大学》，《历史研究》2000年第3期。

学教务长梅贻宝被推举为代理校长。燕京大学在成都招生，各地学生纷纷前来报考，人数达三千多人，限于当时办学条件，只能招收一百五十人，加上从北平辗转奔来的原燕大学生，共三百六十四人。因南下的三十多位教员无法满足教学需要，在梅贻宝的主持下，向全国各地进行招聘，陈寅恪、李方桂即受聘来到成都燕京大学，分别担任历史学和汉语语言学教授。[1]

1943年12月下旬的一个浓雾的清晨，陈家搭上长途货运汽车向西进发，抵达内江时天已全黑。第二天晚上到达成都附近的龙泉驿，因夜间汽车走山路有危险，只得借宿在山上的石经寺。第三天早起，继续向成都进发，抵达成都东门外，休息了一夜才进入城内，至陕西街二十七号——借用原华美女中校舍的燕京大学。学校已经为陈家租了房屋，距离学校仅几百米远，是一座民居院落，住了好几家人，多数不是燕京大学的教职员工，环境比较嘈杂，不时传来打麻将和吵架的声音。随后李方桂一家也到来，就住在陈家楼下。陈家住在二楼一间狭长的房间里，用竹条编成的篱笆墙，隔成三间。[2]

1944年1月25日，农历春节，陈寅恪给傅斯年写信，解释自己不能赶往李庄而留在成都的苦衷，云：

到此一月，尚未授课，因所居闹吵，夜间不能安眠，倦极苦极。身体仍未恢复，家人大半以御寒之具不足生病。所谓"饥寒"之"寒"，其滋味今领略到矣。到此安置一新家，数万元一瞬便完，大约每月非过万之收入，无以生存。燕大所付不足尚多，以后不知以何术设法弥补？思之愁闷，古人谓著述穷而后工，徒欺人耳。[3]

---

[1] 岳南：《陈寅恪与傅斯年》，陕西师范大学出版社2008年版，第264页。
[2] 陈流求、陈小彭、陈美延：《也同欢乐也同愁：忆父亲陈寅恪母亲唐篔》，生活·读书·新知三联书店2010年版，第176页。
[3]《陈寅恪集·书信集》，生活·读书·新知三联书店2009年版，第94页。

大年初七,陈家与友朋一同游览杜甫草堂,有《甲申春日谒杜工部祠》诗:

> 少陵祠宇未全倾,流落能来奠此觥。
>
> 一树枯柟吹欲倒,千竿恶竹斩还生。
>
> 人心已渐忘离乱,天意真难见太平。
>
> 归倚小车浑似醉,暮鸦哀角满江城。[1]

寒假期间,历史系师生为陈寅恪和徐中舒举行了欢迎会,全体师生共只二三十人,由王钟翰主持。徐中舒讲话,说自己是陈先生的学生。陈寅恪当即插话说:"他是当时清华国学研究院最好的学生。"这次欢迎会时间不长,但气氛亲切。[2]

2月25日,再寄傅斯年一函,尤显凄惨:"弟全家无一不病,乃今日应即沙汰之人,幸赖亲朋知友维护至今,然物价日高,精力益困,虽蒙诸方之善意,亦恐终不免于死亡也。"[3]战时成都电力不足,"三天两头停电",陈寅恪"用唯一高度近视的左眼,坚持备课并撰写论著,非常吃力"。[4]

寒假一过,陈寅恪就身着长袍,足登布鞋,腋下夹着双层布制包裹,裹着厚厚的一叠线装书,前去教室上课。[5]春季开了"魏晋南北朝史"和"元、白

---

[1]《陈寅恪集·诗集》,生活·读书·新知三联书店2009年版,第36页。陈寅恪初失明时手迹作《甲戌人日谒杜工部祠》:"新祠故宅总伤情,沧海能来奠一觥。千古文章孤愤在,初春节物万愁生。风骚薄命呼真宰,离乱余年望太平。归倚小车心似醉,晚烟哀角满江城。"《陈寅恪集·诗集》,生活·读书·新知三联书店2009年版,第37页。

[2] 石泉、李涵:《追忆先师寅恪先生》,《纪念陈寅恪教授国际学术讨论会文集》,中山大学出版社1989年版,第55页。

[3]《陈寅恪集·书信集》,生活·读书·新知三联书店2009年版,第96页。

[4] 陈流求、陈小彭、陈美延:《也同欢乐也同愁:忆父亲陈寅恪母亲唐筼》,生活·读书·新知三联书店2010年版,第177页。

[5] 陈流求、陈小彭、陈美延:《也同欢乐也同愁:忆父亲陈寅恪母亲唐筼》,生活·读书·新知三联书店2010年版,第177页。

诗"两门课,讲课的地点就在城内陕西街燕大校本部。

女儿流求回忆:"这期间成都灯光昏暗,物价飞涨,间或要躲警报,当生活那样困难的时候,父亲用他唯一的左眼,紧张地从事学术研究和备课。"[1]

陈寅恪用眼过度,视力日益减退,夫人唐筼很着急,希望在力所能及的条件下,为陈寅恪增加一点营养。但是物价持续飞涨,她"只得把作客穿的旗袍,送进了寄卖行"。[2]

陈寅恪素患神经衰弱,夜间常失眠,害怕吵闹;同时为了利于华西坝上各大学的学生听课,经燕京和华西两校磋商,并得到时任华西大学文学院院长闻在宥的大力协助,陈家暑假搬到华西坝广益宿舍四十五号楼。陈家在华西坝的新居是一座二层楼房的底层,由于地基较高,不觉潮湿。环境幽静,院门外树木葱茏,东边竖立着高大的银杏树,秋日金黄叶片枝头摇曳,别具特色;西边几株大槐树,春天白花飘香,夏季绿荫送爽;前院有一棵大樟树,后院虽然杂草丛生,也有些花木,如茶花、蜡梅、迎春、百合及姜花等。居住条件得到改善,成为陈家逃难以来最好的一处住宅。上课地点改在华西大学文学院教室,也在广益宿舍内,此处距陕西街燕京大学本部约三四华里,燕京和各校师友学生常来叙谈,切磋学问。[3]

这一年秋季,陈寅恪又继续开"唐史"和"晋至唐史专题研究"两门课。[4]

[1] 蒋天枢:《陈寅恪先生编年事辑(增订本)》,上海古籍出版社1997年版,第133~134页。
[2] 陈流求、陈小彭、陈美延:《也同欢乐也同愁:忆父亲陈寅恪母亲唐筼》,生活·读书·新知三联书店2010年版,第180页。
[3] 陈流求、陈小彭、陈美延:《也同欢乐也同愁:忆父亲陈寅恪母亲唐筼》,生活·读书·新知三联书店2010年版,第179页。
[4] 石泉、李涵:《追忆先师寅恪先生》,《纪念陈寅恪教授国际学术讨论会文集》,中山大学出版社1989年版,第55页。

陈寅恪选录之
唐史参考资料。

　　1944年8月23日，教育部公布所核定本年休假进修教授名单，西南联大为罗常培、吴宓。[1]吴宓7月29日收到朱自清信，代达川大校长黄季陆聘吴宓任教，于是吴宓决定休假前往成都授课一年。[2]7月30日，吴宓与燕大代理校长梅贻宝联系，希望取得到燕大讲学的机会，并回函朱自清，表示愿意到川大任教。[3]8月14日，吴宓接到川大电报，"拟请讲'欧洲文学史''英国浪漫诗人'两课，以专任教授全年所得总数，作为讲演研究费，并先奉旅费一万元。聘书另致"。于是，吴宓决定去成都。[4]8月29日，吴宓收到梅贻宝23日信，欢迎吴宓到成都燕大讲学，讲"世界文学史大纲"和"文学与人生"两课，每星期六小时，薪金待遇与陈寅恪同，每月为一万三千八百一十六元，外加米一斗，住宿及

[1]《吴宓日记》（第九册，1943～1945），生活·读书·新知三联书店1998年版，第319页。
[2]《吴宓日记》（第九册，1943～1945），生活·读书·新知三联书店1998年版，第302页。
[3]《吴宓日记》（第九册，1943～1945），生活·读书·新知三联书店1998年版，第302页。
[4]《吴宓日记》（第九册，1943～1945），生活·读书·新知三联书店1998年版，第313页。

授课均在华西大学。[1]9月23日，吴宓乘坐一辆军车离开昆明，经贵阳、遵义前往重庆。10月27日，吴宓到达成都燕京大学，与陈寅恪相聚。[2]

托傅斯年延安索《中国通史》

1944年9月15日，国民参政会第三届十四次大会主席团提议："请大会决议组织延安视察团，赴延安视察，并于返渝后，向政府提出关于加强全国统一团结之建议，兹推荐冷参政员遹，胡参政员霖，王参政员云五，傅参政员斯年，陶参政员孟和，为该视察团团员。"[3]傅斯年将此事写信告诉了陈寅恪。

10月3日，陈寅恪给傅斯年回信说：

奉九月廿七日手书，知将有西北之行。此函达渝，未识已启程否。此行虽无陆贾之功，亦无郦生之能，可视为多九公、林之洋海外之游耳。闻彼处有新刊中国史数种，希为弟致之，或竟向林、范诸人索取可乎？"求之与抑与之与"。纵有误读，亦有邢子才误书思之，亦是一适之妙也。[4]

林、范是指林伯渠和范文澜。范文澜1940年到延安，为马列学院历史研究室主任，1941年为中央研究院副院长兼历史研究室主任，1943年在中央宣传部工作。范文澜到延安后，开始撰写《中国通史》，以"为某些干部补习文化之

---

[1]《吴宓日记》（第九册，1943～1945），生活·读书·新知三联书店1998年版，第324页。
[2]岳南：《陈寅恪与傅斯年》，陕西师范大学出版社2008年版，第273页。
[3]岳南：《陈寅恪与傅斯年》，陕西师范大学出版社2008年版，第223页。
[4]《陈寅恪集·书信集》，生活·读书·新知三联书店2009年版，第97页。

用"。当时拟定"略前详后，全用语体，揭露统治阶级罪恶，显示社会发展法则等几条"作为准绳。上册（上古到五代）于1941年出版，中册（宋辽到清中叶）于1942年出版。后上、中册合称《中国通史简编》。

1945年7月1日，傅斯年、褚辅成、黄炎培、左舜生、章伯钧、冷遹一行六人，乘专机到达延安。访问团在延安逗留四天。傅斯年见到了林伯渠和范文澜，但是否索取了陈寅恪所托的"新刊中国史数种"，不得而知。[1]

---

[1] 岳南：《陈寅恪与傅斯年》，陕西师范大学出版社2008年版，第234页。

七　眼盲心郁更寒苦

1947年，陈寅恪在清华大学
新林院52号书房内。

失明诘问天废我

1944年11月中旬，陈寅恪不慎跌了一跤，唯一的左眼更加昏花，虽曾去看病，但仍继续工作，也未忘为提携青年学人写推荐信，眼睛始终没有得到休息。他在课堂上对学生说："我最近跌了一跤后，唯一的左眼也不行了，说不定会瞎。"[1]

12月12日，一个阴冷雾大的早晨，他突然感到眼前一片漆黑，失去光明，忙叫女儿流求去通知学生，今日不能上课。流求奔向广益宿舍教室，途中遇见去上父亲课的学生，即告知此事。夫人唐筼当天立刻陪陈寅恪去陕西街存仁医院就诊，经检查，确诊为左眼视网膜剥离，随即住进了该院。燕京大学极为重视，找到著名眼科专家陈耀真、毛文书教授共同研究。"经检查，新病之左目，瞳孔之内膜已破，出液，不能辨视清晰。"[2] 14日，吴宓来探视，马鉴悄悄告诉吴宓，医生说"必将失明"，吴宓深为忧伤。[3]

---

[1] 石泉、李涵：《追忆先师寅恪先生》，《纪念陈寅恪教授国际学术讨论会文集》，中山大学出版社1989年版，第56页。
[2] 《吴宓日记》（第九册，1943～1945），生活·读书·新知三联书店1998年版，第376页。
[3] 《吴宓日记》（第九册，1943～1945），生活·读书·新知三联书店1998年版，第376页。

12月18日下午，陈寅恪左眼进行手术。[1]手术之后，眼被蒙住、头被用沙袋固定住，不能动，以免影响手术效果。

第二天，吴宓来探视，"仅得见夫人筼，言开刀后，痛呻久之。又因麻醉药服用过多，大呕吐，今晨方止。不能进食"。[2]

陈寅恪平时食量极少，主食只吃面包一二片，副食也只吃瘦肉一二片而已。生病后，食量大减，靠打针和服维生素B来补充营养。当时打一针所费甚昂，维生素B价也不赀，且不易得。唐筼为买一药，四处奔走。[3]24日上午，吴宓来探病，唐筼告诉吴宓，"欲购宁夏产而在宝鸡可购之枸杞子，煮汁，制糖膏，或以羊肝及羊胎、熊胆等，食寅恪，以益Vitamin B1及B2，而使寅恪身强、血多、目明"。"宓则以寅恪之病，半因心思太细，讲求卫生太过。专用中西珍贵补品良药，而不从简朴劳动入手，求天然之健康，至若刲羊肝以求舍生延年，则大悖佛教之仁德矣。寅恪又极忧医或客之触动其床，至损目之长成，于是揭示于门。"[4]

27日，陈寅恪口授，唐筼笔录，给傅斯年去信，告诉傅斯年自己住院及手术情况。

寅恪已于十八日左眼动手术，情形严重，将来之结果现在尚不知。由重庆来函敬悉，所讨论之数点，目前不能答复，数月后再谈。

寅恪经手术后，今日为第九天，内部视网膜究竟黏合成功否？尚看不清楚，又因须平睡，不许稍动，极苦。而胃口大伤，虽备鸡汤滋补之类，而终日闹不消化，所

[1] 陈流求、陈小彭、陈美延：《也同欢乐也同愁：忆父亲陈寅恪母亲唐筼》，生活·读书·新知三联书店2010年版，第181页。
[2]《吴宓日记》（第九册，1943～1945），生活·读书·新知三联书店1998年版，第380页。
[3] 王钟翰：《陈寅恪先生杂忆》，《纪念陈寅恪教授国际学术讨论会文集》，中山大学出版社1989年版，第50页；卞僧慧：《陈寅恪先生年谱长编（初稿）》，中华书局2010年版，第225页。
[4]《吴宓日记》（第九册，1943～1945），生活·读书·新知三联书店1998年版，第384页。

食极少,体力难恢复,于眼膜之长合有大关系也,余再告。[1]

30日,吴宓来探病,陈寅恪正吃饭。唐筼送吴宓出来的时候,悄悄告诉他:医生说"割治无益。左目网膜脱出增广,未能黏合。且网膜另有小洞穿"。[2]陈寅恪未知细节,但已经焦躁不安。

1945年1月1日,吴宓至医院探病,下午"以借得之张恨水小说《天河配》"送给陈寅恪。[3]

3日,唐筼因劳累过度而心脏病发作,回家休息。石泉就组织燕大学生昼夜轮流值班,男同学值夜班,女同学值白班。李涵在值班时,陈寅恪常常让她念报或读小说,藉以消遣。陈寅恪最喜欢听张恨水的小说,但每听到小说中主人公的不幸遭遇时,就为之戚然不乐,很动感情。[4]

燕大学生手术前后的日夜陪护,使陈寅恪深受感动,梅贻宝来看望他的时候,他感叹道:"未料你们教会学校,倒还师道犹存。"梅贻宝后来在《燕京大学成都复校始末记》中说:"笔者至今认为能请动陈公来成都燕京大学讲学,是一杰作。而能得陈公这样一语评鉴,更是我从事大学教育五十年的最高奖饰。"[5]

1月18日,唐筼给傅斯年夫妇写信,报告了陈寅恪手术情况。

寅恪第一次手术后正已一月。据医生云,所粘之部分并未粘好,认为手术之结果不满意,欲再动第二次手术,而寅恪极不愿意,恐二次之结果又不满意,则失望更大。故今暂时采用静养及吃滋养品服药之办法,一月以来颇有转机,已能

[1]《陈寅恪集·书信集》,生活·读书·新知三联书店2009年版,第101页。
[2]《吴宓日记》(第九册,1943~1945),生活·读书·新知三联书店1998年版,第390页。
[3]《吴宓日记》(第九册,1943~1945),生活·读书·新知三联书店1998年版,第395页。
[4] 石泉、李涵:《追忆先师寅恪先生》,《纪念陈寅恪教授国际学术讨论会文集》,中山大学出版社1989年版,第56页。
[5] 卞僧慧:《陈寅恪先生年谱长编(初稿)》,中华书局2010年版,第227页。

见物，以前之黑影逐日缩小，寅恪之希望即养得永久能维持现状，则为满意，惟视物仍不甚清楚，此为最可虑之一点，恐其渐渐出水，日后必致恶化。箦以学理观之，似宜再动二次手术，而以其他种种事实上之情形而言，如寅恪之身体及年岁高等等，则又不敢坚主张，是以踌躇难决，心中十分不安定。又加疲劳过度，遂大发心脏病，回家休养十余日，今始渐渐起床。

兄等有何高见，望有以告我，则感甚，感甚。又医生因我们之决定迟迟不答之，遂大为不高兴，而我们不欲使之卸责，所以种种方法拉住，不愿使之逃脱，因成都除此医院外，其他私家医生更不行。故箦之应付环境极苦，而许多事又不愿使寅恪知之，更不便与之商量，其苦可知矣。所寄来之款三万圆及贰佰玖拾陆圆贰角，均如数收到。[1]

同日陈寅恪口授，唐箦代笔，给俞大维、陈新午夫妇写信，陈述自己对于手术的几点意见：

九妹、四弟：昨夜接电话及今早回信，皆未能达寅恪自己之意，今寅恪在床口授重要之意见如下：

一、眼睛暂不再开刀，因第一次开刀，不但未粘上，并弄出新毛病，若第二次再开，医言又无把握，身体更受不住，故现决定一原则如下：同一时同一医生同一器械不开。

二、现静养一月，渐有进步，前弄出之新毛病及未粘上之处，似已渐好，因觉目力与未发病时相差不多，故信营养及休息当可治疗，不必一定冒险再开刀，恐致全瞎。万一将来忽然变坏，然后再开亦不迟，此为万全之策。因此，前信所说与教育部交涉诸事，已收到否？已寄与傅孟真兄阅否？结果如何，速复为盼。

---

[1]《陈寅恪集·书信集》，生活·读书·新知三联书店2009年版，第102页。

三、如此间医生询问妹再开刀之意见,可答言(俟数月后再看情形如何,不必作决定之答复)。此信详阅后寄孟真兄。

四、妹暂时无来成都之必要。[1]

1月19日,唐篔告诉吴宓,陈寅恪新集苏东坡诗句"闭目此生新活计,安心是药更无方",请四川省教育厅厅长郭有守夫人、湘潭杨度之女杨云慧书写后,"将裱而悬之"。[2]吴宓将回西安省亲,唐篔请吴宓从西安买一小木箱枸杞子回来。

农历除夕前,陈寅恪出院回家过年。双目失明致使陈寅恪受到沉重的打击,心情郁悒,悲哀失望的气氛笼罩全家。2月12日,除夕夜,陈寅恪有《甲申除夕病榻作,时目疾颇剧,离香港又三年矣》诗云:

雨雪霏霏早闭门,荒园数亩似山村。

携家未识家何置,归国惟欣国尚存。

四海兵戈迷病眼,九年忧患蚀精魂。

扶床稚女闻欢笑,依约承平旧梦痕。[3]

14日,正月初二,有《目疾久不愈书恨》诗云:

天其废我是耶非,叹息莘弘强欲违。

著述自惭甘毁弃,妻儿何托任寒饥。

---

[1]《陈寅恪集·书信集》,生活·读书·新知三联书店2009年版,第103～104页。
[2]《吴宓日记》(第九册,1943～1945),生活·读书·新知三联书店1998年版,第414页。
[3]《陈寅恪集·诗集》,生活·读书·新知三联书店2009年版,第39页。

西浮瀛海言空许，北望幽燕骨待归。

弹指八年多少恨，蔡威惟有血霑衣。[1]

"西浮瀛海言空许"，盖谓两次准备赴英，皆未能成行，现在目盲，当初受聘牛津的承诺遂成空许。"北望幽燕骨待归"，自注"先君柩暂厝北平，待归葬西湖"。[2]

春节期间，几乎所有在成都的友人、同事、学生都来家贺岁。亲友们的关怀鼓励，使陈寅恪感到温暖，他也尽快走出了低落的情绪。[3]

2月25日，从西安省亲回来的吴宓来访，留家中午饭。

不久，陈寅恪开始学习怎样在目盲的情况下继续工作。如用手握笔，摸着纸张试行写字，但笔划及行列常常重叠，令人难以辨认。两年后，他重新恢复讲课，会摸着在黑板上写几个难懂的字，但不能使用这种方法撰写长篇论著。主要还是以耳代目、以口代手的方式来认真备课，著书立说。陈寅恪先练习以耳代目，每天听读报，间或听小说。他很欣赏张恨水的小说，觉得他的叙述，生活气息浓郁，尤其是旧京风貌，社会百态，都描绘得细致生动。唐筼除了照顾失明的陈寅恪生活起居外，还担负起书记官的任务，随时记录陈寅恪要写的书信、诗作等。[4]

陈寅恪在成都华西坝居住时，牛津大学曾有一位高级讲师（Reader）来访，重申牛津过去的邀请，陈寅恪谢绝了。他走后，陈寅恪对石泉说："狐死正首丘，我老了，愿意死在中国。"[5]

---

[1]《陈寅恪集·诗集》，生活·读书·新知三联书店2009年版，第39页。
[2]《陈寅恪集·诗集》，生活·读书·新知三联书店2009年版，第39页。
[3] 陈流求、陈小彭、陈美延：《也同欢乐也同愁：忆父亲陈寅恪母亲唐筼》，生活·读书·新知三联书店2010年版，第184页。
[4] 陈流求、陈小彭、陈美延：《也同欢乐也同愁：忆父亲陈寅恪母亲唐筼》，生活·读书·新知三联书店2010年版，第184～185页。
[5] 石泉、李涵：《追忆先师寅恪先生》，《纪念陈寅恪教授国际学术讨论会文集》，中山大学出版社1989年版，第62页。

无奈寻求部聘教授补助

1942年8月29日，教育部部聘教授名单发表，陈寅恪、汤用彤、吴宓、杨树达等在名单中。[1]

1941年，教育部责成由吴俊升、傅斯年、吴稚晖、竺可桢等三十余人组成学术审议委员会，制定出《教育部设置部聘教授办法》，报行政院通过，作为部聘教授的基本条例。《部聘教授办法》共十条，规定：在大学任教十年以上，声誉卓著，具有特殊贡献的教授，经审议会三分之二以上通过，可为部聘教授。任期五年，可续聘。第一批部聘教授共三十名。

1944年陈寅恪眼疾住院治疗后，由唐篔执笔于1945年1月26日给傅斯年写信，陈述自己经济困难，望傅斯年帮助以部聘教授资格争取教育部补助。

寅恪目疾住院已经月余。自觉黑影缩小，卧床止于强光中看物尚清楚但未带（戴）近视镜，较比开刀前似较好。彼自信静养之功效极大，目前自定原则有二：

（一）同时、同地、同器械、同一医生，不再开刀。

（二）以静养及服药吃滋养品为治疗。

今既须长时间之休养，则不得不各方筹划经济之来源。平时之家用每月增多，两个月前已达四万余元，尚不能吃营养品。今在养病期中，必是加倍还多，更以物价逐日高涨，实难定预算。燕京薪水仅足用一星期或十日。

---

[1] 杨树达：《积微翁回忆录》，《杨树达文集》，上海世纪出版股份有限公司、上海古籍出版社2013年版，第188页。

先生前函所云：援华会之补助金一节，据梅贻宝先生云，大约八万至十万。此亦不过补助一二个月而已。今有数事欲与先生商量，并求指教者如下：

一、寅恪自前年（三十二年）暑假后离开广西大学，来燕大授课，除领教育部所发正薪外（每月薪水陆佰元，研究费肆佰元，每六个月一寄，一次寄陆仟元），至如其他教授应得之种种生活津贴、食米及薪水加倍等等（如其他部聘教授每月之所应得者），分文未领过。换言之，以往一年半以来（除领正薪及少数研究费外），已替国家（即教育部行政院）省下将近贰拾万矣，此点望能使当局明了及注意。此第一事也。

二、寅恪此次病眼，医院开支总在贰拾万上下（大约再数星期后出院），皆由燕大付出，而家中用度又已近十万（买特别药及滋养品，需自付），已收到教育部五万元，中央研究院三万元。此后回家静养，所需一定较平时用度为多，由燕大每月之收入约两万，即在平时已不敷用。寅恪向不愿兼事，今病更不能兼矣。所以希望教部于养病期中，每月能有巨款医药费之补助，此第二事也。

三、寅恪当教授已十九年半，只在抗战前曾休假过半年。今年拟向教部请求休假一年，以著作为名（元白诗笺证），此第三事也。

四、寅恪虽在私立燕大授课，希望能如其他之部聘教授分发于国立大学者同样待遇。除正薪外，尚有薪水加倍，生活津贴及食米等等，由教部拨与燕大转发。盖此数在国家虽省下来为数极细微，而在个人则可得帮助不少。且寅恪意既有部聘教授之名义，更愿名实相符，则寅恪之在燕大，可处于客座之地位，此意先生定能了解，此第四事也。

以上四事，请先生斟酌如何，有无不合理处？四事中以第二及第四两项为最重要，亦最难办到，故惟有望于先生者，请先以私人之关系，向骝先部长先生说明之。即先用人事之疏通，然后由燕大去公文请求补助，庶可事半而功倍也。[1]

---

[1]《陈寅恪集·书信集》，生活·读书·新知三联书店2009年版，第105～106页。

2月2日,再次给傅斯年写信。

一月二十三日来函已悉,今将弟之意见述之如下(以下各条系寅恪自书嘱篯抄之):

一、部聘教授薪,问之方桂,似较史语所略多,又弟现在燕大之薪金出于哈佛燕京社,方桂薪亦如此,若弟将来之收入一部分出自教部,则尚受中国人之钱,比全由美国人豢养,稍全国家体面。又弟与方桂代表史语所两组,若二人薪皆由本所交与燕大,恐外人有史语所半数移于燕大之误会,故再三考虑,请兄与教部交涉,请将部聘教授应得之薪金、生活补助费、米贴(即食米一石)等等(燕大之米系自购,若粮食部发与弟所得之米,则可不要燕大再为弟购米可也),即照成都川大部聘教授之全数寄与燕大转发,倘须燕大备文呈请,亦乞速示知,以便照办。至向教部请休假一节暂可不提,至要至要。

二、如教部事不易办,而养病费无着时,亦可请骝先先生呈蒋公,但须并与谭伯羽兄及大维商酌方妥。

三、兄及第一组诸位先生欲赠款,极感,但弟不敢收,必退回,故请不必寄出。

四、U.C.R.之补助费一节。今日梅贻宝兄来言,已将弟列入成都区。

弟现住之医院为教会所立之存仁医院,住院费及手术费等先由燕京担保,再向U.C.R.请求补助,但不知至多可请若干也。其他如每日吃饭(医院饭不可食)及滋养品、打针药等,所用亦极大,皆由家中付出。故各方寄来之款即用于此项上,而此项乃一长时期之开支也。宋院长曾寄四万,分两次寄来,皆由杭立武兄经手拨来。闻兄亦有心跳病,望多珍摄是幸。弟之病眼前所不能看见之处,现已能看见,故决定静养数月,不用目力,以待复原。[1]

2月3日,陈寅恪给傅斯年信,告知傅斯年:"补助金事,已将表格填好,直寄

[1]《陈寅恪集·书信集》,生活·读书·新知三联书店2009年版,第108~110页。

总办事处丁巽甫、余又荪两兄。燕京方面亦已填去，弟虽两方面皆报，但决不领重份，唯以何方较多者则取之耳。"[1]

3月7日，致傅斯年信云：

部聘教授之米及生活补助费事，未经兄与教育部商妥前，燕大似不宜遽先呈请，以免蛇足，且恐措辞不合又生麻烦，故拟俟兄与教部商洽定妥办法示知后，再照部拟之办法呈请，较为妥便。总之，此办法手续麻烦，恐难办妥，最简单办法，莫如特请某公补助，此节请兄与大维等商酌，至于川大，则其校长不但不能帮忙，反而有碍，徐中舒君知之甚详，兹不必多说。弟并非坚欲补发以前应领之费，前函所以提及者，不过欲使教部知之耳。弟目近日似略有进步，但全侍（视）营养如何而决定，营养之有无又以金钱之多寡为决定，弟此生残废与否，惟在此时期之经济状况，所以急急于争利者，无钱不要，直欲保全目力以便工作，实非得已，区区之意，谅兄及诸亲友能见谅也。[2]

3月21日，致傅斯年信云：

教育部手续麻烦，则由中央研究院办理，事更简单迅速。即请兄速办，将款寄下，以应急需。弟近日用费甚多，即使领到此款亦尚不足，似仍有请求特别补助之必要，乞与骝先先生及大维等商酌，并希示复为感。

又U.C.R.之协助款，弟究应向研究院抑向成都区领？虽曾在两处填表，而至今均尚无着落。故此项协助费亦欲早日领得，以便补助药物饮食调养之费，并请注意设法。

---

[1]《陈寅恪集·书信集》，生活·读书·新知三联书店2009年版，第111页。
[2]《陈寅恪集·书信集》，生活·读书·新知三联书店2009年版，第112页。

　　U.C.R.即美国援华联合会（United China Relief），是美国《时代》杂志创办人亨利·鲁斯于1941年2月成立，是整合美国民间支持中国抵抗日本侵华战争的组织，去向各地的美国人民宣扬中国人民是怎样进行抗日战争的，在次年即募得美金七百万元援华。该会的团体会员有：美国公谊服务会、中国战灾难童委员会、美国医药援华会、中华基督教大学联合董事会、美国援华会、美国对华急救委员会、美国教会对华救济会、中国工业合作协会美国委员会等。美国援华联合会的建立，是为了统一美国各地援华募捐活动和统一提供援华经费。该会章程规定，其救济对象"纯为中国人民，绝无党派和宗教之分"。会址设在纽约市，各州设有地方劝募委员会。美国援华联合会于1942年在重庆设立驻华办事处，接受中国各方面有关救济事宜的申请和初审。

　　4月12日，陈寅恪致傅斯年信，告知已"接任叔永先生来函，谓已交三万元至中央研究院寄下，但尚未收到"。"又中央研究院款亦未到。请一并催院中寄下。"

　　4月30日，陈寅恪将教育部高等教育司函转交傅斯年。

　　兹附上呈教育部函，乞转交。至兄与马季明先生函，并未收到；如未另寄，乞速寄下，以便与史语所交换公文，照方桂兄前例办理。[1]

　　5月16日，因为燕京大学尚未收到史语所信函，陈寅恪再次致信傅斯年询问前寄教育部信函收到与否。

　　前寄上致教育部函托兄转交者，想早已收到，惟燕大方面尚未收到史语所来信耳。

　　弟未病时，已草成元白诗笺证一书，尚待抄正。兄前有函云，史语所可付抄

---

[1]《陈寅恪集·书信集》，生活·读书·新知三联书店2011年版，第114页。

写费用；今弟欲于一二月后，令燕大国文系高级生，由弟指导抄写及查对原文，以了此公案。不知史语所每月能付抄写费若干？及由何时付起？均请示知，以便办理。尊恙如何？极念，极念。关于弟之病目，据兵工署驻美代表江星初君函云，特别眼镜（Telescopic Lense）可以在美配制，但须请林文彬医生验目以后，开单寄美，始能照办。弟之眼睛正在转变中，尚未固定，故亦不能急于配制也。[1]

1947年7月，第一届部聘教授陈寅恪、庄前鼎二人到期。8月，教育部核定续聘五年。[2]

何幸今生见胜利

1945年2月，美、英、苏三国首脑在苏联海滨小城雅尔塔的密约，丘吉尔建议邀请中国代表参加，为斯大林断然拒绝。美、英、苏三强的雅尔塔密约主要内容如下：

1. 击败德国后，苏联立即出兵东北。

2. 外蒙古维持现状。（即维持从中华民国肢解出来之既成事实）

3. 苏联享有对东北铁路之权益。

4. 大连港须国际化，但苏联得享有特别权益。

5. 苏联可租用旅顺军港，驻扎海军。

---

[1]《陈寅恪集·书信集》，生活·读书·新知三联书店2009年版，第114～115页。
[2] 卞僧慧：《陈寅恪先生年谱长编（初稿）》，中华书局2010年版，第245页。

雅尔塔密约事关中国的主权,但中国却不得与闻。贫弱的中国最早浴血奋战,独自抵抗法西斯日本,牺牲最为惨重,在苏联的雅尔塔举行的这一会议是对中国的极大侮辱、极大伤害。

虽然是密约,但还是传到了中国人的耳朵里,陈寅恪感时伤世,接连写下了几首诗。4月有《玄菟》诗云:

前朝玄菟阵云深,兴废循环梦可寻。

秦月至今长夜照,汉关从此又秋阴。

当年覆辙当年恨,一寸残山一寸金。

留得宣和头白老,锦江衰病独哀吟。[1]

此诗中"玄菟"二字,典出"西汉元封三年(元前108)汉武帝在北方设乐浪、临屯、真番、玄菟四郡,玄菟郡在今吉林省,陈寅恪用此二字作为诗之标题,有地理原由,真意指东北全境。[2]吴宓附注:"时宋子文与苏俄订约,从罗斯福总统雅尔塔秘议,以中国东北实际割让与苏俄,日去俄来,往复循环,东北终非我有。此诗及前后相关数诗,皆咏其事而深伤之也。"[3]

7月,有《乙酉七七日听人说水浒新传适有客述近事感赋》诗云:

谁缔宣和海上盟,燕云得失涕纵横。

花门久已留胡马,柳塞翻教拔汉旌。

---

[1]《陈寅恪集·诗集》,生活·读书·新知三联书店2009年版,第47页。

[2] 游鹿:《雅尔塔密约与陈寅恪先生的诗》,http://blog.sina.com.cn/s/blog_682a3bf30100n4u9.html。

[3]《陈寅恪集·诗集》,生活·读书·新知三联书店2009年版,第47页。

妖乱豫幺同有罪，战和飞桧两无成。

梦华一录难重读，莫遣遗民说汴京。[1]

　　诗以宋史为喻，极言苏联势力对中国的威胁。四年前，周佛海日记即言：
"渝当局对美、对苏，均不乐观，苏联且警告渝府接收共党要求，邵力子亦请
求返国，是国共关系将影响中、苏关系；元老派主党政军分权，蒋对此亦必愤
而烦闷。总之，余深觉余辈无前途，今阅情报，则重庆亦一塌糊涂，决无前途之
可言。宁渝均无前途，是中国无前途矣，哀哉！苏联警告渝府接收共党要求，是
已开内政干涉之端矣。苟抗战胜利，共党得势，则苏联之对中国，恐与日本无异
也。日本已渐次觉悟，苏联则方兴未艾，苏联较日更难应付。"[2]周氏既已认
识到重庆、南京政府皆无前途，并指出苏联取代日本后仍将对中国不利。[3]
　　8月10日，《新民报》社布告宣布日本已无条件投降，成都"全市欣动，
到处闻爆竹及大炮声，文庙燕大诸生，亦竞撞钟燃竹并喧呼歌唱，至夜半始
息"。[4]11日晨，陈寅恪听到抗战胜利的消息，当即赋诗《乙酉八月十一日晨
起闻日本乞降喜赋》，云：

降书夕到醒方知，何幸今生见此时。

闻讯杜陵欢至泣，还家贺监病弥衰。

国仇已雪南迁耻，家祭难忘北定时。

念往忧来无限感，喜心题句又成悲。[5]

[1]《陈寅恪集·诗集》，生活·读书·新知三联书店2009年版，第46页。
[2]《周佛海日记全编》（上编），中国文联出版社，第465页。
[3]胡文辉：《陈寅恪诗笺释（增订本）》（上册），广东人民出版社2013年版，第323页。
[4]《吴宓日记》（第九册，1943～1945），生活·读书·新知三联书店1998年版，第491页。
[5]《陈寅恪集·诗集》，生活·读书·新知三联书店2009年版，第49页。

"家祭难忘北定时"，自注："丁丑八月，先君卧病北平，弥留时犹问外传马厂之捷确否。"[1]1937年7月30日天津沦陷，中国军队退往马厂，其时有中方军队得胜之传闻。[2]

又有《余昔寓北平清华园尝取唐代突厥、回纥、土蕃石刻补正史事，今闻时议感赋一诗》，云：

> 唐碑墨本手摩挲，回忆当时感慨多。
>
> 逦迤不烦飞驿鸟，和林还别贡峰驼。
>
> 赐秦鹑首天仍醉，受虏狼头世敢诃。
>
> 自古长安如弈戏，收枰一着奈君何。[3]

诗意叹外蒙古从中国割出，成为苏联属国。

8月27日，有《乙酉八月二十七日阅报作》，云：

> 目闭万方愁，蛙声总未休。
>
> 乍传降岛国，连报失边州。
>
> 大乱机先伏，吾生命不犹。
>
> 可怜卅载后，仍苦说刀头。[4]

---

[1]《陈寅恪集·诗集》，生活·读书·新知三联书店2009年版，第49页。

[2] 胡文辉：《陈寅恪诗笺释（增订本）》（上册），广东人民出版社2013年版，第330页。

[3]《陈寅恪集·诗集》，生活·读书·新知三联书店2009年版，第48页。

[4]《陈寅恪集·诗集》，生活·读书·新知三联书店2009年版，第50页。

所谓"中苏友好同盟条约"于8月24日经政府国防最高委员会通过后交立法院，25日立法院临时会议通过，27日各报发表盟约全文。诗题当即指此。[1]

中苏条约的内容要点包括：满洲铁路由苏、中共同所有和共同经营；苏、中共同使用旅顺口为海军基地，苏联有权驻军；大连为自由港，中方将港口所有工事及设备的一半无偿租给苏联。条约本身，及以上协定，有效期为三十年；如果期满不通知废除，则条约继续有效。"可怜卅载后，仍苦说刀头"，刀头有环，喻指还。这两句即谓三十年以后，仍需苦苦要求归还苏联所租占的铁路和港口。[2]

9月3日，有诗《乙酉九月三日日本签订降约于江陵感赋》云：

梦里匆匆两乙年，竟看东海变桑田。

燃萁煮豆萁先尽，纵火焚林火自延。

来日更忧新世局，众生谁忏旧因缘。

石头城上降幡出，回首春帆一慨然。 [3]

两乙年：1894年甲午战争中国战败，第二年即乙未年，中日于马关春帆楼签订马关条约；五十年后的1945年是乙酉年，日本投降。

又有诗《春帆楼》云：

取快恩仇诚太浅，指言果报亦茫然。

当年仪叟伤心处，依旧风光海接天。 [4]

---

[1] 胡文辉：《陈寅恪诗笺释（增订本）》（上册），广东人民出版社2013年版，第346页。

[2] 胡文辉：《陈寅恪诗笺释（增订本）》（上册），广东人民出版社2013年版，第351页。

[3]《陈寅恪集·诗集》，生活·读书·新知三联书店2009年版，第52页。

[4]《陈寅恪集·诗集》，生活·读书·新知三联书店2009年版，第52页。

诗序曰："光绪乙未，李合肥与日本订约于马关之春帆楼，吴桐城题其处曰'伤心之地'。仪叟者，合肥晚岁自号也。"[1]李鸿章，安徽合肥人；吴汝纶，安徽桐城人，曾任李鸿章幕僚。当年李鸿章无奈签订马关条约，视之为奇耻大辱，发誓终身不履日地。

赴英伦治眼疾

1945年秋，英国皇家学会和牛津大学邀请陈寅恪到英国治疗眼疾。牛津大学希望陈寅恪治好眼睛后，留在牛津讲学，实现1939年以来的讲学之约。陈寅恪也想尽快恢复视力，对此抱有很大希望。正好西南联大邵循正等四位教授应邀去英国牛津大学讲学。8月6日，邵循正到成都拜访吴宓，吴宓托邵循正与陈寅恪结伴同行。7日，在陈寅恪家，吴宓与邵循正商定好，先由吴宓伴护，约9月5日从成都赴昆明，再由邵循正伴护赴英国治目疾。于是一起拟定了邵循正给修中诚的英文电稿。又写信给四川省政府主席张群请关照给予飞机客座。[2]在陈寅恪家吃过午饭后，吴宓陪邵循正前往四圣祠附近新巷子英国领事馆见英领事，询问出国手续。

陈寅恪此次赴英旅费由英国文化协会承担，但仍须多方筹措资用，始得成行。[3]

14日，陈寅恪由学生兼助手石泉陪护，由成都飞往昆明。[4]所乘飞机为

---

[1]《陈寅恪集·诗集》，生活·读书·新知三联书店2009年版，第52页。
[2]《吴宓日记》（第九册，1943～1945），生活·读书·新知三联书店1998年版，第487页。
[3] 蒋天枢：《陈寅恪先生编年事辑（增订本）》，上海古籍出版社1997年版，第139页。
[4]《吴宓日记》（第九册，1943～1945），生活·读书·新知三联书店1998年版，第506页。

军用飞机，飞了五个小时。到了昆明后，住在联大教师宿舍内。陈寅恪的许多老友、学生纷纷前来探望。老友有张奚若、叶企孙、汤用彤、向达、冯友兰、陈岱孙、曾昭抡、姚从吾、毛子水、雷海宗等，学生有吴晗、钟道铭、汪篯、丁则良等。每日川流不息，不断有人来访。陈寅恪的心情也愉快开朗许多，谈笑风生，精神焕发。只是眼不能见，需人照顾生活而已。[1]21日，陈寅恪与邵循正、孙毓棠、沈有鼎、洪谦四人一同坐飞机往印度转赴英国。[2]

赴英途中，陈寅恪有《乙酉秋赴英疗治目疾自印度乘水上飞机至伦敦途中作》诗，云：

> 眼暗犹思得复明，强扶衰病试飞行。
>
> 还家魂梦穿云断，去国衣装入海轻。
>
> 异域岂能医异疾，前游真已隔前生。
>
> 三洲四日匆匆过，多少伤今念昔情。[3]

诗中对赴英治疗眼疾流露出很浓的悲观情绪。

10月，陈寅恪抵伦敦，由著名眼科专家杜克·埃尔德负责诊治。

10月4日，唐筼给傅斯年信，陈述了陈寅恪赴英治眼疾行程情况。

寅恪临行匆忙，未得亲自致函告知一切，而手书到时渠已离蓉，筼当早日奉答，岂知小女忽患急性盲肠炎，送医院施行手术，淹缠经旬，是以迟迟未克奉覆，歉仄殊深。陈槃、劳干两先生事，即请先生代寅恪作一提案，寅恪无不同意，

---

[1] 石泉、李涵：《追忆先师寅恪先生》，《纪念陈寅恪教授国际学术讨论会文集》，中山大学出版社1989年版，第60～61页。

[2] 吴学昭：《吴宓与陈寅恪》，清华大学出版社1992年版，第124页。

[3]《陈寅恪集·诗集》，生活·读书·新知三联书店2009年版，第53页。

此一向为先生所知也。今附上空白盖章信纸一张，乞为代办为感。寅恪此行实以治眼为第一目的，对于牛津就职与否，尚待治眼后再考处；此层亦为牛津方面所了解（眼疾太迟则不治，时间关系极为重要），又以结伴邵、孙、沈、洪四先生，遂毅然起行，实不得已也。多承先生奔走为之促成，感何可言。闻先生左眼亦病，而工作加多，热心为人，固难摆脱，然为公为私，仍希珍重，不宜过劳，至为切盼。[1]

此信首页空白处另有附语："临行嘱箸者也，一年归国亦未可知，借此答拜牛津之友谊盛情。寅恪云只接受友谊之帮助。"[2] 大概陈寅恪准备在牛津待上一年，以践六年前讲学之约。

1946年2月19日，唐筼给傅斯年信，讲述了陈寅恪在伦敦治疗的过程和治疗效果。

久困病榻，未克奉告寅恪之消息，今略述之。寅恪已经过两次手术，第一次为成功，第二次为无效，白受辛苦。现在不必再施手术，经十星期之静养，即可买棹归来，但直航上海之船极少，须等待机会；又途中必须结伴，因目光模糊，行动尚不甚方便之故。抵沪时望家人去接，拟在南京小住，再定行止。最近主治医生检验之结果及寅恪自己之经验，总起来的结果简述之于左（抄来信）：

坏处（左眼的视线已完全）

（一）眼睛吸收光线尚无进步，视线虽完全，而模糊（不过滴麻醉剂很久瞳孔尚未缩小）之程度较甚于前。

（二）医生说："不会再脱离了。"此说颇怀疑。

---

[1]《陈寅恪集·书信集》，生活·读书·新知三联书店2009年版，第115～116页。
[2]《陈寅恪集·书信集》，生活·读书·新知三联书店2009年版，第116页。

好处

（一）医生将我神经的部位变更（即第一次手术所作之工作），我从左眼的左上角向右下角看比较清楚，所以可以与右眼打成一遍（片？），不像从前有一条黑影间隔。如坐下，低头写中国字，由右向左，没有重叠的毛病。吃饭等事，亦较方便。可惜我右眼目力不好又左眼模糊，不然便可以看书与好眼无异。此点乃此行所得的结果，在中国恐怕做不到的。

（二）我的右眼是比以前稍稍好一点，在成都左眼动手术后，右眼忽然有一片黑影，在英国动手术后，此黑影已不见。进步虽小，但此眼是有进无退，十年无变更，想是停止再壞，将来左眼如果全掉，我也不致全瞎（医生说我左眼上部稍微粘上一点，所以往下看得比较好）。

（三）左眼在英动第一次手术时，是将神经的部位变更，成功，故视线完全。第二次是想粘上脱离之部分，失败，据医生说不会再掉了（此点寅恪颇怀疑），总起来说是比出国时好。

据该医生说毋须再施手术，现在已搬出医院，住于疗养院内休养数月。寅恪本有意随郭子杰兄之伴赴美国，看更有无其他方法补助左眼之模糊，又恐所带之款不够，此事正在踌躇中，请先生与骝先先生、立武先生一谈如何？[1]

3月16日，唐篔致傅斯年信：

前上一函，想已达左右。近日屡接寅恪来书，对于病眼治疗之结果颇为失望。本拟再往美洲一行，今以种种不便，旅费亦不敷用，遂决定等船及觅伴归国。船亦不多，伴更难得，不知何日始能离英。[2]

---

[1]《陈寅恪集·书信集》，生活·读书·新知三联书店2009年版，第116～118页。
[2]《陈寅恪集·书信集》，生活·读书·新知三联书店2009年版，第119页。

陈寅恪在英国治疗眼疾，视力恢复无望，于是准备回国。此时，胡适在纽约，建议陈寅恪到纽约哥伦比亚大学眼科中心诊治，陈寅恪觉得这是最后一线希望，于是将主治医师杜克·埃尔德的诊断意见书寄了一份给胡适，并乘船离开英国，绕道北美回国。

途中，有《丙戌春游英归国舟中作》诗，云：

> 百尺楼船海气寒，凭阑人病怯衣单。
>
> 远游空负求医意，归死人嗟行路难。
>
> 蚕食光阴春黯澹，龙吟风雨夜迷漫。
>
> 人生终古长无谓，干尽瀛波泪未干。[1]

胡适收到陈寅恪寄来的医生诊断报告书后，于4月5日将报告书给哥伦比亚大学大学眼科中心的专家看，哥大的专家都说无望。胡适感到很悲哀，并将报告书保留在了自己当天的日记中。

关于陈寅恪在英治眼医学报告书

陈寅恪教授所患系双眼视网膜脱落。右眼十年前就已经脱落，完全不曾有过手术矫正。脱落是彻底的，视网膜好像变厚了，尤其是下半部呈现退化，且有许多小孔。前面的眼球晶体囊膜有大量色素，显示旧患眼色素层炎（Uveitis）。视力投射虽在下方尚好，然上方全无。我觉得由于视网膜及其失去作用的情况，又经过如此长久的时间，对此右眼再作任何手术都是徒劳的。左眼显然自1944年的11月脱落，那时的报告是，视网膜在太阳穴上方四方体（the supero-temporal quadrant）之处脱落，未发现有孔，并在此处做了透热疗法（diathermy

---

[1]《陈寅恪集·诗集》，生活·读书·新知三联书店2009年版，第58页。

operation）的手术。当他于1945年10月抵达伦敦时，该眼视网膜已完全脱落，而且还有一些小孔，以及在四方体下方有出血现象，在原来动过手术处有四大块彩状分解物。我们为此左眼做了二次透热疗法，第一次由威廉生诺波（Williamson Noble）先生和我所做，第二次由威廉生诺波先生与居勒（Juler）先生所做。我们结合了表面与深透的方法，除去大量的液体。结果虽然有相当令人满意的"脉络膜反应"

Duke-Elder诊断书。

（Choroidal reaction），但是视网膜本身没有任何平复和黏固的迹象。根据此眼的实质情况，我不认为进一步手术会有更好的效果，再有鉴于他整个身体状况，以我之见，不宜再做手术。

杜克·埃尔德（签名）

1946年1月25日[1]

胡适把此英文函贴在了自己的日记里，并在之后附记如下：

上面附贴的是陈寅恪兄在美（英）国治眼的最后意见书，是世界第一流眼科专家Sir Stuward Duke-Elder写的。他的船Priam由英国来，明天到纽约，将由

---

[1] 汪荣祖：《史家陈寅恪传》，北京大学出版社2005年版，第250～251页。

胡适日记手稿本。（1946年4月15日）

巴拿马运河回国。我曾电劝他在此小住，请一Columbia的眼科专家一验，看看有无挽救之方。他请熊式一把此意见书寄来，我今天托Mrs. Hartman送到Calumbia的Eye Institute，请Dr. McNie与同院专家协商。他们都说Duke-Elder尚且无法，我们如何能补救？我请全汉升兄带一信送到船上，把这个恶消息告诉他。我写此信，很觉悲哀，回想到三十多年前我看Forbes Robertson演Kipling的名剧，"the Light that failed"灭了的光，不胜感叹！[1]

胡适说："寅恪遗传甚厚，读书甚细心，工力甚精，为我国史学界一大重镇，今两目都废，真是学术界一大损失。"胡适还于百忙中请人去银行买了一张一千元美金的汇票，请全汉升带给陈寅恪。[2]

4月，陈寅恪所乘轮船停泊纽约港。陈寅恪回国绕道纽约，原打算再试医疗，但听到美国名医亦无良策，于是不再上岸。

19日，在美留学的杨联陞和周一良同随赵元任、杨步伟夫妇前往到纽约卜汝克临二十六号码头停泊的船上看望陈寅恪。是日午后约三时半，陈寅恪在舱内初闻赵元任夫人杨步伟呼唤之声，顿感悲哽。但旋即恢复镇定，谈话近一小

---

[1] 汪荣祖：《史家陈寅恪传》，北京大学出版社2005年版，第251页。
[2] 汪荣祖：《史家陈寅恪传》，北京大学出版社2005年版，第252页。

时。陈寅恪躺在船舱床上，对杨步伟说："赵太太，我眼虽看不见你，但是你的样子还像在眼前一样。"这是他们最后一次见面。[1]

复员清华重开讲

1946年3月1日，清华大学校长梅贻琦致电正在英国牛津大学讲学的邵循正，请转告陈寅恪：请下学年回校任教，梅校长正与陈夫人商量家室迁还及住宅预定事。

3月16日，唐篔致傅斯年信：

兹有一事奉恳者，寅恪有书籍四箱，拟托历史语言研究所复员时同运至南京。事前篔可托五十厂便车先带至重庆，但不知可交与何人？乞先生酌，指定某处某人可接洽，并代为保管者。乞示知为盼。此事亦曾写信与彦堂先生。琐事烦扰，不安之至。[2]

信末附言："寅恪来书云对燕大事已辞谢，大约欲回清华或回史语所专事著作。"[3]

1946年夏，陈寅恪乘船抵达上海，妹妹陈新午专程上船去接，先住在上海

---

[1] 杨步伟、赵元任：《忆寅恪》；张杰、杨燕丽选编：《追忆陈寅恪》，社会科学文献出版社1999年版，第21页；蒋天枢：《陈寅恪先生编年事辑（增订本）》，上海古籍出版社1997年版，第139页。

[2]《陈寅恪集·书信集》，生活·读书·新知三联书店2009年版，第119页。

[3]《陈寅恪集·书信集》，生活·读书·新知三联书店2009年版，第120页。

俞大纲家, 然后回南京, 住在位于南京萨家湾南祖师庵七号的俞大维、陈新午家, 等候家人从重庆来到南京会合。

6月12日, 梅贻琦和蒲薛凤来俞宅看望陈寅恪。17日梅贻琦飞北平, 18日视察清华园, 20日飞南京。29日, 梅贻琦再度来看望陈寅恪。[1]

在成都准备遣返原址的学校均提前放假。在金陵大学附中学习的流求和小彭放假后, 唐筼带着三个孩子, 由成都到重庆, 住在俞大维、陈新午在观音岩的家。

抗战胜利后, 俞大维、陈新午夫妇在南京萨家湾寓所。

8月初, 唐筼和孩子们分两批乘飞机来到南京。9日, 陈寅恪致函清华大学秘书长沈履、历史系主任雷海宗, 询问回清华园后住宅分配情况。

1947年, 陈流求(左)、陈小彭(右)在南京读高中。

内子及小女等前日乘机到京, 但须待行李运到及休息病体后, 再由海道赴平。大约恐在

---

[1] 卞僧慧:《陈寅恪先生年谱长编(初稿)》, 中华书局2010年版, 第236页。

九月间。兹有恳者，前接清华派定住宅名单，现已遗失，有数点不甚明白，敬乞示知为荷。如能将住宅名单及规则再赐寄一份，尤所感幸。

一、派定弟之住宅是否新林院五十二号？

二、派定弟之住宅是旧有抑或新造者？

三、一家独居抑或两家合住者？

四、大约何时可以住人？

五、如系新造者有无卫生设备？

兄等究竟决定取何道赴平？如过南京，能一晤谈，尤所感祷。[1]

1947年，陈寅恪穿棉袍立于新林院52号院内大阳台。

沈履回信答复：陈寅恪家住宅仍为新林院五十二号，两户合住，旧住户自己从规定的甲级人员中征求一家新住户同住。各院住宅中的卫生设备，均已破坏，一时恐难修复。[2]

10月，陈寅恪自南京转上海，由海道返清华，24日回到清华。因为陈寅恪要在家上课，需要较大房子，五十二号全部由陈寅恪一家住。一间较大的房子，约二十多平米，布置成一间教室，可坐二十多人。[3]

11月5日，清华大学复员后第一天上课。

[1]《陈寅恪集·书信集》，生活·读书·新知三联书店2009年版，第258页。
[2] 卞僧慧：《陈寅恪先生年谱长编（初稿）》，中华书局2010年版，第237页。
[3] 卞僧慧：《陈寅恪先生年谱长编（初稿）》，中华书局2010年版，第237页。

本年度,陈寅恪开的课有"隋唐史"和"唐诗研究",由王永兴和汪篯担任助手。

开课前一天,历史系主任雷海宗来看陈寅恪,雷海宗因为陈寅恪体弱多病,又双目失明,便劝他暂不要开课了,先休养一段时间,搞搞个人研究。陈寅恪马上说:"我是教书匠,不教书怎么能叫教书匠呢? 我要开课。至于个人研究,那是次要的事情。我每个月薪水不少,怎么能光拿钱不干活呢?"陈寅恪说这些话时,虽是笑着,但神情严肃且坚决。雷海宗只能同意陈寅恪的意见,在历史系开了一门课。送走雷海宗之后,陈寅恪叫助手王永兴去通知中文系,他在中文系也开一门课。[1]

在开始备课的前几天,陈寅恪向助手王永兴和汪篯说这一学期他要讲的主要问题、主要内容是什么,然后就指定他们读哪些书给他听。陈寅恪备课要读的第一种书总是《资治通鉴》,然后是《通典》《会要》《六典》、两《唐书》等等。当时情景是:他们坐在两个沙发上,当中摆着一架书,在王永兴的面前摆着一张小桌子,陈寅恪指定王永兴读《通鉴》哪一卷或者从哪一年到哪一年,而且嘱咐王永兴要读得慢一些,读得清楚一些。读到一个段落,他就叫王永兴停下来,他思索着,然后就提出来这一段里的问题和要注意的地方,让王永兴写在本子上。常常是读完《通鉴》某一段,就要王永兴去查出在两《唐书》中,在《会要》《通典》中所记载的有哪些不同,哪个记载是对的,哪个是不对的,这些,他都让王永兴记在本子上。这样读了几天,他就叫王永兴把本子上所写的重复给他说一遍,他总结综合,口授出来由王永兴写下,就形成了讲稿或者讲课的详细提纲。不只是讲课的主要内容,而且讲课所涉及的史料、讲课有关的每一条材料,他都作了严谨的校勘与考证。

每周还必须有两个下午,由两个助手分别给陈寅恪读英、日文有关资料。

---

[1] 卞僧慧:《陈寅恪先生年谱长编(初稿)》,中华书局2010年版,第238~239页。

在陈寅恪家中上课，一般有二三十个学生，上课之前他指定王永兴在黑板上写史料，然后，坐在一把藤椅上，问王永兴写了些什么材料，王永兴一一和他说。没有材料，陈寅恪是从来不讲课的。两黑板的材料讲完了，王永兴于是再写。讲课之后，陈寅恪常常问王永兴这样讲学生能接受吗？还常常要王永兴征求学生们的意见，然后再修改讲课稿。陈寅恪年年开课，年年都是这样备课讲课。[1]

11月27日，燕京大学校长陆志伟给清华大学校长梅贻琦函，聘陈寅恪为兼任研究导师。

陈寅恪先生在抗战期间，曾任教于敝校成都侨校。去岁陈先生赴英治疗目疾，所授课程皆未终结。今为敝校学生学业计，拟聘陈先生为兼任研究导师俾完未了功课。不知贵校可予同意否？敢希示复，为荷。[2]

28日，雷海宗向梅贻琦报告了陈寅恪的意见。

陈寅恪先生意见是：（一）前在燕京成都侨校，曾开"唐史""唐诗"两课，未能终结。本年在清华亦开此课，可准燕京学生来附习，惟以中文、历史两系三、四年级生及研究生为限，且每生须事先征得陈先生同意。（二）陈先生可允担任兼任研究导师，个别指导学生写作研究。[3]

29日，梅贻琦批示："照复陆校长。"[4]

1947年1月13日，陈寅恪为了给王永兴争取在清华有住处，特此给校长梅贻琦写信，由唐筼面交。

---

[1] 卞僧慧：《陈寅恪先生年谱长编（初稿）》，中华书局2010年版，第239页。
[2] 卞僧慧：《陈寅恪先生年谱长编（初稿）》，中华书局2010年版，第241页。
[3] 卞僧慧：《陈寅恪先生年谱长编（初稿）》，中华书局2010年版，第241页。
[4] 卞僧慧：《陈寅恪先生年谱长编（初稿）》，中华书局2010年版，第241页。

陈寅恪与唐筼合影于北平清华园胜因院陈梦家寓所门前。（1947年初）

王永兴先生住宅事，当由雷伯伦先生面商一一。兹再由内子面陈一切。敝意有两点请注意：

（一）规则问题：清华住房之规则，或有困难。但王先生系北大之教员，暂时以友谊关系，来住清华，助弟授课。若以客人之身份暂住适当之房屋，似不在前定之规则限制之内。可否通融办理？或有其他办法，则更佳。

（二）事实问题：若王先生无适当之房屋，则其牺牲太大，弟于心深觉不安。勉强继续此种不安之情态，恐亦不能过久，则弟之工作势必停顿。思维再三，非将房屋问题解决不可。解决之法，惟求吾兄曲念苦衷及实际困难情形，设一变通之策，谅亦不至有他种同类情形援此例以阻碍规则之施行也。

详情悉由内子面陈，敬希鉴谅为荷。[1]

清华分配给王永兴三间宽大的一套住房，地址在西校门外颜家花园（原名喇嘛庙），系圆明园的一部分。圆明园被焚时，该园也被烧掉一部分，后为颜

---

[1]《陈寅恪集·书信集》，生活·读书·新知三联书店2009年版，第156～157页。

1947年清明节到北京长椿寺。左起黄国巽、陈寅恪、陈美延、唐篔。

惠庆买得，系清华从颜家租得者。外国语文系温德（R. Winter）教授抗战前夕即在此处居住。园内有多株高大白皮松。在抗日战争前，陈寅恪曾来过此园。王永兴居住后，陈寅恪为了几株他曾经看过的白皮松和其他花木，曾由王永兴陪同重游此园，颇多感慨。[1]

内战再起更苦寒

1947年2月，北平市当局以清查户口为名，调动警察宪兵八千余人，在全市搞了一次深夜挨家突击搜查，逮捕了符定一、王之相等一些人，引起市民不安与各界公愤。22日，陈寅恪参加了以十三位大学教授名义发表的《保障人权宣言》，谴责这种行为。其他十二位教授是朱自清、向达、吴之椿、金岳霖、俞平伯、徐炳昶、陈达、许德珩、张奚若、汤用彤、杨人楩、钱端升。紧接着，北大、清华、燕京、师范、中法五所大学的教授、讲师、助教一百九十二人签名发表了《响应十三教授保障人权宣言》，在这强大的社会舆论压力下，北平当局不得不释放了非法逮捕的人士。

这是抗战结束后在北平发出的第一个民间政治性宣言。社会上反响很好。谈起

---

[1] 卞僧慧：《陈寅恪先生年谱长编（初稿）》，中华书局2010年版，第242～243页。

这个宣言,陈寅恪态度非常鲜明,说:"我最恨这种事! 夜入民宅,非奸即盗! "[1]

　　5月15日,清华大学学生自治会代表大会,经过四小时激烈辩论,一致通过为"反饥饿反内战"罢课一天。16日,自治会理事会决定接受同学建议,改为罢课三天。18日,《清华周刊 罢课特刊》第一期刊登《教授先生们的同情》一文,陈寅恪的意见是:"罢课既经决定,即须遵守,一致行动;不过内战非短期可以停止,改善人民生活更非能轻易获得,因此赞成罢课一天。"[2]

　　1947年秋季开学,陈寅恪开设"魏晋南北朝史"课。当时的研究生万绳楠,后来将听课笔记整理成《陈寅恪〈魏晋南北朝史讲演录〉》,1987年4月由黄山书社出版。

　　1948年2月9日,农历除夕,陈寅恪有《丁亥除夕作》诗,云:

　　杀人盈野复盈城,谁挽天河洗甲兵。
　　至德收京回纥马,宣和浮海女真盟。
　　兴亡总入连宵梦,衰废难胜饯岁觞。
　　五十八年流涕尽,可能留命见升平。[3]

　　诗是对内战的感叹。

　　这年冬天特别寒冷。清华各院住宅本来装有水暖,但是学校经费短缺,无力供暖

1947年4月27日,清华校庆日在新林院52号大阳台合影。左起陈美延、潘仲韫、张立宁、张立敏、陈寅恪(前)、陈庆华(后)、张敬、唐篑、袁先生(前)、程绥楚(后)。

[1] 石泉、李涵:《追忆先师寅恪先生》,《纪念陈寅恪教授国际学术讨论会文集》,中山大学出版社1989年版,第63页。
[2] 卞僧慧:《陈寅恪先生年谱长编(初稿)》,中华书局2010年版,第244～245页。
[3]《陈寅恪集·诗集》,生活·读书·新知三联书店2009年版,第61页。

气，需住户自理。[1]陈寅恪生活窘苦，到了冬天，他连买煤取暖的钱都没有。季羡林把这情况告诉北大校长胡适。胡适想赠陈寅恪一笔数目颇大的美元，但陈寅恪拒不接受。最后陈寅恪决定用卖掉藏书的办法来换取胡适的美元。于是胡适就派他自己的汽车，让季羡林到陈寅恪家装了一车关于佛教和中亚古代语言的极为珍贵的西文书。这批书卖给了北京大学东方语系，陈寅恪只收二千

1948年春日，陈寅恪手持黄藤手杖，摄于北平清华大学新林院52号院内阳台边栏。

美元，这个数目在当时虽不算少，然而同书比起来，还是微不足道的。在这一批书中，仅一部《圣彼德堡梵德大词典》的市价就远远超过这个数目了。这一批书实际上带有捐赠的性质。[2]卖书的钱用来买煤，但也只有一个屋子装上火炉而已。[3]

当时某报载署名"天籁"者生查子词并序云："陈寅恪教授卖书买煤，为之意苦者久之。"词云："铮铮国士名，矻矻寒窗苦。生事困樵薪，珍袭归书贾。燎原战火燃，断续炊烟舞。何异又焚书，风教委尘土。"[4]

[1] 蒋天枢：《陈寅恪先生编年事辑（增订本）》，上海古籍出版社1997年版，第141页。
[2] 季羡林：《回忆陈寅恪先生》，卞僧慧《陈寅恪先生年谱长编（初稿）》，中华书局2010年版，第247页。
[3] 蒋天枢：《陈寅恪先生编年事辑（增订本）》，上海古籍出版社1997年版，第141页。
[4] 蒋天枢：《陈寅恪先生编年事辑（增订本）》，上海古籍出版社1997年版，第142页。

陈寅恪（左）与王力
（右）在"仰光屋"前合影。

围城南飞不肯离

　　1948年12月，浦江清曾就清华中文系聘孙人和事，征询陈寅恪意见。陈寅恪说，"此刻时局很危，不宜在此时提出。他虽然双目失明，如果有机会，他愿意即刻离开。清华要散，当然迁校不可能，也没有人敢公开提出，有些人是要暗中离开的"。陈寅恪表示，他不反对共产主义，但他不赞成俄国式共产主义。浦江清告诉陈寅恪，都是中国人，中国共产党人未必就是俄国共产党人。学校是一个整体，假如多数人不离开，可保安全，并且可避免损失和遭受破坏。陈寅恪认为浦江清的看法是幻想。

　　12月12日，浦江清再次拜访陈寅恪，告知其中文系决定明年再提聘孙事宜，并告诉陈寅恪，自己听说国民党青年部长陈雪屏到了北平，似为抢救若干教授学者，给予便利以南行，只是人数必有限制，极少数。浦江清对陈寅恪说，"如有行意可通知梅公"。陈寅恪告诉浦江清，他早已知道此消息，并且"已洽梅公"。陈寅恪还劝浦江清，也去梅贻琦处登记。陈寅恪认为，清华园附近即有战事发生。[1]

陈寅恪在另一次谈到共产主义和共产党时，也说："其实我并不怕共产主义，也不怕共产党，我只是怕俄国人。""我去过世界上许多国（家），欧美、日本都去过，唯独未去过俄国，只在欧美见过流亡的俄国人，还从书上看到不少描述俄国沙皇警探的，他们很厉害，很残暴，我觉得很可怕。"[2]

13日上午，陈寅恪正在自己家里讲"唐史"，一时炮声飞来，溃败的国民党兵纷纷逃至校园附近。陈寅恪停止讲课，带着学生一起来到校门观看。陈寅恪虽然看不见，但也很兴奋、激动。[3]

当日，陈寅恪全家进城，住到大嫂（陈师曾遗孀）黄国荃处。

南京政府的教育部致电北大校长胡适，说第二天将派专机到南苑机场迎接，并请他邀陈寅恪先生一家同行。胡适打电话到清华问陈寅恪的情况，清华告以陈寅恪已经进城，但不知他住在哪里。

14日午间，胡适到邓广铭家，问邓广铭能找到陈寅恪否，邓广铭答以可能找得到。邓广铭随即到俞大缜处问明陈寅恪大嫂的住处，邓广铭估计陈寅恪一家必在那里。到那里果然看到了陈寅恪。邓广铭把事情原委说了之后，便问他是否肯与胡适同走。陈寅恪答说："走。前许多天，陈雪屏曾专机来接我。他是国民党的官僚，坐的是国民党的飞机，我决不跟他走！现在跟胡先生一起走，我心安理得。"到北平迎接胡适的专机是由教育部派出的，而胡适又毕竟不是国民党官僚。可以看出陈寅恪总是要尽可能与国民党保持距离。陈寅恪说，稍事午休即雇车前去东厂胡同胡宅，要邓广铭先回胡宅复命。邓广铭到胡家，胡适

---

［1］浦江清：《清华园日记》；卞僧慧：《陈寅恪先生年谱长编（初稿）》，中华书局2010年版，第249页。

［2］石泉，李涵：《追忆先师寅恪先生》；张杰，杨燕丽选编：《追忆陈寅恪》，社会科学文献出版社1999年版，第263页。

［3］卞僧慧：《陈寅恪先生年谱长编（初稿）》，中华书局2010年版，第250页。

说专机已到机场，深恐陈寅恪到迟了便赶不及了。不料说话间陈寅恪全家便已到来，胡、陈两家立即乘北大汽车出发。不料到宣武门时，城门紧闭，守门军队不肯放行。胡适用电话与傅作义联系，但未找到傅作义。遂又原车返回东厂胡同。这天晚上，陈寅恪全家都住在东厂胡同，准备明早再走。邓广铭去与陈寅恪话别，陈寅恪向邓广铭说："其实，胡先生因政治上的关系，是非走不可的；我则原可不走。但是，听说在共产党统治区大家一律吃小米，要我也吃小米可受不了。而且，我身体多病，离开美国药也不行。所以我也得走。"

胡适在晚间与傅作义通了电话，约定明早到中南海他的司令部换乘他们的汽车，又经傅下命令给宣武门的守卫部队，遂得抵达南苑机场。同机除胡氏夫妇外，还有不识的二十余人。飞机飞往南京。[1]陈寅恪有《戊子阳历十二月十五日于北平中南海公园勤政殿门前登车至南苑乘飞机途中作并寄亲友》诗云：

> 临老三回值乱离，蔡威泪尽血犹垂。
>
> 众生颠倒诚何说，残命维持转自疑。
>
> 去眼池台成永诀，销魂巷陌记当时。
>
> 北归一梦原知短，如此匆匆更可悲。[2]

"三回值乱离"，自注："北平卢沟桥事变、香港太平洋战争及此次。"[3]此诗及以后之作，总题曰《南飞集》。

---

[1] 邓广铭：《在纪念陈寅恪教授国际学术讨论会闭幕式上的发言》，《邓广铭全集》（第十卷），河北教育出版社2005年版，第331～332页。

[2]《陈寅恪集·诗集》，生活·读书·新知三联书店2009年版，第63页。

[3]《陈寅恪集·诗集》，生活·读书·新知三联书店2009年版，第63页。

无端来作岭南人

留在南京读高中的大女儿流求，已经和姑母及孩子们，先行到了上海，住在俞大纲家里。俞大维仍留南京。陈寅恪一家在南京只住了一晚，即搭夜车往上海。[1]

陈寅恪在上海也停留不久。1949年1月16日，夫妇俩带着女儿小彭、美延登上招商局海轮"秋瑾号"去广州。19日，"秋瑾号"抵达广州，驶入珠江口黄埔港靠岸。岭南大学校长陈序经派办公室的卢华焕坐学校的小轮船到海轮边来接，溯江至岭南大学北门码头。住在岭大西南区五十二号"九家村仰光屋"楼下。[2]

陈序经。

陈序经1938年任昆明西南联合大学法商学院院长，1948年8月1日出任岭南大学校长。陈寅恪在西南联大认识了陈序经。

陈寅恪和唐篔都有心脏病，医生说宜往南方暖和之地，因此想到岭南大学，遂写信给陈序经，可否南来休养一个时期。1948年夏，陈序经回信聘陈寅恪到岭南大学任教。[3]

1月20日，《岭南大学校报》立即登出陈寅恪到校的消息，介绍陈寅恪的简历，并指出"本校王力院长亦出其门下"。24日，杨树达来访，感谢

[1] 蒋天枢：《陈寅恪先生编年事辑（增订本）》，上海古籍出版社1997年版，第143页。
[2] 蒋天枢：《陈寅恪先生编年事辑（增订本）》，上海古籍出版社1997年版，第144页。
[3] 蒋天枢：《陈寅恪先生编年事辑（增订本）》，上海古籍出版社1997年版，第144页。

其去年10月为自己的《论语疏证》一书作序。杨树达记载陈寅恪当时精神状况："寅恪目已失明，而容貌丰腴，精神健旺，殊为可喜。"[1]

陈寅恪在岭南大学兼任中文、历史两系教授。1949年1月29日，春节，有《己丑元旦作时居康乐九家村》诗云：

> 无端来作岭南人，朱橘黄蕉斗岁新。
>
> 食蛤那知今日事，买花追惜少年春。
>
> 一生心苦谁同喻，数卷书存任更贫。
>
> 独卧荒村惊节物，可怜空负病残身。[2]

次女小彭随家到广州后转入岭南大学附中，毕业后考入岭南大学农学院园艺系。长女流求在上海第一医学院读书。

3月，岭南大学中国文学教授李沧萍先生去世，陈寅恪送去挽联："短梦兴亡，珠海魂归迷故国；高楼风雨，玉溪春尽感斯文。"虽然是悼李沧萍的，但隐隐中含有自伤的意味。[3]

4月20日，《岭南大学校报》登"下学期各院系开设科目"中有中国文学系"白居易诗"，历史政治学系"唐史"，即是陈寅恪所开。

岭南大学的历史专业一向很弱，没有独立之系，故历史与政治合为一系。有此之故，在陈寅恪教学生涯中便出现了这样的现象，选修陈寅恪所开课程的学生很少，有两个学期甚至只有一个学生在听陈寅恪的课。听课人少的直接原

---

[1] 杨树达：《积微翁回忆录》，《杨树达文集》，上海世纪出版股份有限公司、上海古籍出版社2013年版，第285页；卞僧慧：《陈寅恪先生年谱长编（初稿）》，中华书局2010年版，第254页。

[2] 《陈寅恪集·诗集》，生活·读书·新知三联书店2009年版，第64页。

[3] 罗香林：《回忆陈寅恪师》，转引自卞僧慧：《陈寅恪先生年谱长编（初稿）》，中华书局2010年版，第255页。

因，是当时岭南大学历史政治学系总共只有二三十个学生，大部分人还读的是政法专业。后来，历史学家杜国庠曾与选修过陈寅恪"唐代乐府"一课的岭大学生胡守为开玩笑，"你恐怕算是一个最高价的学生了"。意思是领最高薪水的教授只是指导个把学生，该学生也可称"最高价"了。[1]

10月1日，中华人民共和国成立。

10月14日，解放军进入广州。

清华大学来电要陈寅恪返回北京任教，陈寅恪回电说："因岭大关系难即返，函详。"10月25日，致叶企孙、吴晗函云：

　　顷奉迥电嘱令即返校任教，当即复一电……想已先此函达览。电中所谓岭大之关系者，即弟在岭大其薪水系向华侨募捐而来，岭大当事人曾向捐款人言，在此聘约期内弟不他往。故弟今夏受其一年聘约时，已同意此点，以免岭大失信于人，此弟所以不能即返之最大原因也。又北地苦寒，煤炭火炉设备等等，耗费极巨，值此时艰，北地此项御寒工具，恐亦更难与昔比，弟性畏寒，兄等所凤知者也。又第二小女小彭，今夏已考入岭大农学院，岭南规章，每一学生之学杂等费，其数甚巨，约合数百美元，惟教员子弟，可以优待。若弟一旦他去，小女又不能中途转学，则亦颇困难，此等又其小原因也。遭此兵戈之际，累承诸友关念，感激之忱，何可言喻。实有苦衷，未能遵命即返，想亦能蒙鉴原者也。[2]

　　1950年1月上旬，陈寅恪夫妇与冼玉清等登漱珠岗探梅，往返步行约十里。陈寅恪兴致颇佳，有《纯阳观梅花》诗云：

---

[1] 陆键东：《陈寅恪的最后二十年》，生活·读书·新知三联书店1995年版，第23～24页；卞僧慧：《陈寅恪先生年谱长编（初稿）》，中华书局2010年版，第256页。

[2]《陈寅恪集·书信集》，生活·读书·新知三联书店2009年版，第264页。

我来只及见残梅，叹息今年特早开。

花事已随浮世改，苔根犹是旧时栽。

名山讲席无儒士，胜地仙家有劫灰。

游览总嫌天宇窄，更揩病眼上高台。[1]

6月6日，岭南大学学生给陈寅恪献"万世师表"锦旗，并与陈寅恪夫妇拍照留念。

8月，杜国庠主持成立了"中国史学会广州分会"，聘陈寅恪为委员。杜国庠时任中南军政委员会委员、中共广东省委委员、广东省人民政府委员兼文教厅厅长。

一天下午，杜国庠在兼任史学会秘书、时任广东省立文理学院教授李稚甫的引荐下，登门拜访陈寅恪。两人交谈了魏晋佛教和士人清谈之风，十分投契。回去后，杜国庠向广东省委汇报了陈寅恪的情况，并特别指出陈寅恪生活较清贫，应当加以照顾。[2]

9月，陈寅恪听闻吴宓嗣父吴仲旗去世，18日致信吴宓。云：

昨日读兄致高棣华夫人、程仲炎兄书，甚念。弟交陈永龄兄两万元作为奠仪，聊表微意而已。唐稚松君函及诗均佳，信是美才也。岭大情形亦与蜀中相似，弟教书生活恐只有一年矣。现已将拙著《元白诗笺证稿》约十六万字十一月底出版。当寄呈一部求教，并作为纪念。因以后此等书恐无出版之机会故也。《儿女英雄传》第三十回"敦古谊集腋报师门"，今日四海困穷，有财力足以济人之急者皆已远走高飞，而《儒林外史》中作八股之徒触处皆是。吾辈之困苦，精神、肉体

---

[1]《陈寅恪集·诗集》，生活·读书·新知三联书店2009年版，第70页。
[2] 陆键东：《陈寅恪的最后二十年》，生活·读书·新知三联书店1995年版，第264页。

两方面有加无已，自不待言矣。

前报载有整理《红楼梦》之说，岂以此事属之于兄而致传闻之误耶，可笑。李哲生前来函，欲在广东谋事，盖未知广州情形之故。前寄金蜜公一信中有近作一首，未知蜜公转寄上否。兹再附录于下，若遇邵潭秋君，请便中交与一阅。邵君近寄庚寅七夕诗十二首，未能奉和也。[1]

信末附诗：

庚寅广州七夕

岭树遮楼暗碧霄，柳州今夕倍无憀。

金瓯已缺云边月，银汉犹通海上潮。

领略新凉惊骨透，流传故事总魂销。

人间自误佳期了，更有佳期莫怨遥。[2]

信中充满着悲观情绪。

11月，陈寅恪将前所著有关元白诗各篇，整理为《元白诗笺证稿》一书，由岭南大学文化研究室作为该室丛书之一，印成直行线装本。后来又经助教黄萱协助修改，乃交上海中华书局改为直行平装普及本。

12月20日，傅斯年因脑溢血去世，年仅五十四岁。陈寅恪听到这个消息，作《霜红龛集望海诗云"一灯续日月、不寐照烦恼。不生不死间、如何为怀抱"感题其后》诗一首，以此表达心中的哀悼之情。诗云：

---

[1]《陈寅恪集·书信集》，生活·读书·新知三联书店2009年版，第268~269页。
[2]《陈寅恪集·书信集》，生活·读书·新知三联书店2009年版，第269页。

不生不死最堪伤，犹说扶余海外王。

同入兴亡烦恼梦，霜红一枕已沧桑。[1]

傅山《霜红龛集·卷三》中有《东海倒坐崖》诗："关窗出海云，布被裹秋皓。夜半潮声来，鳌抃郁洲倒。一灯续日月，不寐照烦恼。佛事凭血性，望望田横岛。不生不死间，云何为怀抱。"[2]陈寅恪的诗借咏傅山其人来悼念傅斯年。陈寅恪将此诗寄给邓广铭和傅乐焕等几个人看。[3]

赴港一避未成行

陈寅恪曾致函马鉴、陈君葆。函云：

季明、君葆先生同鉴：近来时局日紧，将来广州情形如何尚不得知。弟于万不得已时，或有赴港一避之举，然决不轻动也。惟闻香港当局颁布一规则，将来入港境者须预先请求许可登记，并有于本月十五日以前截止之说。此项传闻不知确否，但为预防万一起见，兹将相片四张附上，敬请代办。将来入港境之手续，若非有家庭及亲戚在港不可者，则弟无家庭在港，只有曾昭抡夫人俞大细女士，系弟之亲表妹，现在香港师范学院任教，亦两公所熟识者也，或可引为亲戚之一

---

[1]《陈寅恪集·诗集》，生活·读书·新知三联书店2009年版，第74页。
[2]《霜红龛集》，山西人民出版社1985年版，第78页。
[3]邓广铭：《回忆我的老师傅斯年》，《邓广铭全集》（第十卷），河北教育出版社2005年版，第305页。

例证。倘若有其他方法，亦请代图之。[1]

季明即马鉴，时任香港大学中文系主任。此函末署"五月十日"，从时局背景推测，当写于1949年，其时广州仍在国民党政府治下。检陈君葆日记，未见收到此函的记录，故疑信函当是先寄到马鉴处，以后才转给陈君葆保存。不过，陈君葆同年日记8月23日有另一则记事：

一位姓邓的说，陈寅恪先生有几十件行李要搬到图书馆来，问我能否接纳，我说若在二十件以下倒还可以，太多不成。我有点疑惑并不是完全陈的东西，因此我问为甚么不见有陈寅恪信来，他说信快要来了，但我有点疑惑。[2]

1951年8月31日，陈君葆来访。陈寅恪同陈君葆谈了很久。陈寅恪告诉陈君葆，自己无意入京，认为重回清华未必能住如现在岭大所住那样宽敞的房子，而且岭大也的确待他不坏。陈君葆认为，无论如何，与其勉强陈寅恪入京，反不如任其在岭大为好，陈寅恪的短处也许是他的长处。[3]陈寅恪还陪陈君葆往古物馆找冼玉清。

陈寅恪存在冯平山图书馆的行李，在陈君葆的帮助办理下，9月取回。9月3日，陈君葆去见马鉴，马鉴告诉陈君葆，唐篑得向英领事处去申请，在香港办手续万分困难，绝对不会成功。之后，陈君葆去见教务长梅洛，提到陈寅恪太太要来香港取东西一事，梅洛欣然答应为其写信到移民局请取入境证。8日，

---

[1] 卞僧慧：《陈寅恪先生年谱长编（初稿）》，中华书局2010年版，第256～257页。

[2] 《陈君葆日记全集》，转引自胡文辉《陈寅恪1949年去留问题及其他》，《东方早报》2009年5月24日。

[3] 《陈君葆日记》，转引自卞僧慧：《陈寅恪先生年谱长编（初稿）》，中华书局2010年版，第272页。

梅洛将写给移民局为唐筼申请入境证的信的副本，交了一份给陈君葆，陈君葆怕唐筼着急，便将原封转寄给了她，以备万一有用处。信刚写好待封寄，陈寅恪的女儿小彭就来了。小彭是5日来的。于是陈君葆交代小彭自己去检查行李等东西。一面也依旧将信寄出去，以便唐筼自己也要来一趟。[1] 17日，小彭到冯平山图书馆取回了陈寅恪寄存的东西。17日，陈君葆写信给唐筼，把梅洛送来的移民局的复函副本寄去，唐筼只能向广州英领事馆申请。[2]

[1]《陈君葆日记》，转引自卞僧慧：《陈寅恪先生年谱长编（初稿）》，中华书局2010年版，第272页。
[2]《陈君葆日记》，转引自卞僧慧：《陈寅恪先生年谱长编（初稿）》，中华书局2010年版，第272页。

40多岁时的黄萱。其时
已来到陈寅恪身边工作。

助手风波

陈寅恪初到广州时，由黄如文任助教。黄是广州人，读古书资料及一般对话，皆用粤语，难尽通解。

陈寅恪在成都燕京大学时的中文系的一个学生程曦，毕业后在史语所担任历史组助理。北平解放后赋闲半年，于暑假期间到广州投奔陈寅恪，并主动要求作陈寅恪的助教。陈寅恪跟校长陈序经、院长王力商量后，给他安排在中文系，接替了黄如文。

一天，到了陈寅恪讲课或工作的时间了，久等助手程曦不来，于是找人去其住处打听，则已经人去楼空，不辞而别了。原来中文系主任容庚曾答应升任程曦为讲师，于是程曦决定辞去陈寅恪的助手之职。但学校并不答应改程曦为讲师，1951年5月底，学校教务长给程曦的复信中说："你之所以未改换讲师名义，仅是为了年资问题。"[1]

校长陈序经为此事曾委婉劝过程曦，但程曦执意不再协助陈寅恪做事。于是陈寅恪决定辞去中文系教授，专任历史系教授。[2]

---

[1] 陆键东：《陈寅恪的最后二十年》，生活·读书·新知三联书店1995年版，第59页。
[2] 卞僧慧：《陈寅恪先生年谱长编（初稿）》，中华书局2010年版，第270页。

6月30日，容庚致函岭大聘任委员会，收回聘程曦为讲师的提议："程曦君乃陈寅恪教授的助教，下学期陈教授专任历史系，程君拟请改用历史系名义。且程君身有肺病性情乖僻，为保护同人的健康和本系的秩序起见，亦不拟再聘任。前次推荐程君为本系讲师函件应即撤销，此致。"[1]

程曦不辞而别，对陈寅恪的影响很大，吴宓称为"叛离"。这在陈寅恪为师授业的生涯中是绝无仅有的事。陈寅恪从此有一年时间没有专任助教协助教学与著述。[2]

8月28日，吴宓日记记载：

接棣华八月二十三日函，知寅恪兄与容庚甚不和，已改入历史系。而曦竟叛离寅恪，寅恪写读各事，均赁夫人代职云云。深为痛伤。曦虽然热情盛气，而殊粗疏，故不能坚毅上达，亦一愚人而已。[3]

陈寅恪夫妇对程曦事很生气。此后一段时间内，只好由唐筼担任为丈夫备课、抄写文稿、读材料的助手工作。陈寅恪曾写信到北京请唐稚松担任自己的唐诗助教。

唐稚松是西南联大哲学系学生，湖南长沙人，中国著名的计算机软件专家，中科院院士。宗璞有一篇散文曾提到她在美国访问王浩的情景，说当时唐稚松也在座。宗璞写唐稚松："他1948年到香港，我父亲写信叫他回来，他就回来了。唐兄现任中科院学部委员，一项研究成果获国家自然科学一等奖，为国家人民作出了贡献。除是科学家外，他还是诗人，旧诗格调极高，有'志汇中西归大海，学兼文理求天籁'之句。1951年陈寅恪先生曾专函召他赴穗任唐诗助

---

[1] 陆键东：《陈寅恪的最后二十年》，生活·读书·新知三联书店1995年版，第59页。
[2] 陆键东：《陈寅恪的最后二十年》，生活·读书·新知三联书店1995年版，第59页。
[3] 吴学昭：《吴宓与陈寅恪》，清华大学出版社1992年版，第132页。

教，可见造诣。他因另有专长，未能前往。"[1]

　　唐筼接任助手后，抄写有"两晋南北朝史""唐史专题研究"两专业课教学大纲。大纲如下：

　　一、两晋南北朝史
　　此课每周两小时在课堂讲授，两学期授完。除阅指定参考书外，另编讲义分发学生。学生成绩以考试分别定之。
　　二、唐史专题研究
　　此课在开课之初，先讲述材料之种类，问题之性质，及研究之方法等数小时，其后再由学生就其兴趣能力之所在，选定题目分别指导，令其自动研究。学期或学年终了时，缴呈论文一篇，即作为此课成绩，不另行考试。

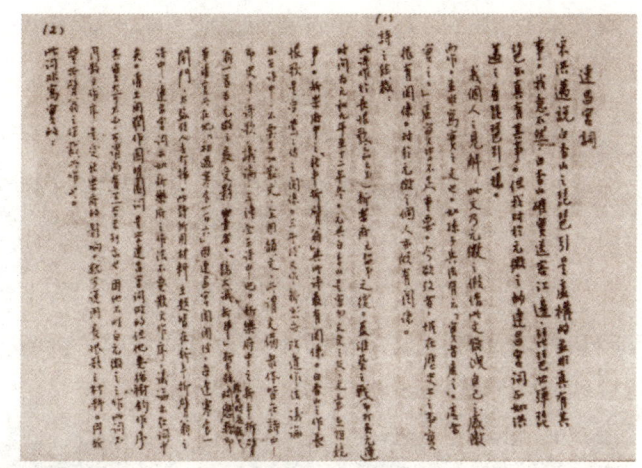

"连昌宫词"课，唐筼听课笔记。

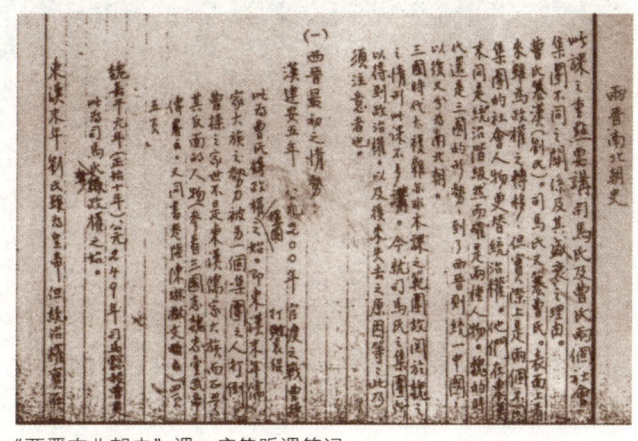

"两晋南北朝史"课，唐筼听课笔记。

[1] 谢泳：《陈寅恪四事》，《东方早报》2013年7月7日。

9月10日，农历八月初十，是散原老人绝食殉国十四周年忌辰。抗战胜利后，散原老人灵柩由天津用海轮运抵上海，再改用汽车运抵杭州，葬于杭州牌坊山生圹。陈寅恪在老人忌辰作有《有感》诗，云：

> 葱翠川原四望宽，年年遥祭想荒寒。
>
> 空闻白墓浇常湿，岂意青山葬未安。
>
> 一代简编名字重，几番陵谷碣碑完。
>
> 赵佗犹自怀真定，惭痛孤儿泪不干。[1]

审诗意，疑有关当局有迫令迁墓之举。[2]陈三立、陈师曾之墓在杭州九溪侧畔，履遭危损，后赖李一平之力，得以保全，列为省级文物保护单位。[3]

2007年4月，杭州市钱江管理处重修陈三立、陈衡恪墓。

[1]《陈寅恪集·诗集》，生活·读书·新知三联书店2009年版，第83页。

[2] 蒋天枢：《陈寅恪先生编年事辑（增订本）》，上海古籍出版社1997年版，第151页。

[3] 张求会：《陈寅恪、唐筼骨灰安葬侧记》，《东方》2003年第8期；胡文辉：《陈寅恪诗笺释（增订本）》（上册），广东人民出版社2013年版，第577页。

助手黄萱不易求

1952年夏，陈寅恪迁居岭大东南区一号楼上，这一年仍由唐筼协助陈寅恪写作。9月，开始院系调整，岭南大学名义取消，原中山大学迁入岭南大学校舍，而原中大校舍则让与师范学院。

1952年11月22日，中山大学聘任黄萱为陈寅恪的兼任助教。之所以"兼任"，一是黄萱自感还在适应陈寅恪的工作；二是当时学校经费不够，只能支付一部分工资。黄萱接受了这个聘任。

黄萱的丈夫周寿恺，是岭南大学医学院院长，住在陈寅恪所居东南区一号楼下，而且还经常为陈寅恪夫妇看病。

黄萱，1910年生，福建南安县人，其父黄奕住（1869～1945）为闽南华侨富商，曾对厦门大学、岭南大学等校捐赠巨资。黄萱十八岁起，其父聘老师在家教读，鼎盛时有四名家教，分别教国文、英文、音乐等，并重金延请一批名儒硕彦，如鄢耀枢（字铁香），教经书格律，为黄萱的古典文学打下深厚基础。1935年9月与医学博士周寿恺成婚。1950年，周寿恺受聘岭南大学医学院，黄萱随丈夫迁到了广州。

30年代的周寿恺与黄萱。

40多岁时的黄萱。其时已来到陈寅恪身边工作。

在黄萱的帮助下，陈寅恪十三年间相继完成了《论〈再生缘〉》《柳如是别传》《元白诗笺证稿》等近一百万字的著作。

1954年夏，周寿恺出任华南医学院副院长，必须把家迁到市区竹丝村宿舍，距陈家十余里，来回得倒两趟公交车，耗时三四个小时。这样一来，对彼此都是大难题。担心影响工作，黄萱只好向陈寅恪请辞。陈寅恪说："你去了，我要再找一位适当的助教也不容易，你一走我就无法工作了。"态度如此诚恳，语气如此落寞，深受打动的黄萱遂又留了下来。黄萱每早七点出发，快步赶去车站，挤两小时汽车，九点整坐在陈寅恪面前开始工作。工作结束后已过中午一点钟，再挤两小时的汽车回家。早餐都来不及吃，就在陈寅恪家订一份牛奶，午餐有时也会在陈寅恪家吃。[1]周寿恺只要有时间，每天下午必定到汽车站接黄萱，风雨无阻。[2]

1955年9月15日，由陈寅恪提出，陈序经亲自承办，中山大学正式聘任黄萱为陈寅恪教授的专任助教。从该日起，黄萱正式成为历史系的教师。[3]黄萱担任陈寅恪专任助教后月薪为

[1] 卞僧慧：《陈寅恪先生年谱长编（初稿）》，中华书局2010年版，第290页。
[2] 陆键东：《陈寅恪的最后二十年》，生活·读书·新知三联书店1995年版，第71页。
[3] 陆键东：《陈寅恪的最后二十年》，生活·读书·新知三联书店1995年版，第69页。

七十六元，直到1973年退休，仍然没有改变。[1]

陈寅恪和黄萱每天四小时的工作相当枯燥。陈寅恪严谨的考证，常常是一段写好，后来又发觉不妥，于是便推倒重新再来。有时甚至数十个字，也要改动多次。[2]

黄萱的勤奋与任劳任怨令陈寅恪很满意。后来，黄萱的儿子周任回忆，有时陈寅恪嘱咐黄萱查找一句话的出处，出处找到了，黄萱仍要将该书全看一遍，为的是更深地理解陈寅恪的思路。[3]

1964年4月22日，陈寅恪为助手黄萱的工作提出鉴定意见。

陈寅恪在助手黄萱的协助下正在著书。（1957年）

[1] 陆键东：《陈寅恪的最后二十年》，生活·读书·新知三联书店1995年版，第71页。
[2] 陆键东：《陈寅恪的最后二十年》，生活·读书·新知三联书店1995年版，第70页。
[3] 陆键东：《陈寅恪的最后二十年》，生活·读书·新知三联书店1995年版，第69页。

关于黄萱先生的工作鉴定意见

（一）工作态度极好。帮助我工作将近十二年之久，勤力无间，始终不懈，最为难得。

（二）学术程度甚高。因我所要查要听之资料全是中国古文古书，极少有句逗，即偶有之，亦多错误。黄萱先生随意念读，毫不费力。又如中国词曲长短句，亦能随意诵读，协合韵律。凡此数点聊举为例证，其他可以推见。斯皆不易求之一般助教中也。

（三）黄先生又能代我独立自找材料，并能供献意见修改我的著作缺点，及文字不妥之处。此点尤为难得。

总而言之，我之尚能补正旧稿，撰著新文，均由黄先生之助力。若非她帮助，我便为完全废人，一事无成矣。

以上三条字字真实，决非虚语。希望现在组织，并同时，或后来读我著作者，深加注意是幸。陈寅恪提。64.4.22。[1]

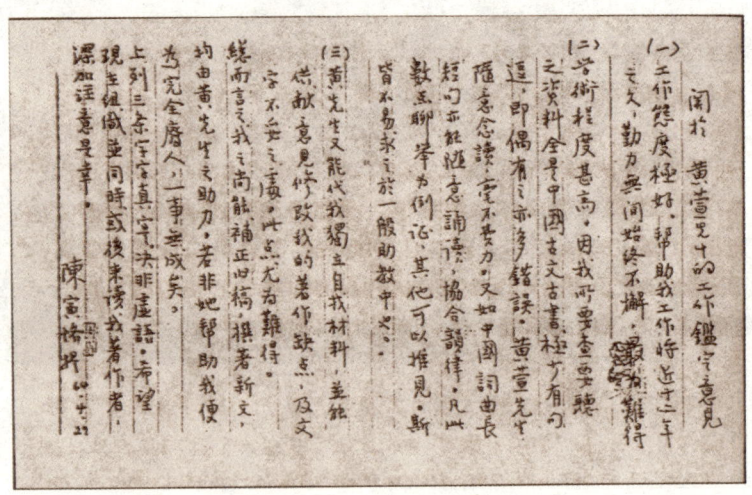

1964年，陈寅恪写下的给黄萱的工作鉴定。（唐筼代笔）

---

[1] 卞僧慧：《陈寅恪先生年谱长编（初稿）》，中华书局2010年版，第331页。

　　1968年，黄萱来看望陈寅恪和唐篔。陈寅恪希望黄萱在他身后能为文论述他的科学研究方法。黄萱拒绝了这一要求，使陈寅恪非常失望，黄萱后来也深为内疚。

　　黄萱1973年5月致蒋天枢的信中回忆道：

　　记得那是在寅师和师母尚未搬家到西南区五十号之前，我到东南区去拜望他们两位，寅师对我说："我的研究方法，是你最熟识的。我死之后，你可为我写篇谈谈我是如何做科学研究的文章。"当时我真是不知如何答复才对。我认为自己实在没有能力；又认为对一位高龄的老师答应下来的事，将来若做不到，是欺骗行为。那时期的环境又不能再如以往，可在他的口授下笔录，只好很难过地说："陈先生，真对不起，您的东西我实在没学到手。"寅师用很低沉的声音说："没有学到，那就好了，免得中我的毒。"此情此景，真是不堪回首！十六年亲承教诲的我，居然如此伤他老人家的心。[1]

"《积微居金文说》序"立场有问题

　　《积微居金文说》为杨树达1941年至1951年十年间考释金文之文稿汇编。

　　1942年，陈寅恪曾应邀为其《积微居小学金石论丛续稿》一书作序。1950年，杨树达拟出版《积微居金文说》一书时，他在日记中写道："陈寅恪前为余序《小学金石论丛续稿》，颇赞余《金文说》之美。余今取《金文说》别行，拟仍取其序冠卷首。如此，文字不能无所改易，前日书与寅恪商之。今日得复，允将文中书名更改。并云：'杜诗说极精；汉圣之名，真不虚也。'此答复余去年

---

[1] 蒋天枢：《陈寅恪先生编年事辑（增订本）》，上海古籍出版社1997年版，第182~183页。

12月23日书者。过誉，令人愧煞！"[1]对于杨树达的文字造诣，陈寅恪序中曾言"尝闻当世学者称先生为今日赤县神州训诂小学之第一人"。除了陈寅恪旧序之外，杨树达还邀请于省吾（字思泊）为其《积微居金文说》增作新序。

1951年8月，中国科学院考古研究所致函杨树达，告知此稿可由所出版。11月，考古研究所将书稿寄给杨树达，嘱其做最后的校订。杨树达增补了四篇文字。[2]书送到社科院审校，审查人李亚农意见认为虽有"一两处封建观点"，但仍不失为"关于中国古代文字最好的研究之一种"。1952年5月2日，负责审查出版的编译局来信，告知杨树达，"《积微居金文说》序文经研究后，陈寅恪序立场有问题，于思泊序无刊登之必要，自序可保留"。[3]

杨树达本人自视甚高。1952年2月3日，杨树达乘坐木筏，遇一中学教师曹君。问之曰："人言先生继承清代朴学，于先生意如何？"答曰："平生私淑高邮王氏，治学方法相同，故人言云尔。论学历，有愧于清代大师，但小学亦颇有突过前人处耳。"[4]

1952年底，杨树达把自己的《积微居金文说》寄给陈寅恪，并将序文事告知陈寅恪。陈寅恪于1952年12月6日回信，曰：

手示敬悉。大著尚未收到。贱名不得附尊作以传，诚为不幸；然拙序语意迂腐，将来恐有累大著，今删去之，亦未始非不幸也。湖大改组，公何所归？能退休否？弟现仍授课作文，但苦多病，恐无相见之日，如何如何！[5]

---

[1] 杨树达：《积微翁回忆录》，《杨树达文集》，上海世纪出版股份有限公司、上海古籍出版社2013年版，第323页。

[2] 《积微居金文说自序》，中国科学院考古研究所编辑：《考古学专刊》甲种第一号，1952年9月。

[3] 杨树达：《积微翁回忆录》，《杨树达文集》，上海世纪出版股份有限公司、上海古籍出版社2013年版，第345页。

[4] 杨树达：《积微翁回忆录》，《杨树达文集》，上海世纪出版股份有限公司、上海古籍出版社2013年版，第340页。

[5] 《陈寅恪集·书信集》，生活·读书·新知三联书店2009年版，第177页。

　　陈垣收到中国科学院转来的《积微居金文说》，接着又收到杨树达11月22日来信。陈垣于1952年12月2日回信，谓：

　　来示谦欲法高邮，高邮岂足为君学？况我公居近韶山，法高邮何如法韶山？前屡得骆君绍宾寄示近作，甚欲以此意念之，不知尊见以为何如？[1]

　　所谓"欲法高邮"，指杨树达欲效法高邮王念孙、王引之父子的治学方法，重乾嘉时期盛行的训诂、校勘之学；所谓"法韶山"，则是规劝其转而学习马列主义、毛泽东思想，以唯物主义史观作为治学的理论依托。

　　1952年间，正是知识分子接受思想改造"洗澡"之时。陈垣早在1949年5月11日，即有《给胡适之先生一封公开信》发表于《人民日报》，以表明自己的政治立场："我只是以为学术与政治是可以分开来看的。这种错误的看法，直到最近才被清除。我才知道了'一切文化服从于政治，而又指导了政治'。"[2]

　　陈寅恪与陈垣、杨树达等人，皆重专精的考据之学，颇引"为同类以自重"[3]。现在，陈垣规劝杨树达"法韶山"，史学服务于政治。

　　杨树达将陈垣勉以"法韶山"事，告知陈寅恪。在收到杨树达所寄《积微居金文说》书和信后，1953年1月2日，陈寅恪给杨树达回信，曰：

　　顷奉手示，而大著适于前二日收到。以事忙病多，未能即复，致劳远念，歉甚！……大著多古文奇字，使俟请人代读；然此书为近年出版物中第一部佳作，虽不读亦可断言也。援老所言，殆以丰沛耆老、南阳近亲目公，其意甚厚。弟生于长

---

[1] 杨树达：《积微居友朋书札》，湖南教育出版社1986年版，第148页；陈智超编著：《陈垣往来书信集》，上海古籍出版社1990年版，第366页。
[2]《人民日报》1949年5月11日。
[3]《杨树达论语疏证序》，《金明馆丛稿二编》，生活·读书·新知三联书店2009年版，第263页。

沙通泰街周达武故宅，其地风水亦不恶，惜艺耘主人未之知耳。一笑。[1]

所谓"丰沛耆老""南阳近亲"，指汉高祖刘邦的老乡、光武帝刘秀的亲戚。早在1920年，杨树达与毛泽东都曾在长沙任过教，那时便已相识，毛泽东还曾慕名听过杨树达的课。

陈寅恪出生地长沙周达武故宅，后来被周达武子朱剑凡用来办"周氏家塾"，辛亥革命后为"周南女子师范学堂"，毛泽东多在此活动。陈寅恪戏说，陈垣不知此事，不然，也会目陈寅恪为"丰沛耆老"。

对北京的拒绝与接受

1953年，蒋天枢在广州时，陈寅恪告诉他，有人促返北京。

当时，中共中央决定成立中国历史问题研究委员会。1953年8月5日，中共中央批准历史问题研究委员会成员名单，陈伯达为负责人，成员有郭沫若、吴玉章、范文澜、侯外庐、吕振羽、翦伯赞、杜国庠、胡绳、尹达、刘大年等。9月21日，中国历史问题研究委员会在文津街中国科学院院部举行第一次会议，会议由陈伯达主持。会议提出，重要的科学研究机构应该集中在科学院。中国科学院不但应成为自然科学的权威机构，而且也应成为历史研究的权威机构。中宣部提议设立三个历史研究所，从远古至南北朝为第一所，以下为第二所，近代史所为第三所。第一所郭沫若兼所长，第二所请陈寅恪担任所长。会议还决定出版一个全国性的历史刊物，当时还未确定刊物的名称。

---

[1]《陈寅恪集·书信集》，生活·读书·新知三联书店2009年版，第178页。

刘大年当时既是历史问题研究委员会成员，又是科学院党组成员，历史研究所成立的相关组织工作，就是在郭沫若的领导下，由刘大年具体操作的。据刘大年回忆，陈寅恪这一人选，是胡乔木提出的。胡乔木原为清华大学学生，陈寅恪是他钦佩的清华教授之一。加之，历史问题研究委员会提出的"聘请研究人员的范围不要太狭"，"把历史研究的阵容搞起来"的百家争鸣的方针，因而主张提名不讲马列主义的陈寅恪。

这一工作，由中宣部与北京大学党委联系，派陈寅恪以前的学生、助手，历史系副教授汪篯协助办理。汪篯于1953年11月赴广州，行前曾跟刘大年及科学院有关同志联系，问有什么要求、什么问题。[1]

10月，委员会召开第二次会议（郭沫若未参加），确定刊物名称为《历史研究》，编委会由党内外史学家组成，郭沫若为召集人，主编尹达、副主编刘大年，负责具体工作。1954年2月，《历史研究》创刊号正式出版。创刊号印出的编委会名单为：召集人郭沫若，主编尹达，副主编刘大年，其他编委：白寿彝、向达、吕振羽、杜国庠、吴晗、季羡林、侯外庐、胡绳、范文澜、陈垣、陈寅恪、夏鼐、嵇文甫、汤用彤、翦伯赞。

10月18日，陈君葆来访陈寅恪，陈寅恪请陈君葆代为买药，并出示郭沫若电报及复电。电报是17日郭沫若拍给他的，"科学院是要聘他担任历史研究所中古史一部分的领导，并约他为明年春出版的历史学一类刊物的头一期撰文；他复电坚决地推辞主任，理由是病，但推陈援庵继。"陈君葆认为，陈寅恪"这态度似乎很难说得过去，但我想了一下，又不便对他提出甚么意见，同时也怕一旦辩论起来，激起他生气更不方便。再则我也不是为中央作说客，非与他天天见面，更何从谈

---

[1] 林甘泉主编：《文坛史林风雨路：郭沫若交往的文化圈》，浙江人民出版社1999年版，第368~369页。

到劝驾呢? 自然, 我也很愿意寅恪能到北京去, 南方岂是他税驾的地方! "[1]

11月21日, 汪籛抵达广州。21晚, 汪籛将随身带来的郭沫若和李四光的信转交给了陈寅恪。22日晨, 陈寅恪即作答复, 由唐篔执笔书写。

12月1日上午, 汪籛又与陈寅恪作了半日长谈, 汪籛将陈寅恪的谈话和从各方面了解到的种种情况, 结合自己的认识, 写成《陈寅恪的简史及学术成就》报告。同时, 汪籛记录下了陈寅恪对科学院的答复。这篇自述, 全文如下:

我的思想, 我的主张完全见于我所写的王国维纪念碑中。王国维死后, 学生刘节等请我撰文纪念。当时正值国民党统一时, 立碑时间有年月可查。在当时, 清华校长是罗家伦, 是二陈 (CC) 派去的, 众所周知。我当时是清华研究院导师, 认为王国维是近世学术界最主要的人物, 故撰文来昭示天下后世研究学问的人, 特别是研究史学的人。我认为研究学术, 最主要的是要具有自由的意志和独立的精神。所以我说"士之读书治学, 盖将以脱心志于俗谛之桎梏。""俗谛"在当时即指三民主义而言。必须脱掉"俗谛之桎梏", 真理才能发挥, 受"俗谛之桎梏", 没有自由思想, 没有独立精神, 即不能发扬真理, 即不能研究学术。学说有无错误, 这是可以商量的, 我对于王国维即是如此。王国维的学说中, 也有错的, 如关于蒙古史上的一些问题, 我认为就可以商量。我的学说也有错误, 也可以商量, 个人之间的争吵, 不必芥蒂。我、你都应该如此。我写王国维诗, 中间骂了梁任公, 给梁任公看, 梁任公只笑了笑, 不以为芥蒂。我对胡适也骂过。但对于独立精神, 自由思想, 我认为是最重要的, 所以我说"唯此独立之精神, 自由之思想, 历千万祀, 与天壤而同久, 共三光而永光"。我认为王国维之死, 不关与罗振玉之恩怨, 不关满清之灭亡, 其一死乃以见其独立自由之意志。独立精神和自由意志是

---

[1]《陈君葆日记》, 转引自卞僧慧:《陈寅恪先生年谱长编 (初稿)》, 中华书局2010年版, 第282页。

必须争的，且须以生死力争。正如词文所示，"思想而不自由，毋宁死耳。斯古今仁圣所同殉之精义，夫岂庸鄙之敢望"。一切都是小事，唯此是大事。碑文中所持之宗旨，至今并未改易。

我决不反对现在政权，在宣统三年时就在瑞士读过资本论原文。但我认为不能先存马列主义的见解，再研究学术。我要请的人，要带的徒弟都要有自由思想、独立精神。不是这样，即不是我的学生。你以前的看法是否和我相同我不知道，但现在不同了，你已不是我的学生了，所有周一良也好，王永兴也好，从我之说即是我的学生，否则即不是。将来我要带徒弟也是如此。

因此，我提出第一条："允许中古史研究所不宗奉马列主义，并不学习政治"。其意就在不要有桎梏，不要先有马列主义的见解再研究学术，也不要学政治。不止我一人要如此，我要全部的人都如此。我从来不谈政治，与政治决无连涉，和任何党派没有关系。怎样调查也只是这样。

因此我又提出第二条："请毛公或刘公给一允许证明书，以作挡箭牌。"其意是毛公是政治上的最高当局，刘少奇是党的最高负责人。我认为最高当局也应和我有同样的看法，应从我说。否则，就谈不到学术研究。

至如实际情形，则一动不如一静，我提出的条件，科学院接受也不好，不接受也不好。两难。我在广州很安静，做我的研究工作，无此两难。去北京则有此两难。动也有困难。我自己身体不好，患高血压，太太又病，心脏扩大，昨天还吐血。

你要把我的意见不多也不少地带到科学院。碑文你带去给郭沫若看。郭沫若在日本曾看到我的王国维诗。碑是否还在，我不知道。如果做得不好，可以打掉，请郭沫若做，也许更好。郭沫若是甲骨文专家，是"四堂"之一，也许更懂得王国维的学说。那么我就做韩愈，郭沫若就做段文昌，如果有人再做诗，他就做李商隐也很好。我的碑文已流传出去，不会湮没。[1]

---

[1]《陈寅恪集·讲义及杂稿》，生活·读书·新知三联书店2009年版，第463～465页；陆键东：《陈寅恪的最后二十年》，生活·读书·新知三联书店1995年版，第111～113页。

汪篯亲笔录下陈寅恪《对科学院的答复》。

12月3日，在还未接到汪篯报告时，中科院召开院务常委会，讨论历史所人选，上古所所长郭沫若，副所长尹达；中古所所长陈寅恪，副所长向达和侯外庐；刘大年为近代史所副所长。[1]

回到北京后，汪篯先在近代史所范文澜的办公室作口头汇报，参加汇报会的有刘大年、翦伯赞、范文澜及记录人员。会后，汪篯又提交书面报告，由刘大年转呈郭沫若。对此，刘大年记得口头汇报说，陈提出请毛、刘二公允许他不讲马列主义。

汪篯带回陈寅恪两篇文章、四首诗。文章《记唐代之李武韦杨婚姻集团》发表在《历史研究》创刊号（1954年第一期）、《论韩愈》发表在1954年第二期。诗是给北大邓之诚教授的，有"会议""经史""文章"等题，其中多用古今掌故，由翦伯赞注释后刊登在中宣部的内部刊物上。

周恩来很快知道了汪篯报告的内容，在政务院的一次会议上讲，像陈寅恪这样的老一辈知识分子不了解共产党是正常的，他愿意留在大陆，不去台湾，是一位爱国主义者，我们要团结。中共中山大学党组书记兼副校长冯乃超对他的秘书饶鸿竞谈起过这件事：周恩来看了陈寅恪写给郭沫若、李四光的回信和

---

[1]《竺可桢日记》，转引自卞僧慧：《陈寅恪先生年谱长编（初稿）》，中华书局2010年版，第286页。

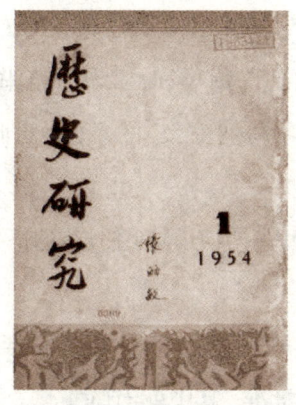
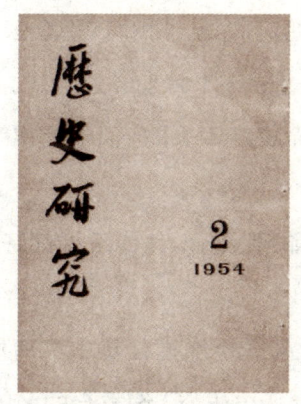

《历史研究》1954年1期书影。　　　　　《历史研究》1954年2期书影。

汪篯带回的"自述"后说："可以答应陈寅恪的要求,只要他到北京来。一切都会变的。当年动员老舍从美国回来,老舍也提出个条件:不反美,不发表反美言论。可是他回国不过一两年,就变了嘛。"[1]

转呈郭沫若的汪篯书面报告,郭沫若在给刘大年的另一信中回复"汪篯同志的报告看了"。

由于陈寅恪谢绝担任历史二所所长,此职后由北京师范大学陈垣校长出任。[2]

1954年1月16日,林伯渠来拜访陈寅恪,林任中央人民政府秘书长,当时在广州疗养。[3]

据黄萱回忆:"一九五四年春,国务院请他到北京任科学院历史研究所第二所

[1] 吴定宇:《学人魂——陈寅恪传》,上海文艺出版社1996年版,第187～188页;卞僧慧:《陈寅恪先生年谱长编(初稿)》,中华书局2010年版,第286页。

[2] 林甘泉主编:《文坛史林风雨路:郭沫若交往的文化圈》,浙江人民出版社1999年版,第369～370页。

[3] 卞僧慧:《陈寅恪先生年谱长编(初稿)》,中华书局2010年版,第287页。

所长时，他对我说：'我们（指全家人）到北京去，你也得跟我们一起去。'可见起初他是想去的。后来经过考虑，确是因'贪恋广州暖和，又从来怕做行政领导工作'而决定不去的。而他提出'所里不学习马列主义'的条件，对此可能也会有影响。"[1]

范文澜则表示，其他条件都好办，唯"所里不学习马列主义"这一条，无权承诺。[2]

在陈寅恪拒绝担任历史二所所长之后，郭沫若1954年1月16日致陈寅恪信。这时《历史研究》编委会的名单中央已经批准，其中就有陈寅恪。这个名单要在1954年2月份出版的《历史研究》创刊号上刊载，所以郭沫若赶在创刊号出版之前给陈寅恪写信，告知他被邀请为编委的消息。[3]陈寅恪随即在1月23日复信说：

一九五四年一月十六日手示敬悉。尊意殷拳，自当勉副。寅恪现仍从事于史学之研究及著述，将来如有需要及稍获成绩，应即随时函告并求教正也。[4]

此信为唐篔手写稿，是陈寅恪对郭沫若邀请他担任《历史研究》编委的答复。"自当勉副"，表示同意担任编委，语气是相当诚挚。

经中共中央批准，中国科学院在1954年下半年开始筹备成立学部委员会。陈寅恪被提名为哲学社会科学学部委员。

对于拒绝担任历史所第二所所长事，陈寅恪第一次交代底稿是这样说的：

---

[1] 黄萱：《怀念陈寅恪教授——在十四年工作中的点滴回忆》，《纪念陈寅恪教授国际学术讨论会文集》，中山大学出版社1989年版，第68页。
[2] 卞僧慧：《陈寅恪先生年谱长编（初稿）》，中华书局2010年版，第287页。
[3] 林甘泉：《在〈历史研究〉创刊初期的日子里（上）》，《中国社会科学报》2014年1月8日。
[4] 蒋天枢：《陈寅恪先生编年事辑（增订本）》，上海古籍出版社1997年版，第156页。

"一九五四年春，中央特派人叫我去北京担任科学院第二研究所所长。我贪恋广州暖和，又从来怕做行政领导工作，荐陈垣代我。李四光我在广西教书时和他很熟，一九五四年中央要我担任历史二所时，他特地写信来劝我去。我没有听他的话。自悔负良友。北京的朋友周培源、张奚若都是清华老同事，因公来广州时，都来看我。也劝过我。"[1]

1954年，杨树达请陈寅恪将《论语疏证序》一文加标点。7月10日，陈寅恪回信，再次提到不去北京的理由：

前屡承寄示大作，今日有此等纯学术性著述之刊行，实为不可多得之事，幸甚！喜甚！佩甚！拙序寄还，并加标点。《出三藏记集》乃一书名，"出"即译出之义，下文贤愚因缘经上之"出"字，乃是弟文中所用之动词，故不加曲线也。（"学等"乃"昙学等"之省称，僧徒行文例略名上一字也。）先生平生著述，科学院若能悉数刊布，诚为国家一盛事，不识当局有此意否？弟畏人畏寒，故不北行。去冬有一短诗，附呈以博一笑。

答北客

多谢相知筑菟裘，可怜无蟹有监州。

柳家既负元和脚，不采萍花即自由。[2]

这次提名的信息，是由时任中共中央中南局宣传部副部长、与陈寅恪私交不错的杜国庠面见陈传达的。

学部是中国科学院各学科的学术领导机构，学部委员为当时国内最高学术荣誉称号。学部建立及学部委员人选的确定，前后历时二年。确定陈寅恪

---

[1] 蒋天枢：《陈寅恪先生编年事辑（增订本）》，上海古籍出版社1997年版，第158页。

[2] 杨树达：《积微居友朋书札》，湖南教育出版社1986年版，第98～99页；《陈寅恪集·书信集》，生活·读书·新知三联书店2009年版，第179页。

为学部委员，曾经历了一番曲折。由于陈有"请转告毛刘二公，允许其不宗奉马列主义"的话，在被推荐提名为学部委员时，理所当然地会发生争议。据张稼夫回忆："在这个工作中，矛盾最尖锐的是研究隋唐五代史的历史学家陈寅恪，他是这个学科的权威人士，不选进学部委员会不行，他下边一班人也会有意见。若选他进学部委员会，他却又一再申明他不信仰马克思主义。我们只好请示毛主席，毛主席批示：'要选上。'这样，陈寅恪就进了哲学社会科学的学部委员会。"张稼夫还说，陈寅恪"不选上，首先陈毅就通不过"。陈毅当时任副总理，分管科学院工作。

不过陈本人是否接受，或可能还会再出现问题。基于数月前陈寅恪谢绝出任历史二所所长之前鉴，这次的信息传达，郭沫若和科学院党组都认为，由著名学者、被郭沫若称为"墨者杜老"的中共中南局宣传部副部长杜国庠承担较为适宜。杜国庠与陈寅恪私交不错，且兼具郭沫若旧学友，及广东地区党和学术团体领导人等多重身份。在郭沫若向中山大学发出关于陈寅恪为学部委员的推荐信后，陈寅恪欣然领受了。为此，杜国庠特别向科学院党组作了汇报：

稼夫同志：

陈寅恪先生已答应就委员职。日前给您电报想已收到。弟二日晚到达北京，现住北京饭店，有暇约谈，当以详情奉告。

敬礼！

杜国庠拜　九、四[1]

杜国庠返回广州时，带回了郭沫若给陈寅恪的信。信云：

---

[1] 刘潞：《刘大年忆郭沫若》，《百年潮》1988年第4期，第62页。

学友杜守素先生来京，获悉先生尊体健康，并已蒙慨允担任中国科学院社会科学学部委员，曷胜欣幸！

学部乃科学院指导全国科学研究工作与学术活动之机构，不致影响研究工作，目前正积极筹备，详情将由守素兄返粤时面达。

尊著二稿已在《历史研究》上先后发表，想已达览。《历史研究》编辑工作缺点颇多，质量亦未能尽满人意，尚祈随时指教，以期有所改进。尊处于学术研究工作中，有何需要，亦望随时赐示，本院定当设法置备。[1]

这封信由刘大年代郭沫若起草，郭沫若略有修饰，写于1954年9月30日。[2]

1956年1月10日，政协第二届全国委员会第二次会议增选的特别邀请人士名单中有陈寅恪。24日，《人民日报》刊登了名单。以后，陈寅恪先后任全国政协第三、四届常务委员，但从没有到过会。

1960年7月29日，由中央文史研究馆馆长章士钊提议，陈寅恪与沈尹默、商衍鎏、徐森玉四人被任命为中央文史研究馆副馆长。[3]

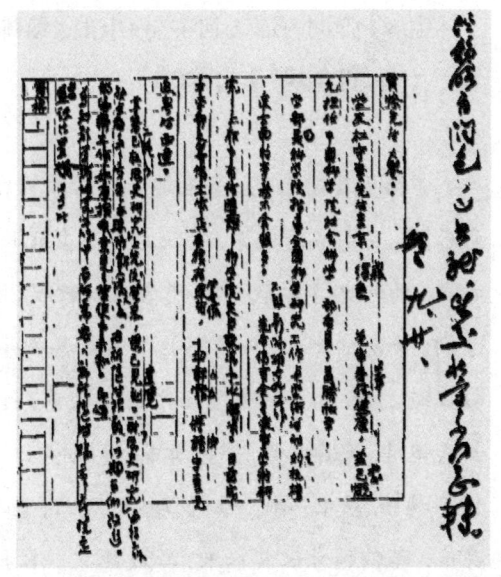

刘大年代郭沫若起草，郭沫若略有修饰的给陈寅恪的信。

[1] 刘潞：《刘大年忆郭沫若》，《百年潮》1988年第4期，第61页。
[2] 刘潞：《刘大年忆郭沫若》，《百年潮》1988年第4期，第62页。
[3] 启功主编：《中央文史研究馆馆员传略》，转引自卞僧慧：《陈寅恪先生年谱长编（初稿）》，中华书局2010年版，第313页。

撰写《论〈再生缘〉》

1953年9月,陈寅恪开始撰写《论〈再生缘〉》。夏天,陈寅恪病了一场。病中陈寅恪请历史系的同学为他到学校图书馆借些弹词小说回来。黄萱便在陈寅恪病中休养的那些日子为他诵读了这些弹词小说。[1]其时,蒋天枢从上海寄赠了《再生缘》弹词的道光刊本与《申报》馆排印本各一部,以供老师听读。[2]

《论〈再生缘〉》起首曰:

寅恪少喜读小说,虽至鄙陋者亦取寓目。独弹词七字唱之体则略知其内容大意后,辄弃去不复观览,盖厌恶其繁复冗长也。及长,游学四方,从师受天竺希腊之文,读其史诗名著,始知所言宗教哲理,固有远胜吾国弹词七字唱者,然其构章遣词,繁复冗长,实与弹词七字唱无甚差异,绝不可以桐城古文义法及江西诗派句律绳之者,而少时厌恶此体小说之意,遂渐减损改易矣。又中岁以后,研治元白长庆体诗,穷其流变,广涉唐五代俗讲之文,于弹词七字唱之体,益复有所心会。衰年病目,废书不观,唯听读小说消日,偶至《再生缘》一书,深有感于其作者之身世,遂稍稍考证其本末,草成此文。承平蓁养,无所用心,忖文章之得失,兴窈窕之哀思,聊作无益之事,以遣有涯之生云尔。[3]

陈寅恪从思想、结构、文词三个方面给予了《再生缘》很高的评价。

---

[1] 陆键东:《陈寅恪的最后二十年》,生活·读书·新知三联书店1995年版,第73页。
[2] 陈正宏:《蒋天枢先生和〈陈寅恪文集〉》,《中国典籍与文化》1996年第1期。
[3]《陈寅恪集·寒柳堂集》,生活·读书·新知三联书店2009年版,第1页。

在思想上：

今人所以不喜读此书之原因颇多，其最主要者，则以此书思想陈腐，如女扮男装、中状元、作宰相等俗滥可厌之情事。然此类情事之描写，固为昔日小说弹词之通病，其可厌自不待言，寅恪往日所以不喜读此等书者，亦由此故也。年来读史，于知人论事之旨稍有所得，遂取《再生缘》之书，与陈端生个人身世之可考见者相参会，钩索乾隆朝史事之沈隐，玩味《再生缘》文词之优美，然后恍然知《再生缘》实弹词体中空前之作，而陈端生亦当日无数女性中思想最超越之人也。[1]

在结构上：

综观吾国之文学作品，一篇之文，一首之诗，其间结构组织，出于名家之手者，则甚精密，且有系统。然若为集合多篇之文多首之诗而成之巨制，即使出自名家之手，亦不过取多数无系统或各自独立之单篇诗文，汇为一书。其中固有例外之作，如刘彦和之《文心雕龙》，其书或受佛教论藏之影响，以轶出本文范围，故不置论。又如白乐天之新乐府，则拙著《元白诗笺证稿》新乐府章中言之已详，亦不赘论。至于吾国小说，则其结构远不如西洋小说之精密。在欧洲小说未经翻译为中文以前，凡吾国著名小说，如《水浒传》、《石头记》与《儒林外史》等书，其结构皆甚可议。寅恪读此类书甚少，但知有《儿女英雄传》一种，殊为例外。其书乃反《红楼梦》之作，世人以其内容不甚丰富，往往轻视之。然其结构精密，颇有系统，转胜于曹书，在欧西小说未输入吾国以前，为罕见之著述也。哈葛德者，其文学地位在英文中，并非高品。所著小说传入中国后，当时桐城派古文名家林畏庐深赏其文，至比之史迁。能读英文者，颇怪其拟于不伦。实则琴南深受古文义法之薰习，甚知结构之必要，而吾国长篇小说，则此缺点最为显著，历来文学名家轻视小说，亦由于是。（桐城派名家吴挚甫序严译《天演论》，谓文有三害，小说乃其一。文选派名家王壬秋鄙韩退之，

[1]《陈寅恪集·寒柳堂集》，生活·读书·新知三联书店2009年版，第63页。

侯朝宗之文，谓其同于小说。）一旦忽见哈氏小说，结构精密，遂惊叹不已，不觉以其平日所最崇拜之司马子长相比也。今观《再生缘》为续《玉钏缘》之书，而《玉钏缘》之文冗长支蔓殊无系统结构，与《再生缘》之结构精密，系统分明者，实有天渊之别。若非端生之天才卓越，何以得至此乎？总之，不支蔓有系统，在吾国作品中，如为短篇，其作者精力尚能顾及，文字剪裁，亦可整齐。若是长篇巨制，文字逾数十百万言，如弹词之体者，求一叙述有重点中心，结构无夹杂骈枝等病之作，以寅恪所知，要以《再生缘》为弹词中第一部书也。端生之书若是，端生之才可知，在吾国文学史中，亦不多见。但世人往往不甚注意，故特标出之如此。韩退之云："发潜德之幽光。"寅恪之草此文，犹退之之意也。[1]

在文词上：

《再生缘》之文，质言之，乃一叙事言情七言排律之长篇巨制也。[2]
……

弹词之作品颇多，鄙意《再生缘》之文最佳，微之所谓"辅陈终始，排比声韵"，"属对律切"，实足当之无愧，而文词累数十百万言，则较"大或千言，次犹数百"者，更不可同年而语矣。世人往往震矜于天竺希腊及西洋史诗之名，而不知吾国亦有此体。外国史诗中宗教哲学之思想，其精深博大，虽远胜于吾国弹词之所言，然止就文体立论，实未有差异。弹词之书，其文词之卑劣者，固不足论。若其佳者，如《再生缘》之文，则在吾国自是长篇七言排律之佳诗。在外国亦与诸长篇史诗，至少同一文体。寅恪四十年前常读希腊梵文诸史诗原文，颇怪其文体与弹词不异。然当时尚不免拘于俗见，复未能取《再生缘》之书，以供参证，故嗫不敢发。荏苒数十年，迟至暮齿，始为之一吐，亦不顾当世及后来通人之讪笑也。[3]

---

[1]《陈寅恪集·寒柳堂集》，生活·读书·新知三联书店2009年版，第67～68页。
[2]《陈寅恪集·寒柳堂集》，生活·读书·新知三联书店2009年版，第69页。
[3]《陈寅恪集·寒柳堂集》，生活·读书·新知三联书店2009年版，第71～72页。

总结道:

《再生缘》一书,在弹词体中,所以独胜者,实由于端生之自由活泼思想,能运用其对偶韵律之词语,有以致之也。故无自由之思想,则无优美之文学,举此一例,可概其余。此易见之真理,世人竟不知之,可谓愚不可及矣。[1]

1954年2月,《论〈再生缘〉》初稿完成,陈寅恪自出资油印一百零五部,并交五部留中山大学教材科存档。陈寅恪认为此书并非教材,坚持自负所有纸张、刻写、印刷等费用,并请姜凝刻写。姜凝为端木正夫人,自1952年即旁听陈寅恪讲课。当时学校家属中未就业者,可为学校刻写教材,按件取酬,所以陈寅恪以此事相托。[2]

《论〈再生缘〉》封面书影。

1953～1954年间,陈寅恪要自费油印《论〈再生缘〉》,他对刻写的要求是格式工整,字形要好,特意请求系里教授端木正的夫人姜凝帮忙刻写。图为1954年的《论〈再生缘〉》油印本。

---

[1]《陈寅恪集·寒柳堂集》,生活·读书·新知三联书店2009年版,第73页。
[2] 卞僧慧:《陈寅恪先生年谱长编(初稿)》,中华书局2010年版,第288页。

《论〈再生缘〉》流出海外

陈寅恪托人将油印本《论〈再生缘〉》若干册带到香港，流到海外。牟润孙回忆说：

> 我到香港后，陈先生曾托朋友带出来几本《论〈再生缘〉》油印本，也送给我一本，我读后，很明了他老人家的心情，感觉十分凄凉，一句话没有讲。[1]

牟润孙说"陈先生曾托朋友带出来几本《论〈再生缘〉》油印本"，这个朋友到底是谁？目前资料显示，极有可能是章士钊。

1956年春天，章士钊受毛泽东、周恩来之托赴港，身携中共中央致蒋介石先生的信件，该信最后说："奉化之墓庐依然，溪口之花草无恙。"劝说蒋介石先生为祖国统一大业作出贡献。章经广州到香港后，将信件交给了台湾派驻香港负责国民党宣传工作的许孝炎。许不敢怠慢，很快飞赴台北，向蒋汇报了与章会谈的情况，并将中共中央的来信转交。这一事件，堪称国共两党后期交往的大事。赴港是春天，交信则是5月。[2]

章士钊经广州赴香港，专程过访陈寅恪。陈寅恪将油印本《论〈再生缘〉》和其他著作相赠。章士钊有诗两首赠陈寅恪，其一为《陈寅恪以近著数种见赠，〈论再生缘〉尤突出，酬以长句》：

---

[1] 牟润孙：《敬悼陈寅恪先生》，《中国学人》1970年第1期；卞僧慧：《陈寅恪先生年谱长编（初稿）》，中华书局2010年版，第300页。

[2] 陈书良：《〈论再生缘〉流出海外之我见》，《南方周末》2013年10月4日。

岭南非复赵家庄，却有盲翁老作场。

百国宝书供拾掇，一腔心事付荒唐。

闲同才女量身世，懒与时贤论短长。

独是故人来问讯，儿时肮脏未能忘。[1]

　　其二为《和寅恪六十七初度谢晓莹置酒之作。晓莹，寅恪夫人唐女士字，女士维卿先生（景崧）孙女也》：

年事参差八载强，力如盲左压公羊。

半山自认青衿识，四海公推白业光。

初度我来怜屈子，大风畴昔侲襄王。

天然写手存闺阁，好醉佳人锦瑟旁。[2]

　　1957年3月番禺刘景堂编定的《章孤桐先生南游吟草》，其"广州集"中《陈寅恪以近著数种见赠，〈论再生缘〉尤突出，酬以长句》一诗排列在《和寅恪六十七初度谢晓莹置酒之作》前，显系在陈寅恪六十七岁生日，亦即1956年6月25日以前，可知在该年四五月间，章士钊先生已经得到几册油印本《论〈再生缘〉》了。

　　这样，章先生5月抵港，将其分送友人。牟润孙得到《论〈再生缘〉》后，由于牟润孙与台湾学界有着联系，所以，极有可能又经由他将《论〈再生缘〉》转

---

[1]《章孤桐先生南游吟草》，转引自卞僧慧：《陈寅恪先生年谱长编（初稿）》，中华书局2010年版，第299页。

[2]《章孤桐先生南游吟草》，转引自卞僧慧：《陈寅恪先生年谱长编（初稿）》，中华书局2010年版，第299页。

往台湾的史语所或者台湾大学。[1]

史语所和台大得到《论〈再生缘〉》后又油印了一些。远在美国的杨联陞得知史语所有陈寅恪的《论〈再生缘〉》本子，即于1956年8月10日致函胡适，托他寻找。函曰：

> 周法高说，台湾收到过陈寅恪先生"论再生缘"一篇长文，讨论弹词，本是油印的。后来史语所与台大又油印若干份，我很想看看，已经写信向济之先生去要一本，不知您曾见此书否。[2]

杨联陞信中所说周法高，正是史语所的研究人员，当时正在美国访学。周法高对史语所的近况自然一清二楚，正是他告诉杨联陞台湾有《论〈再生缘〉》这样一本书存在，杨才写信给当时的史语所所长李济，向他索取《论〈再生缘〉》的油印本，不久李济寄来了该书，杨联陞读后觉得很有趣味。[3]

收到书后，9月8日杨联陞又给胡适去信道：

> 《论〈再生缘〉》已经收到了，很有趣味。另《集刊》一册、《唐仆尚丞郎表》四册，已写信去给济之先生。[4]

1958年秋，余英时在哈佛大学偶然读到《论〈再生缘〉》的油印稿本，后在香港《人生》杂志1958年12月号发表《陈寅恪先生〈论再生缘〉书后》一文，推断《论〈再生缘〉》"实是写'兴亡遗恨'为主旨，个人感怀身世犹其次

---

[1] 宗亮：《陈寅恪〈论再生缘〉究竟何时流出海外》，《南方周末》2013年7月26日。
[2] 《论学谈诗二十年：胡适杨联陞往来书札》，安徽教育出版社2001年版，第357页。
[3] 宗亮：《陈寅恪〈论再生缘〉究竟何时流出海外》，《南方周末》2013年7月26日。
[4] 《论学谈诗二十年：胡适杨联陞往来书札》，安徽教育出版社2001年版，第368页。

焉者矣！”[1]

　　1959年，香港友联出版社出版了《论〈再生缘〉》，在海外哄传一时，议论纷纭。1960年消息传到内地，引起广东和北京方面关注。广东中山大学领导得到了一本香港出版的《论〈再生缘〉》，追查书稿如何流出境外，凡接触过书稿的人都在审查之列。回想1956年春，章士钊经广州赴香港，专程来访，曾将油印本《论〈再生缘〉》相赠。最后唐筼说出可能是章士钊带出境外。以章士钊的名位和声望，此事不了了之。[2]

　　二十年后，余英时在香港《明报月刊》发表《陈寅恪的学术精神和晚年心境》，谈到他是1958年秋在美国麻省剑桥发现的《论〈再生缘〉》油印本，随后交给香港友联出版社出版。[3]

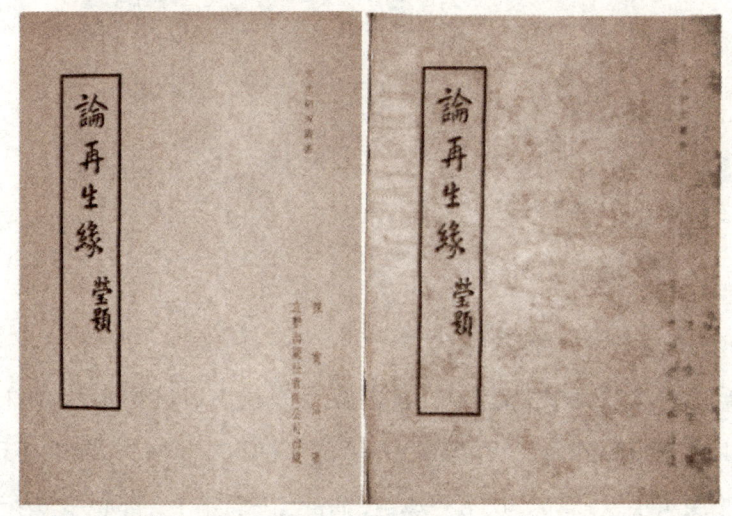

香港友联出版社出版《论〈再生缘〉》书影。

---

[1] 徐庆全：《陈寅恪〈论再生缘〉出版风波》，《南方周末》2008年8月28日。
[2] 徐庆全：《陈寅恪〈论再生缘〉出版风波》，《南方周末》2008年8月28日。
[3] 徐庆全：《陈寅恪〈论再生缘〉出版风波》，《南方周末》2008年8月28日。

郭聋陈瞽马牛风

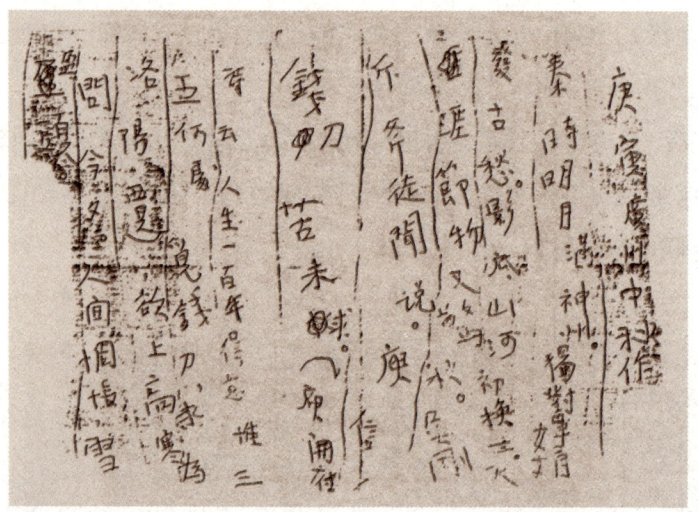

陈寅恪失明五年后之手迹——诗作《庚寅广州中秋作》。（1950年9月）

1961年3月初，郭沫若拜访陈寅恪。

据陪同的郭沫若秘书王廷芳及当时中山大学秘书刘瀚飞回忆，郭沫若与陈寅恪见面时的寒暄热烈而亲切。寒暄中，郭沫若询问陈寅恪"今年高寿几何"。得知陈寅恪庚寅年生，属虎，庚五行属金，而自己壬辰年生，属龙，壬五行属水，当即吟出了一句上联"壬水庚金龙虎斗"给陈寅恪。郭沫若听力甚弱，陈寅恪晚年目盲，所以陈寅恪对以"郭聋陈瞽马牛风"。[1]

---

［1］陆键东：《陈寅恪的最后二十年》，生活·读书·新知三联书店1995年版，第317页。

郭沫若、陈寅恪还谈到了《论〈再生缘〉》，谈到了"钱柳因缘"。郭沫若告诉陈寅恪，中国科学院图书馆藏有"钱柳"的有关史料，他可以回京后将这些材料影印寄来中山大学。最后，郭沫若问陈寅恪有何需要与要求。陈寅恪提了两点建议与要求：一、建议郭沫若组织力量整理出版宋人所编的古籍《文苑英华》。二、陈寅恪诉说他写"钱柳因缘"一稿没有稿纸，希望能得到解决。郭沫若慨然应允。[1]

郭沫若。

　　郭沫若从陈宅出来后，便吩咐冯乃超着手为陈寅恪解决稿纸。当时是经济困难时期，连买卫生纸也要凭票供应，冯乃超于是通知中山大学印刷厂专门为陈寅恪印了一批特别格式的稿纸。[2]回到北京后，郭沫若还记得陈寅恪"没有稿纸"的事，很快寄来一些稿纸。陈寅恪所需要的可能是一种特别格式的稿纸，中山大学记录有"郭（沫若）回京后曾寄过一些稿纸来，但数量、质量还不合陈（寅恪）的要求"。

　　郭沫若回京后还向留在北京的秘书王戎笙兴奋地谈起与陈寅恪的这次见面，说是见面很融洽与相谈甚欢。[3]也对金岳霖谈起过两人的见面。金岳霖晚年回忆说：

　　解放后，寅恪先生在广州中山大学教书。郭老（郭沫若）曾去拜访过他。郭老回到北京后，我曾问他谈了些什么学术问题，郭老说，谈了李白，也谈了巴尔喀什湖。这在当时一定有相当重要的意义，我不知道而已，也不好问。无论如何，两个

[1]　陆键东：《陈寅恪的最后二十年》，生活·读书·新知三联书店1995年版，第318～319页。
[2]　陆键东：《陈寅恪的最后二十年》，生活·读书·新知三联书店1995年版，第319页。
[3]　陆键东：《陈寅恪的最后二十年》，生活·读书·新知三联书店1995年版，第319～340页。

国故方面的权威学者终于会见了。这是最好不过的事体。

郭老还把他们凑出来的对联给我，对联并不好。郭老扯了一张纸写了出来给我。我摆在裤子后面的小口袋里。有一次得胃溃疡，换衣裤进医院，就此丢失了。[1]

5月4日，《光明日报》发表郭沫若5月1日所撰《〈再生缘〉前十七卷和它的作者陈端生》。文中曰：

《再生缘》前十七卷的确是部杰出的作品。陈寅恪很欣赏它，在他看来，陈端生的成就竟在杜甫之上。唐代元稹（微之）是赞美杜甫的，他认为李白不如杜甫。他说"其壮浪纵恣，摆去拘束，模写物象"，李白勉强可以和杜甫相比；"至如铺陈终始，排比声韵，大或千言，次犹数百，词气豪迈而风调清深，属对律切而脱弃凡近"，则李白远远不如杜甫。（见《长庆集》卷五十六《唐工部员外郎杜君墓志铭》）这种抑李扬杜之论，如使杜甫再生恐怕会感到一些意外。但陈寅恪却在这个基础上，更使陈端生远远超过杜甫。他在这样说：

"弹词之作品颇多，鄙意《再生缘》之文最佳。微之所谓'铺陈终始，排比声韵'，'属对律切'，实足当之无愧。而文词累数十百万言，则较'大或千言，次犹数百'者，更不可同年而语矣。"

这话说得很大胆。陈寅恪说，他是"嗫不敢发，荏苒数十年，迟至暮齿，始为之一吐"；他是"不顾当世及后来通人之讪笑"的。我不是所谓"通人"，因此我不仅不"讪笑"他，反而要为他的敢于说话而拍掌。的确，我们是有点厚远薄近、厚雅薄俗、厚男薄女、厚外薄中的。对唐宋的旧诗人我们每每奉之为圣哲，而把明清的弹词女作者则一概屏弃于俗流。我们能够欣赏《孔雀东南飞》，但很少人能回顾一下这条无尾的神龙《再生缘》。我们能够歌颂希腊的荷默，意大利的但丁，英国的莎士

---

[1] 金岳霖：《哲意的沉思》，百花文艺出版社1999年版，第63页。

比亚，德国的歌德，俄国的普希金，因为他们有长篇叙事诗或诗剧，然而知道陈端生这个名字的人，恐怕就没有好几位。因此，我也"不顾当世及后来通人之讪笑"，把《再生缘》前十七卷仔细核校了，并主张把它铅印出来。我要请求爱好诗歌、爱好文学的朋友们能够阅读它一遍，然后再给与正确的评价。[1]

郭沫若为陈寅恪寄来了中国科学院图书馆有关"钱柳"材料的影印件。陈寅恪听读材料后认为对修改原稿有帮助。后来《柳如是别传》中有一史料注明为"今北京中国科学院藏柳如是湖上草并尺牍钞本后附载：……"，[2]可能就是源自郭沫若寄给陈寅恪的影印件材料。

6月下旬，《光明日报》记者向中山大学提出采访陈寅恪的要求，希望陈寅恪能谈谈治学态度和方法。其时《光明日报》已登出郭沫若数篇评论《再生缘》的文章。陈寅恪"以天热不适为辞"拒绝了采访，但拿出了五首七绝，说"如果认为需要，可在报上刊登"。陈寅恪拿出的这五首诗，写于1954年，总题目为《甲午春，朱叟自杭州寄示观新排〈长生殿〉传奇诗，因亦赋答绝句五首。近戏撰〈论再生缘〉一文，故诗语牵连及之也》。朱叟乃朱师辙，字少滨，号东华旧史。五首七绝如下：

其一

洪死杨生共一辰，美人才士各伤神。
白头听曲东华史，唱到兴亡便掩巾。

其二

沦落多时忽值钱，霓裳新谱圣湖边。

[1] 郭沫若：《〈再生缘〉前十七卷和它的作者陈端生》，《光明日报》1961年5月4日；《郭沫若文论选》，吉林人民出版社1982年版，第121～122页。
[2]《陈寅恪集·柳如是别传》，生活·读书·新知三联书店2009年版，第367页。

文章声价关天意，搔首呼天欲问天。

其三

艳魄诗魂若可招，曲江波接浙江潮。

玉环已远端生近，暝写南词破寂寥。

其四

一抹红墙隔死生，陌年悲恨总难平。

我今负得盲翁鼓，说尽人间未了情。

其五

丰干饶舌笑从君，不似遵朱颂圣文。

愿比麻姑长指爪，倘能搔着杜司勋。

陈寅恪录旧作，一九六一年六月三十日[1]

《光明日报》没有刊出陈寅恪这五首七绝。

8月7日，《光明日报》发表7月29日郭沫若《序〈再生缘〉前十七卷校订本》。文曰：

《再生缘》之被再认识，首先应归功于陈寅恪教授。陈教授在一九五四年写了《论〈再生缘〉》一文，他对于《再生缘》前十七卷的作者陈端生，作了相当详细的考察，对于《再生缘》的艺术价值评价极高。他认为弹词这种体裁，事实上是长篇叙事诗，而《再生缘》是弹词中最杰出的作品，它可以和印度、希腊的有名的大史诗相比。他很欣赏陈端生的诗才，认为是"绝世才华"，其功力不亚于杜甫。

我不想否认，我是看到陈教授这样高度的评价才开始阅读《再生缘》的。虽

---

[1] 陆键东：《陈寅恪的最后二十年》，生活·读书·新知三联书店1995年版，第321页；《陈寅恪集·诗集》，生活·读书·新知三联书店2009年版，第106页。

然我也尊重弹词,我也认为这种形式就是长篇叙事诗,虽然我早就知道孟丽君这个故事,在评弹和剧曲中曾受到大众的欢迎,但我阅读《再生缘》却是最近半年多来的事。

一九六零年十二月初旬,金灿然同志把《论〈再生缘〉》一文给我看了。陈寅恪的高度的评价使我感受到高度的惊讶。我没有想出:那样渊博的、在我们看来是雅人深致的老诗人却那样欣赏弹词,更那样欣赏《再生缘》,而我们这些素来宣扬人民文学的人,却把《再生缘》这样一部书,完全忽视了。于是我以补课的心情,来开始了《再生缘》的阅读。当然,我也是想来检验一下:陈教授的评价究竟是否正确。

我开始读到的版本,可能和陈教授所听人诵读的版本相同,是道光三十年(一八五〇)三益堂的翻刻本,错落很多。像弹词这一类的书,尽管受到民间读者的广泛的欢迎,是不足以登大雅之堂的。它的遭受雅人们鄙视,比之章回体小说,有过之而无不及。因此,弹词的刻本,一般是很不讲究的。像三益堂本的《再生缘》,那真可以说是错字连篇,脱叶满卷。然而,尽管这样,原书的吸引力真强,它竟使我这年近古稀的人感受到在十几岁时阅读《水浒传》和《红楼梦》那样的着迷。

这的确是一部值得重视的文学遗产,而却长久地被人遗忘了。不仅《再生缘》被人看成废纸,作为蠹鱼和老鼠的殖民地,连陈端生的存在也好像石沉大海一样,迹近湮灭者已经一百多年。无怪乎陈寅恪先生要那样地感伤而至于流泪:"彤管声名终寂寂,……怅望千秋泪湿巾。"这不是没有理由的。好罢,就让我来弥补这项缺陷吧。如果能够找到初刻本或者抄本,我倒很愿意对于原书加以整理,使它复活转来。

……

从去年十二月以来,到最后核校完毕为止,我算把《再生缘》反复读了四遍。我每读一遍都感觉到津津有味,证明了陈寅恪的评价是正确的。他把它比之于印度、希腊的古史诗,那是从诗的形式来说的。如果从叙事的生动严密、波浪层出,从人物的性格塑造、心理描写上来说,我觉得陈端生的本领比之十八九世纪英法大作家们，如英国的斯考特（Scott，公元一七七一年～一八三二年）、法国的斯汤达（Stendhal，公元一七八三年～一八四二年）和巴尔塞克（Balzac，公元一七九九年～一八五〇年），实际上也未遑多让。他们三位都比她要稍晚一些，都是在成熟的年龄以散文的形式从事创作的，而陈端生则不然，她用的是诗歌形式，而开始创作时只有十八九岁。这应该说是更加难能可贵的。[1]

郭沫若在一年之内发表大量相关文章，如果是单纯的学术研究的话，以其职务众多、杂务缠身的情况看，恐怕是很难把精力集中于此的。与郭沫若有过交往的陈明远，在谈及此事时说，1961年郭沫若在研究《再生缘》之前，曾与康生交换过意见，隐约揭示出郭沫若突然对《论〈再生缘〉》产生兴趣的深层背景。如果陈明远所言不虚，则郭沫若的研究实是负有使命。[2]

《论〈再生缘〉》出版风波

香港出版《论〈再生缘〉》，一时轰动海外，引起北京方面的注意。有关方面与郭沫若、周扬、齐燕铭等人交换意见后，决定在内地出版陈寅恪著作与郭沫若校订的十七卷本《再生缘》，以响应海外议论。

1960年12月21日，杨荣国致函中华书局，云："至于著作出版问题，中央同意，则由贵局和陈进行商酌如何？"这里所说的"著作出版问题"，可能是已经惊动齐燕铭、郭沫若、康生等的《论〈再生缘〉》。中华书局拟出版《论〈再生

[1] 郭沫若：《序〈再生缘〉前十七卷校订本》，《光明日报》1961年8月7日；《郭沫若文论选》，吉林人民出版社1982年版，第167～171页。
[2] 徐庆全：《陈寅恪〈论再生缘〉出版风波》，《南方周末》2008年8月28日。

缘〉》，实际上是对余英时以此做文章的回应。

陈寅恪《论〈再生缘〉》出版一事，据当年中宣部干部黎之回忆："有一次周扬正在教育楼主持部分文艺领导人会议。康生突然进来，站着说：那个'孟丽君，（《再生缘》中的主人公）可不能再宣传了，那里面讲打高丽，朝鲜方面有意见。'他讲完转身走了。"[1]

1962年初，周恩来曾经让人给郭沫若打招呼："不要再在报纸上讨论《再生缘》，以免由此伤害中朝友谊，在国际上造成不良影响。"郭沫若后来未再就此续写文章，从此在报纸上停止了这场讨论。[2]陈寅恪和郭沫若的书无法出版，关键的问题是因为《再生缘》中宣扬元朝皇帝"征讨朝鲜"的战事，"朝鲜方面有意见"。[3]

蒋天枢首次南来探望

蒋天枢，字秉南，江苏丰县人。1925年毕业于无锡国学专修馆。1927年考入清华研究院国学门，师从陈寅恪、梁启超先生研究文史，1929年毕业。曾任东北大学教授。1943年起，任复旦大学中文系教授。

1953年9月11日，蒋天枢从上海乘车到广东看望老师。抵广州后，因为是初次来，不认识路，雇车到了中山大学东南区一号。蒋天枢在广州待了大约十日。

蒋天枢。

---

[1] 黎之：《回忆与思考——从一月三日会议到六月批示》，《新文学史料》1998年第3期。
[2] 穆欣：《郭沫若考证〈再生缘〉》，《世纪》2006年第5期。
[3] 徐庆全：《陈寅恪〈论再生缘〉出版风波》，《南方周末》2008年8月28日。

与蒋天枢合影于广州中山大学东南区一号楼下南草坪。左起：蒋天枢、陈寅恪、唐筼、周菡（黄萱女）、美延。（1953年9月）

当时，蒋天枢正在校读《周礼》，用董康珂罗版影宋本校阮刊注疏本。谈话之间，陈寅恪告诉蒋天枢说："周礼中可分为两类：一、编纂时所保存之真旧材料，可取金文及诗书比证。二、编纂者之理想，可取其同时之文字比证。" [1]

蒋天枢此行初识黄萱。23日，蒋天枢拜辞老师及师母北归。行前，陈寅恪赠以二诗，《广州赠别蒋秉南》诗云：

不比平原十日游，独来南海吊残秋。

瘴江收骨殊多事，骨化成灰恨未休。

---

[1] 蒋天枢：《陈寅恪先生编年事辑（增订本）》，上海古籍出版社1997年版，第156页。

孙盛阳秋海外传，所南心史井中全。

文章存佚关兴废，伤古怀今涕泗涟。[1]

唐筼也赠诗一首，《广州赠蒋秉南先生》云：

不远关山作此游，知非岭外赏新秋。

孙书郑史今传付，一扫乾坤万古愁。[2]

　　根据诗意，可以认为蒋天枢此次南下广州晋谒老师，与陈寅恪托付著作文稿有关。此次陈寅恪请蒋天枢过录《元白诗笺证稿》的校订之文带回上海，并让蒋天枢抄录了他尚不愿公之于世的一批诗作，即1948年由北京南来后的作品，"《南飞集》之最前部分，即此行所钞得"。[3]

　　1958年，当时正值批判"资产阶级反动学术权威"的高潮，不少人正忙着划清界限。蒋天枢不避不惧，在该年复旦大学干部履历表"主要社会关系"一栏中填写道：

　　陈寅恪，六十九岁，师生关系，无党派，生平最敬重之师长，常通信问业。此外，无重大社会关系，朋友很少，多久不通信。[4]

---

[1]《陈寅恪集·诗集》，生活·读书·新知三联书店2009年版，第98页。
[2]《陈寅恪集·诗集》，生活·读书·新知三联书店2009年版，第223页。
[3] 蒋天枢：《陈寅恪先生编年事辑（增订本）》，上海古籍出版社1997年版，第156页。
[4] 陆键东：《陈寅恪的最后二十年》，生活·读书·新知三联书店1995年版，第144页。

陈寅恪1956年填写的"主要社会关系",其中有对蒋天枢的描述。此表透露的历史内容甚多,陈氏以"同学、同事、师生"三个关节串起自己半世的社会关系,无论是有意或无意,一个纯粹学者的一生牵连已尽在其中了。至于陈氏每每强调的"不常见面""不常来往""很少通信",恰恰说明这些人的情谊是体现在心灵上。

在1956年5月21日,陈寅恪填写的干部经历表"主要社会关系"一栏里,也谈到蒋天枢,"1928年在清华是师生关系,最近数年因托他在上海图书馆查材料,故常有信来往"。[1]

我正式承认你是我的学生

1954年,梁方仲推荐校图书馆周连宽为陈寅恪提供所需图书资料。

周连宽,广东开平人,1905年生。1924年毕业于香港圣土提反中学,随后成为广东大学第一届毕业生,1930年再毕业于武昌文华图书馆专科学校。抗战胜

---

[1] 陆键东:《陈寅恪的最后二十年》,生活·读书·新知三联书店1995年版,第143页。

利后,任上海市立图书馆馆长一职。1949年时局动荡,周连宽南下受聘岭南大学图书馆编目部主任。[1] 刚开始时,周连宽尚要半天在图书馆上班,半天为陈寅恪工作,1956年,刚担任中山大学副校长职务的陈序经,即将周连宽调到历史系资料室,让其专心为陈寅恪服务。[2]

　　周连宽回忆说:

　　先生治学,最讲科学方法,凡要建立自己的观点,必先从时间、地域、人物和有关社会历史的各个方面,尽量搜集有关资料,以为依据。我曾协助他做资料收集工作,前后达十年之久。他每天把所想到的问题若干条记录下来,交给我去图书馆查找有关的资料。他两目虽盲,但记忆力很强。他往往向我指示某书有某种内容,可供参考,及一查阅,十中八九。我因为受过图书馆学的基本训练,对图书馆的参考工具书比较熟悉,阅读古书,范围较广,故尚能应付。有一次,他严肃地对我说:"我正式承认你是我的学生。"我当时听了并无"受宠若惊"之感,因为我认为依靠有名人物而自显,并不光彩,要成名只有靠自己的努力,才有意义。[3]

周连宽著《大唐西域记史地研究丛稿》书影。

[1] 陆键东:《陈寅恪的最后二十年》,生活·读书·新知三联书店1995年版,第139~140页。
[2] 陆键东:《陈寅恪的最后二十年》,生活·读书·新知三联书店1995年版,第141页。
[3] 周连宽:《回忆陈寅恪先生两三事》,《纪念陈寅恪教授国际学术讨论会文集》,中山大学出版社1989年版,第65~66页。

1961年3月，毛泽东主持"广州会议"时，广州市民的生活状况大致如下：每人每月配给二两食油，布票每人每年二尺一寸；基本上没有肉类供应。半年后陶铸对广东的知识分子致歉，说很多人"三年不曾吃过猪肉"；粮食定量已跌至每人每月平均二十斤左右，且百分之三十要搭配其他杂粮。而煤油每人每月限量一两。[1]

周连宽回忆道：

在经济紧张的年代，米珠薪桂，国家对他（陈寅恪，编者注）配给较多的食油和肉类，以示照顾。其时我正因缺少营养而眼珠变黄，肝病缠身。他慷慨地分给我一瓶花生油，济我于危难之中。我感激涕零！[2]

1955年7月，唐长孺新著《魏晋南北朝史论丛》由三联书店出版，寄赠陈寅恪。9月19日，陈寅恪回函致谢。函云：

今日奉到来示并大著。寅恪于时贤论史之文多不敢苟同，独诵尊作辄为心折。前数岁曾托令妹季雍女士及金君克木转达钦服之意，想早尘清听矣。寅恪壮不如人，老更健忘。复以闭门造车之学不希强合于当世，近数年来仅为诸生讲释唐诗，聊用此糊口。所研者大抵为明清间人诗词及地方志乘之书。而旧时所授之课，即尊著所论之范围，其材料日益疏远，故恐详绎大著之后，亦止有叹赏而不能有所质疑承教也。旧作《从史实论切韵》一册附呈，藉博一笑。[3]

---

[1] 参阅1961年广东省委统战部《动态》第184期～200期。

[2] 周连宽：《回忆陈寅恪先生两三事》，《纪念陈寅恪教授国际学术讨论会文集》，中山大学出版社1989年版，第65～66页。

[3] 《陈寅恪集·书信集》，生活·读书·新知三联书店2009年版，第277页。

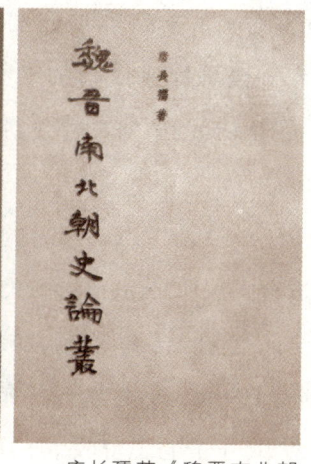

唐长孺。　　　　　　　　　　唐长孺著《魏晋南北朝　　金克木。
　　　　　　　　　　　　　　　史论丛》书影。

唐长孺之妹唐季雍是金克木夫人。

1946年，唐长孺因所著《唐书兵制笺证》书稿，经陈寅恪审评得到首肯，被晋升为教授。[1] 金克木偕夫人于1947年曾拜访过陈寅恪。

关于高级知识分子待遇问题

　　新中国成立初期，全国各地区、各行业工资制度多种多样，十分混乱。1950年开始，各地各部门即开展一些工资制度的调整。1954年，国家撤销了各大行政区，权力进一步集中到中央，工资制度统一的步伐加快。1955年8月31日，国务院发出《关于国家机关工作人员全部实行工资制和改行货币工资制的命令》。

[1] 牟发松：《略谈前辈学者对唐长孺先生治学的影响》，《文史知识》1995年第8期。

10月25日，高等教育部发布《关于高等学校工作人员全部实行工资制和改行货币工资制的通知》，废除原来实行的工资分制，改为货币工资。其工资标准为：教授、副教授100.1元～217.8元；讲师61.6元～117.7元；助教45.1元～60.0元。[1]

以物价水平而言，抗战以前的1元相当于当时的人民币2.5元。战前大学教授的最高工资为600元，折合人民币1500元，而1955年，北京的大学教授的最高工资是252.6元，仅相当于战前的16.8%。副教授的最高工资，战前为360元，折合人民币900元，当时是197元，只相当于战前的21.9%。研究人员的工资大致相同。大体上，高级知识分子的工资收入，1955年只等于战前的五分之一左右。[2]

中共中央指示各省、自治区、直辖市党委及有关部门，先期对知识分子问题进行调查研究，并将有关情况及时报告中共中央。民盟通过个别串连、谈心、交朋友等方式，深入了解高级知识分子工作中存在的困难和问题。从1955年12月到1956年1月，民盟仅在北京就召开了高级知识分子座谈会八次；28个省、市民盟组织、取得了近2000位高级知识分子的情况调查资料。根据这些情况，民盟总部于1956年1月向政协全国委员会和中共中央统战部递交了《关于高级知识分子问题主要情况的分析和建议》及《关于政协全国委员会设立高级知识分子问题委员会的建议》两个文件。中共中央统战部民主党派工作处的有关人员对这些材料进行了分类研究，将问题归纳为"六不"："估计不足、信任不够、安排不妥、使用不当、待遇不公、帮助不够。"[3]民主党派工作处

［1］何东昌：《中华人民共和国重要教育文献》（1949～1975），海南出版社1998年版，第
     529～530页。
［2］罗平汉：《1956年：知识分子的早春》，中国新闻周刊，China Newsweek，2011年22期，
     第74页。
［3］李维汉：《回忆与研究》下册，中共党史资料出版社1986年版，第806页。

将这六个方面的问题报告了中共中央统战部部长李维汉。李维汉随即向周恩来作了汇报。

1955年11月23日上午，毛泽东集刘少奇、周恩来、朱德、陈云、彭真、邓小平、陈毅、安子文、李维汉、徐冰、张际春、周扬、胡乔木、钱俊瑞开会，讨论知识分子问题。周恩来汇报了有关知识分子问题。毛泽东认为，应该先在党内很好讨论，然后提出和解决这个问题。会议决定：在1956年1月召开一次大型会议，全面解决知识分子问题，并成立了由周恩来负总责的有彭真、陈毅、李维汉、徐冰、张际春、安子文、周扬、胡乔木、钱俊瑞参加的十人领导小组，下设办公室进行会议的筹备工作。[1]

24日，在中共中央召开的关于资本主义工商业改造座谈会上，毛泽东、周恩来向到会的各省、市、自治区党委负责人作了关于知识分子问题的讲话，布置各地开展调查研究知识分子问题的工作，要求各地在党中央开会之前先召开一次知识分子问题会议，并像中央那样成立研究知识分子问题领导小组。当天，周恩来又召集中央和国务院各部委负责人开会，布置知识分子问题调查工作。[2]根据毛泽东和十人小组的要求，各省、市、自治区和中央、国务院各部委上报的调查材料应包括：一、高等院校、科研机构、卫生部门、文化艺术界、工程技术部门、中小学校等六个方面知识分子情况；二、每个方面都要有好、中、差三类典型；三、几年来党的知识分子政策贯彻执行情况，对知识分子队伍状况的基本估计，并提出解决知识分子问题的具体意见。在周恩来主持下，中央十人小组组织起草了《关于科学家研究工作条件问题的情况和意见》《关

---

[1] 中共中央文献研究室：《毛泽东年谱（1949～1976）》（第二卷），中央文献出版社2013年版，第470页；中共中央文献研究室：《周恩来（1949～1976）》（上卷），中央文献出版社1997年版，第521页。

[2] 中共中央文献研究室：《毛泽东年谱（1949～1976）》（第二卷），中央文献出版社2013年版，第470～472页；中共中央文献研究室：《周恩来（1949～1976）》（上卷），中央文献出版社1997年版，第518～522页。

于高级知识分子待遇问题的意见》《关于在知识分子中发展党员问题的报告》《关于高级知识分子的理论教育工作规划的初步意见》等十一个全面解决知识分子问题的专题报告，并完成了会议主题报告《关于知识分子问题的报告》和《中共中央关于知识分子问题的指示（草案）》。

其中，《关于高级知识分子待遇问题的意见》提出在全国范围内选出八百多名突出人才实行特定津贴，每月能保证工资达五百元左右。这八百多人的名单，文化教育界有：中国科学院院长郭沫若，当时领行政级别的工资，月薪五百元；俞平伯，文学研究所研究员，月薪一百八十五元；顾颉刚，历史研究所研究员，月薪二百一十八元；翦伯赞，北京大学教授，月薪二百一十七元八角；向达，北京大学教授，月薪二百元零二角；季羡林，北京大学教授，月薪一百八十四元八角；陈寅恪，中山大学教授，月薪二百五十三元；王力，北京大学教授，月薪一百八十四元八角，等等。[1]

1956年1月14日，中共中央关于知识分子问题的会议在中南海怀仁堂举行。与会者共1279人，57位在京的中央委员会和候补委员出席了会议。周恩来代表中共中央作了题为《关于知识分子问题的报告》的主题报告。周恩来在报告中断言，知识分子中的绝大部分现在已经成为国家工作人员，已经是为社会主义服务的，已经是工人阶级的一部分。报告提出了充分地动员和发挥知识分子力量的三项措施：第一，应该改善对于他们的使用和安排，使他们能够发挥他们对于国家有益的专长。第二，应该对于所使用的知识分子有充分的了解，给他们以应得的信任和支持。第三，应该给知识分子以必要的工作条件和适当的待遇。必须保证他们至少有六分之五的工作日（即每周四十小时）用在自己的业务上。[2]

[1] 陆键东：《陈寅恪的最后二十年》，生活·读书·新知三联书店1995年版，第160~161页。
[2] 中共中央文献研究室：《周恩来（1949~1976）》（上卷），中央文献出版社1997年版，第539~540页。

　　1月18日，中山大学副校长冯乃超作为代表发言，他的发言被印成会议文件。冯乃超说："知识分子的政治情况在今天说来，已经有了根本性的变化，我们不仅是应该而且完全可以争取、团结、改造他们的绝大多数。"……"落后的和思想上反动的知识分子能否争取和使用呢? 我们认为还是可以的。中山大学有一个老教授陈寅恪，解放以来他在思想上一直是和我们敌对的，而且还写诗讽刺过我们。去年中国科学院聘他任职，他表示：任职可以，但不谈马列，不干政治。直到去年初我们展开对胡适的思想批判的时候，他还说某些教授是'一犬吠影，十犬吠声'。但是，这次聘请他参加全国政协，他便答应下来了。像这样顽固的人，也可以争取过来……像陈寅恪，中央数次指示要耐心争取他。"[1]

　　1月20日，会议的最后一天，毛泽东作了讲话。他说："在知识分子问题方面我们没有主动，工业方面我们没有主动。大多数重要装备要从外国进口，精密仪器我们自己不能制造，在这上头我们没有主动。经济上没有独立，科学上没有独立。""现在我们在革什么命呢? 现在是革技术的命，叫技术革命。要搞科学，要革愚蠢同无知的命，叫文化革命。没有他们就不行了，单是我们这些老粗那就不行。""现在是打什么仗呢? 现在是要飞机飞上一万八千公尺的高空，飞的速度是超音速。那个东西，没有他们不行的，而且我们自己也要变成他们。要在比较短的时期内，造就大批的高级知识分子，同时要有更多的普通的知识分子。将来我们还要作一个全面的规划，把这件事抓起来。"[2]

　　会议之后，若干相关政策相继出台。1956年2月24日，中共中央政治局开会，通过根据知识分子问题会议精神拟定的《中共中央关于知识分子问题的指示》。3月14日，中共中央政治局通过了《中共中央关于知识分子问题的指示》。4月16日，国务院发出《关于改善高级知识分子的工作条件的通知》，要求

---

[1] 陆键东：《陈寅恪的最后二十年》，生活·读书·新知三联书店1995年版，第164页。
[2] 中共中央文献研究室：《毛泽东年谱（1949～1976）》（第二卷），中央文献出版社2013年版，第515页。

各省、自治区、直辖市人民委员会对当地的科学家、教授、工程师、医师、文学家、艺术家的工作条件作一次检查,改善他们的工作条件。

1956年2月2日,回到学校的冯乃超,邀请全校副教授以上的高级知识分子召开座谈会,传达周恩来的报告。

2月4日,中山大学召开全校员工大会,传达关于知识分子问题的会议精神。3月中旬,学校总务处公布了改善教师生活条件的几个办法,其中有两点反响最大:一是讲师以上的教师每人每月增加糖二斤、油一斤的补助;二是副教授以上的教师若在膳堂用膳可由工友送饭菜到家门。

陈寅恪在唐筼的陪伴下,正在宅门前那条白色水泥路上散步。

4月,中山大学贯彻党对知识分子政策的计划出台。主要内容有:给全校的教师尽快做好历史结论;给予一些教师出国的机会;制订享受特殊照顾的高级知识分子名单;改善教师的生活条件;在教师中发展中共党员;为专家学者配备助手;安排一些有名气的教师担任人大或政协的代表。[1]

中山大学为四户专家住宅修建了专用通道。陈寅恪的眼睛于光亮处犹能辨影,所以专门在陈宅旁边通道铺上白色水泥,以利陈寅恪闲暇时散步。[2]

---

[1] 陆键东:《陈寅恪的最后二十年》,生活·读书·新知三联书店1995年版,第167页。
[2] 陆键东:《陈寅恪的最后二十年》,生活·读书·新知三联书店1995年版,第169页。

　　《中山大学学报》专为陈寅恪等人设了一个"特级稿费"制度,每千字稿费可达二十元。而一般的稿费千字十二元。[1]

　　从1956年3月开始,陈寅恪在《中山大学学报》上先后发表《述东晋王导之功业》《书世说新语文学类钟会撰四本论始毕条后》《论李栖筠自赵徙卫事》《论唐代之番将与府兵》《书魏书萧衍传后》等五篇论文。最后一篇《书魏书萧衍传后》载于该学报1958年第1期。五篇论文总字数为三万余。其中有四篇论文分别完成于1952年和1953年,事隔三四年后陈寅恪才拿出来发表。[2]

　　学校再次向陈寅恪表达了可以为其多配备一名助手的意思,但没有得到陈寅恪的回应。学校曾先后考虑将抗战时曾从学陈寅恪、时在武汉大学任教的石泉和抗战后当过陈寅恪助手的陈庆华调来中山大学协助陈寅恪工作。因武汉大学和北京大学不愿放人而作罢。[3]

　　学校专门订了一条规定,凡是陈寅恪、姜立夫两人需要用车,随时可调学校的小汽车。[4]

　　本学年,陈寅恪继续在家中开"元白诗证史"的选修课。初时参加选修的同学达三十多人,将陈寅恪辟作课室的二楼走廊坐得满满的,走廊上放着的饭桌也被同学当作书桌使用。陈寅恪穿一长袍,天寒时犹戴上一顶瓜皮帽,身上再裹马褂。三十多个同学到最后能坚持选修完这一门课程的据说只剩下十三人。这十三个人中有好几个三十年后成为中大历史系的教学骨干。[5]

　　陈寅恪此时六十六岁,身体已感大不如前,一个星期才两个小时的课,不得不分为两次,每次一小时。

　[1] 陆键东:《陈寅恪的最后二十年》,生活·读书·新知三联书店1995年版,第169页。
　[2] 陆键东:《陈寅恪的最后二十年》,生活·读书·新知三联书店1995年版,第169～170页。
　[3] 陆键东:《陈寅恪的最后二十年》,生活·读书·新知三联书店1995年版,第170页。
　[4] 陆键东:《陈寅恪的最后二十年》,生活·读书·新知三联书店1995年版,第170页。
　[5] 陆键东:《陈寅恪的最后二十年》,生活·读书·新知三联书店1995年版,第170～171页。

陈寅恪将家中二楼的阳台走廊辟作课室。图为陈寅恪向选修"元白诗证史"一课的同学授课。

　　1956年9月22日下午5时,中山大学历史系迎新联欢会刚结束,一群新生在部分老师的带领下,前往东南区一号拜访陈寅恪。陈寅恪面对着这一群朝气蓬勃的青年显然深深被打动,他兴致勃勃地发问。有多少新同学第一志愿是报中大历史系,又有多少人第一志愿是报北大历史系。陈寅恪谈兴甚浓,告诉学生:"问题不在中大或北大,而在于自己的努力。如果自己努力钻研,一定会取得成绩的。"陈寅恪以两点意见赠予新同学:一是要学好古文与外文,提高阅读能力;二是要注意身体锻炼,否则会半途而废。[1]这两点是陈寅恪来自自己切身体会的肺腑之言。

---

[1] 陆键东:《陈寅恪的最后二十年》,生活·读书·新知三联书店1995年版,第172～173页。

9月，由陶铸亲自提议，将原任中国科学院广州分院筹备委员会委员的陈寅恪和许崇清，提为筹备委员会副主任。该"筹委会"主任是陶铸，副主任有杜国庠、丁颖（农业科学家）、陈焕镛（植物学科学家）、梁伯强（华南医学院一级教授），以及陈寅恪与许崇清（中山大学校长），皆岭南学界最具代表的精英。[1]

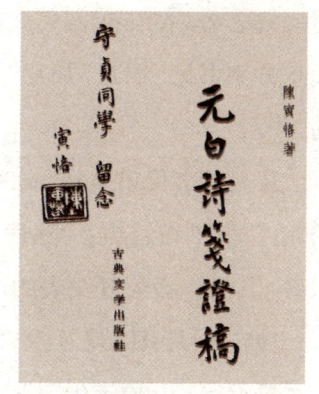

陈寅恪将《元白诗笺证稿》一书赠与高守真（守贞）。（唐篑代笔）

陈毅、夏承焘来访

1956年10月16日下午，国务院副总理陈毅，在广东省省长陶铸及广州市市长朱光等人的陪同下，参观了中山大学，并专程赶到陈宅，探访了陈寅恪。陈毅很详细地询问了陈寅恪生活与工作的情况，陈寅恪一一作答。据1956年10月20日的《中山大学周报》报道，陈寅恪"对党和政府几年来所给他的各方面的关怀与照顾，表示衷心的感谢"。陈毅与陈寅恪谈起有关《世说新语》一书及魏晋士人清谈与风骨。[2]

陈寅恪早年对《世说新语》一书已情有所钟，用功甚勤，累年在阅读本上写下很多批注。1938年，陈寅恪从安南转道去昆明时，在滇越铁路运输中被窃去书籍两木箱。此次所失书中，尚有多部批注的《世说新语》，本来想带到昆

[1] 陆键东：《陈寅恪的最后二十年》，生活·读书·新知三联书店1995年版，第173页。
[2] 陆键东：《陈寅恪的最后二十年》，生活·读书·新知三联书店1995年版，第174页。

明写成论文。在安南丧失大批中外文书籍事，不但影响后来著述，而所谓"古代东方文书籍、照片、拓片"，都是有关外族史料，是陈寅恪生平所存文物之浩劫。[1]

几天后李稚甫来访，陈寅恪感慨地说："没有想到共产党里有这样懂学问的人。"李稚甫答道："陈毅还是个诗人呢！"陈寅恪一听，说你帮忙找一些来看看。其时陈毅公开发表的诗作不多，李稚甫最后也找不了多少首。[2]

1957年1月9日，夏承焘来拜访陈寅恪。

夏承焘，1900年生于温州，十四岁以第七名考入孙诒让创办的温州师范学校，1918年毕业后辗转各地任教。博览群书，专攻词学。著有《韦端己年谱》等十余种词人年谱。1930年6月，到之江大学任教。1943年后，在浙江大学任教。1952年院系调整后，在浙江师范大学任教。

夏承焘与陈寅恪神交已久，数有书信往来。

《天风阁学词日记》是夏承焘的日记。夏承焘在日记中记载了大量学者之间的交往，其中有关陈寅恪的材料抄出如下，以飨读者。

夏承焘曾在1931年6月4日的日记中对陈寅恪作过最早记载："接颐仲复，附来陈寅恪西夏文佛母孔雀明王经考叙一篇，断定明神宗之世，西夏文字书籍遗存于西北者尚不少，或尚有能通解其文字之人。颐仲述陈君复书甚谦抑，恨未识其人也。"[3]此时陈寅恪执教清华，为中文、历史两系合聘教授。

1932年3月10日，夏承焘"接罗颐仲清华大学信，即复一函，附去新作贺新凉，并另纸写征招挽彊村词，托致陈寅恪，答其去岁示西夏文佛母孔雀明王经

---

[1] 蒋天枢：《陈寅恪先生编年事辑（增订本）》，上海古籍出版社1997年版，第160～162页。

[2] 陆键东：《陈寅恪的最后二十年》，生活·读书·新知三联书店1995年版，第176页。

[3] 夏承焘：《天风阁学词日记》（一），《夏承焘集》（第五册），浙江古籍出版社、浙江教育出版社1997年版，第275页。

考释序"。[1]朱祖谋为陈寅恪父执辈，俞大维《怀念陈寅恪先生》中说"清代词人中，他常提到龚自珍（定庵）、朱祖谋（古微）及王国维三先生"。[2]

朱彊村于1931年12月30日去世，夏承焘"用草窗吊紫霞翁韵"作挽词"征招"一首。云：

乍惊辽鹤尧年语，骑鲸又传仙杳。楚些漫相招，正昏昏八表。半生垂钓手，应不恋、棘驼残照。一暝同忘，九州幽愤，五湖高操。　　愁眺海东云，幽坊宅、花时梦游长绕。佛火数扬尘，念看桑垂老。鄮山青未了。更谁续、四明孤调？听鹃恨、怕有来生，奈暮年哀抱。[3]

1937年1月6日，夏承焘日记有："阅清华大学学报，有陈寅恪读秦妇吟考，端己晚年自讳此诗，实因其时王建方隶杨复光部，驻军陕西。考订极细，中引予韦端己年谱。"[4]

1940年1月15日："阅陈寅恪顺宗实录及续幽怪录，以小说证官书所讳宪宗被弑事。"

1943年11月13日："于慕塞处见商务新出陈寅恪唐代政治史述论稿一册，略翻一过，极佩其精博。近日治中古史者，诚卓然一大家。予曩年妄欲治宋史，见此杰作，可以缩手矣。"

11月14日："阅朱希祖驳陈寅恪李唐为胡姓说。"

---

［1］夏承焘：《天风阁学词日记》（一），《夏承焘集》（第五册），浙江古籍出版社、浙江教育出版社1997年版，第207～208页。

［2］俞大维：《怀念陈寅恪先生》，《陈寅恪先生全集》卷首，里仁书局1979年版，第16页。

［3］夏承焘：《天风阁词集前编》，《夏承焘集》（第四册），浙江古籍出版社、浙江教育出版社1997年版，第132页。

［4］夏承焘：《天风阁学词日记》（一），《夏承焘集》（第五册），浙江古籍出版社、浙江教育出版社1997年版，第486页。

《夏承焘词集》书影。

夏承焘。

12月1日："阅陈寅恪唐代政治史述论稿考牛李党争，由门第科第之不同。"

12月2日："阅陈寅恪唐史论稿。"

1947年5月27日："阅陈寅恪连昌宫词笺证一篇。念著书有三种：最上，令读者得益；其次，令此学本身有发现；其三，但令读者佩服作者之博学精心。陈君之书，在二三之间。"[1]

1949年3月4日："陈学恂处借来其友人戎女士在西南联大听陈寅恪讲授笔记，有说琵琶行、新乐府、长恨歌、连昌宫词各章，考证有甚琐者，亦有其甚可喜者。"

---

[1] 夏承焘：《天风阁学词日记》（二），《夏承焘集》（第六册），浙江古籍出版社、浙江教育出版社1997年版，第519～698页。

1950年9月10日："借何多源中文参考书指南（商务本）、陈寅恪唐代政治史述论稿、陈垣二十四史朔闰表来。"

12月17日："终日未出，阅陈寅恪唐代政治史述论稿，札其可入杜诗论者。陈君有史识，不愧一代大师，其功力之勤，亦不可及，惜其失明。"

12月18日："阅陈寅恪唐代政治革命及党分野，谓牛、李两党皆宦寺之应声虫，其党派来源则是山东旧家（李党）与科举新进（牛党）。武后以文章起用新进，以破坏关中集团，遂其创业垂统之私，新旧相竞，宦寺乃乘隙而起。玄宗以后，迄于唐亡皇位兴废，由其操纵云云。"

1951年3月30日："得榆生上海片，阅近读陈寅恪元白诗笺证，佩其精核，乃与予旧著相提并论，诚不敢承。"

5月23日："阅陈寅恪韦庄秦妇吟笺证补正，时时引予韦端己年谱。"

1953年12月22日："又谓陈寅恪近欲访求绘声集、绘影集，与天雨花同作者。"

1956年7月3日："得季思函，印度治血压药已托国桐在香港买。陈寅恪先生谓此药治血压诚有奇效，惟多服将使精神塌疲。"[1]

1957年1月9日，到广州参加中山大学科学研讨会的夏承焘来拜访陈寅恪。夏承焘与陈寅恪二十年来通数函，陈寅恪尚记忆历历。谈近治柳如是遗事甚详。夏承焘告诉陈寅恪，高野侯家有原印本柳与汪然明尺牍，陈寅恪大喜，托夏承焘一定要替他求到。

1月12日，夏承焘作《奉答寅恪先生示诗》，云：

[1] 夏承焘：《天风阁学词日记》（三），《夏承焘集》（第七册），浙江古籍出版社、浙江教育出版社1997年版，第46～540页。

数书湖海久相望，执手天南鬓已苍。

万卷惟凭胸了了，九州共惜视茫茫。

黄鹂劝酒春声好，红豆笺诗夜课长。

老学龟堂能返老，会看牛背射神光。[1]

16日午后，夏承焘去向陈寅恪辞行，然后坐火车离开广州。17日，车过株洲，作"《水调歌头》(欲乘飞机离广州不果，湘赣道中月色甚美，作此寄寅恪诸公)"，云：

何处唤黄鹤，昨梦驾天风。罗浮峰顶俯瞰，十万碧芙蓉。辛苦浮湘过岭，此路尚逢坡老，今古掉头中。笑我复何事，千里鬻雕龙。　芳菲国，吟啸伴，美诸公。单衣花下试酒，佳兴四时同。莫和后村别调，待乞西江一勺，洗出两青瞳。我亦欲投老，后约荔枝红。[2]

"莫和后村别调，待乞西江一勺，洗出两青瞳。"《天风阁词集前编》作："待酌西江一勺，伴唱后村三曲，洗出两清瞳。"自注："南宋诗人刘克庄号后村，有词屡及失明事。此指陈寅恪失明而言，希望他能复明。"[3]

"黄鹂劝酒春声好"句，自注："用其楹联语意。"即指陈寅恪自作春联："万竹竞鸣辞旧岁，百花齐放听新莺。""红豆笺诗夜课长"句，自注："近为文考柳如是遗事。"尾联自注："放翁晚年脱齿复生，能于暗室中见物，有诗

[1] 夏承焘：《天风阁学词日记》(三)，《夏承焘集》(第七册)，浙江古籍出版社、浙江教育出版社1997年版，第585页。

[2] 夏承焘：《天风阁学词日记》(三)，《夏承焘集》(第七册)，浙江古籍出版社、浙江教育出版社1997年版，第585～586页。

[3] 夏承焘：《天风阁词集前编》，《夏承焘集》(第四册)，浙江古籍出版社、浙江教育出版社1997年版，第127页。

记之。"[1]

陈寅恪写示一诗，夏承焘再回赠，但夏未指明写示何诗，若夏承焘依韵"奉答"，检寅恪《诗集》所存当年及前此诗作，则以《丙申春日偶读杜诗"唯见林花落"之句戏成一律》最为可能。[2]

陈寅恪得"奉答"诗后又有唱和之作《听读夏瞿禅新著姜白石合肥本事词，即依见赠诗原韵酬之》：

> 红楼隔雨几回望，衣狗浮云变白苍。
>
> 天宝时妆嗤老大，洛阳格义堕微茫。
>
> 词中梅影招魂远，岭外莺声引兴长。
>
> 肥水东流无限恨，不徒儿女与年光。[3]

回到杭州，夏承焘即积极为陈寅恪搜集有关柳如是的资料。

1957年1月29日，夏承焘"得陈寅恪先生广州航空函，嘱托伯衡先生为估价柳如是尺牍"。

1月30日："发雪芳函、伯衡先生函，请为柳如是尺牍估价。"

2月5日："寄出寅恪、季思诸君嘱写各字幅。"[4]

2月26日晚，文化局打电话来，邀请夏承焘第二天早上参加迎接苏联专家，夏因为伤风没有去。27日晚，苏联专家来拜访夏承焘，原来这个专家是莫斯科苏联科学院东方研究所的高级研究员艾德林教授，主要从事中国古典文学研究，

[1] 夏承焘：《天风阁学词日记》（三），《夏承焘集》（第七册），浙江古籍出版社、浙江教育出版社1997年版，第585页。

[2] 娄培：《夏承焘与陈寅恪——以〈天风阁学词日记〉为线索》，中国文化2011年第1期，第175页。

[3] 《陈寅恪集·诗集》，生活·读书·新知三联书店2009年版，第124页。

[4] 夏承焘：《天风阁学词日记》（三），《夏承焘集》（第七册），浙江古籍出版社、浙江教育出版社1997年版，第588～589页。

兼及现代文学，著有《论今日中国文学》《陶渊明和他的诗歌》《鲁迅笔下的中国》《论鲁迅的小说》等，对陈寅恪颇为崇敬。[1]其人风度谈吐，甚似中国人。艾德林给夏承焘看了自己六年前所译的白居易诗一册，说不日再版，当即寄赠。夏承焘送给艾德林新印的唐宋词论丛一册。夏承焘问艾德林学中文几年了，艾德林说二十年了。艾德林所讲中国话很流利，写中国字能作草。夏承焘又问艾德林作不作中国诗，艾德林连声说不敢不敢。艾德林又说用俄文译中国古诗，比中国白话译文言较容易，以白话译文言诗是件危险事。[2]

艾德林说自己在广州没有见上陈寅恪，很是惋惜。艾德林在广州的时候，正好夏承焘也在广州。[3]艾德林告诉夏承焘，在广州认识王季思，可惜不认识陈寅恪，以前读过陈寅恪的元白诗笺证，倾仰已久。夏承焘告诉艾德林，陈寅恪就住在王季思楼上。艾德林更是后悔不已，请夏承焘写信求陈寅恪有关陶渊明的文字。[4]

这一段时间，陈寅恪为柳如是材料与夏承焘书信往来频繁，夏承焘对陈寅恪也是尽力而为。

夏承焘日记3月25日："夕慕骞来，携到高野侯先生所藏柳如是尺牍及湖上草一册并散页题咏十六页，谓女主人甚矜贵，此书非数十元所能办，嘱先函问寅恪先生如何措置。中夜不眠，起看各家题咏，顾苓柳河东传最重要，不知曾见于他书否。拟翻牧翁集，钞出与如是有关各诗，为柳诗文集附录。"

---

[1] 娄培：《夏承焘与陈寅恪——以〈天风阁学词日记〉为线索》，《中国文化》2011年第1期，第175页。

[2] 夏承焘：《天风阁学词日记》（三），《夏承焘集》（第七册），浙江古籍出版社、浙江教育出版社1997年版，第594、1073~1074页。

[3] 夏承焘：《天风阁学词日记》（三），《夏承焘集》（第七册），浙江古籍出版社、浙江教育出版社1997年版，第594页。

[4]《与艾德林谈中国古典文学（一九五七年）》，《天风阁学词日记》（三），附录，《夏承焘集》（第七册），浙江古籍出版社、浙江教育出版社1997年版，第1072页。

3月26日："上午发陈寅恪先生信，告柳河东尺牍已借到，以高家于此甚矜重，嘱其寄疑难各字句来，予为代校，或由予抄一本寄去。附去季思涵，告湖上租屋不易。命汝杰钞柳河东尺牍。"

3月28日，夏承焘"得陈寅恪寄桃花源旁证二本，以其一赠艾德林，自北京教育部转来"。[1]

4月2日，夏承焘"得寅恪先生航空函，云欲购高家柳如是尺牍，最高价为百元，嘱代询高家"。"夕校汝杰所钞柳如是尺牍。"

4月8日："采泉来，谓昨晤高野侯家人，谓柳如是尺牍决不出售。即作航函告寅恪先生。"

4月17日："接陈寅恪先生函，嘱校柳如是尺牍五六条。"

4月19日："发寅恪先生复，寄去柳如是尺牍校语。"

4月20日："季思寄来康乐小集，皆予在广州时诸友倡和之作，附来寅恪先生听歌诗三首。"[2]陈寅恪"听歌诗三首"当即是年3月31日所作之《丁酉上巳前二日广州京剧团及票友来校清唱即赋三绝句》。

暮年萧瑟感江关，城市郊园倦往还。

来谱云和琴上曲，凤声何意落人间。

沈郁轩昂各有情，好凭弦管唱升平。

杜公披雾花仍隔，戴子听鹂酒待倾。

[1] 夏承焘：《天风阁学词日记》（三），《夏承焘集》（第七册），浙江古籍出版社、浙江教育出版社1997年版，第601～602页。
[2] 夏承焘：《天风阁学词日记》（三），《夏承焘集》（第七册），浙江古籍出版社、浙江教育出版社1997年版，第603～607页。

红豆生春翠欲流，闻歌心事转悠悠。

贞元朝士曾陪坐，一梦华胥四十秋。[1]

4月28日："临柳如是像二张，以尺牍湖上草托慕骞还高家。"

6月18日："以陈寅恪先生桃花源记旁证一册寄莫斯科科学院艾德林。"

1958年1月10日，夏承焘"得榆生片，谓新得陈寅恪先生新著秦妇吟校笺，于予作端己年谱有异论"。[2]

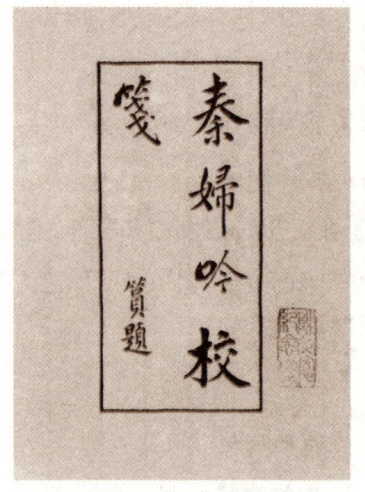

《秦妇吟校笺》封面、扉页书影。

1月11日："发榆生片，索陈寅恪先生秦妇吟校笺。"

1月19日："发季思中山大学函，问写综合性大学中国文学史教科书体例，附一笺与陈寅恪先生，告赌（睹）棋山庄词话有两条记柳如是狎钱青雨事，寄出如是男装像，并以其一赠季思。"

[1]《陈寅恪集·诗集》，生活·读书·新知三联书店2009年版，第124～125页。
[2] 夏承焘：《天风阁学词日记》（三），《夏承焘集》（第七册），浙江古籍出版社、浙江教育出版社1997年版，第611、622、660页。

10月21日:"微昭来谈近日批判学术权威事,谓前旬师院领导报告,今年须批判人物有章太炎、王国维、陈寅恪、郑振铎等五人,校内四五人,以予与亮夫为重点。"

11月19日:"报载专家被批判为资产阶级知识分子者,有陈寅恪、王了一、吕叔湘、郑振铎、高名凯、王瑶、周谷城、游国恩。"

1959年2月6日:"得余冠英北京函,谓艾德林过广州求见陈寅恪先生不得。冠英谓闻之彼中人云:陈先生近日心理不大正常,不知究为何也。"

1961年5月5日:"斯捷送来光明日报载郭沫若'再生缘的前十七卷和它的作者陈端生',引陈寅恪语……陈、郭谓超过杜诗,惊人语也。"[1]

晚岁为诗欠砍头

1954年9月,龙潜任中山大学主管副校长,一年后中山大学党委成立,龙潜任书记。龙潜9月份到校,10月份全国开始批判俞平伯《红楼梦研究》,11月份转入批判胡适资产阶级唯心思想体系。1955年5月又进入批判"胡风反革命集团"运动,7月又开始"肃反"运动,龙潜威胁说:"有人企图使岭南大学复辟,如有风吹草动,我在国民党回来之前先把你们杀光还来得及。"平时更动不动就说:"你不坦白,就枪毙你!"

龙潜经常在各种公开场合随意嘲笑陈寅恪,说"看陈寅恪的著作不如去看《孽海花》",并且多次对陈寅恪进行随心所欲的点名批评。

---

[1] 夏承焘:《天风阁学词日记》(三),《夏承焘集》(第七册),浙江古籍出版社、浙江教育出版社1997年版,第660、661、703、707、722、882页。

在"肃反"期间，龙潜在批判陈序经搞岭大小集团的会上，当众念读了陈寅恪的几首诗，并说其中的一首是怀念台湾的日月潭。意犹未尽的龙潜还即兴吟诗嘲笑陈寅恪。[1]

1956年1月，中共中央在北京召开了"关于知识分子问题会议"。4月，龙潜调回北京。6月，唐筼置酒庆祝陈寅恪六十七岁生日，陈寅恪有感于此而作《丙申六十七岁初度，晓莹置酒为寿，赋此酬谢》七律一首。诗云：

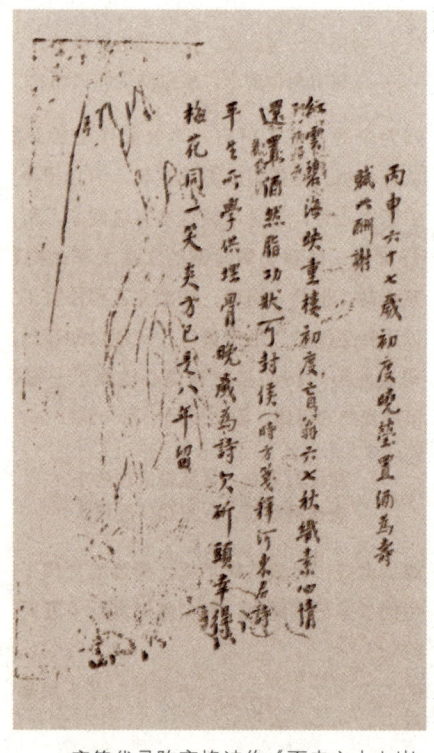

唐筼代录陈寅恪诗作《丙申六十七岁初度晓莹置酒为寿赋此酬谢》。

红云碧海映重楼，初度盲翁六七秋。
织素心情还置酒，然脂功状可封侯。
平生所学供埋骨，晚岁为诗欠砍头。
幸得梅花同一笑，炎方已是八年留。[2]

六十七岁初度，是按虚岁算，生日称"初度"。

"平生所学供埋骨"，谓自己学问为世所弃，将及身而绝。此两句《柳如是别传》上海古籍版作："平生所学唯余骨，晚岁为诗笑乱头。"《寒柳堂集·寅恪先生诗存》作："平生所学供埋骨，晚岁为诗欠□头。（蒋天枢注：按诗中脱二字，以□代之。）"流传海外稿作："平生所学供埋骨，晚岁为诗欠砍头。"余英时指出以上三

[1]陆键东：《陈寅恪的最后二十年》，生活·读书·新知三联书店1995年版，第145～147页。
[2]《陈寅恪集·诗集》，生活·读书·新知三联书店2009年版，第122页。

种异文,并谓:"《柳如是别传》中的'唯余骨''笑乱头'是中共官方的改笔,故拙劣得至于不通,而《诗存》所脱一字则或是蒋天枢先生有所顾忌,故意隐去'斫'字,并不是原诗真有脱落。蒋先生的处境是值得同情的,其苦心尤不可埋没,因为他保留了陈先生原诗的本来面目。至于所缺之'斫'字则是任何稍懂旧体诗的人都能补上去的。(反正不是'斫'字,便是'杀'字。)'晚岁为诗欠斫头',则透露出陈先生'晚年遭遇'之一斑。"[1]

1956年6月25日和8月3日,中共广东省委两次将龙潜的有关情况汇报给中央,建议给予龙潜适当的处分。

1957年7月中旬,已任高教部司长的龙潜回到中山大学,接受群众的审查。在7月28日中山大学党委会对龙潜检讨的审查意见里,举了一些具体的事例,认为龙潜在检讨中"对讽刺陈寅恪教授等影响很坏的事例,则只字不提,这显然是避重就轻"。8月,广东省委对龙潜的问题作了审查报告并上报中央。报告中有:"在中大工作期间所犯错误在群众中造成了不良的政治影响,使党的威信遭受很大损失"及"龙潜在中大造成恐怖气氛"等语。10月18日,高教部党委会作出了关于龙潜所犯错误的处分决定,给予龙潜严重警告处分。该"决定"中有"龙潜违反知识分子政策,态度粗暴,严重影响了党和知识分子的关系"。[2]

特约报道

1957年5月10日,北京《光明日报》刊载该报特约记者梁诚瑞《广州通讯》,报道陈寅恪近况。报道说:

---

[1] 余英时:《陈寅恪的学术精神和晚年心境》,《陈寅恪晚年诗文释证》,东大图书公司1998年版,第31～32页。
[2] 陆键东:《陈寅恪的最后二十年》,生活·读书·新知三联书店1995年版,第149、151页。

这几天的报纸，真个是大鸣大放，大概知名的学者、教授无不发表了言论，就是懒于发言的知识分子党员也被记者将了军。百花齐放、百家争鸣的方针，已经深深地激起了全国知识界无限的关怀。怎么，当代著名的历史学家陈寅恪教授还未发表他的见解呢？

我问过一位记者，他告诉我，这几年陈先生在广东很少发表意见。他不喜欢应酬，也不常接待外人。谁若问他对百家争鸣有什么意见，他只淡然地让你去看看他的门联，不轻易发言。这使我很纳闷，为什么当代一家学者，独默默而不鸣？

许宝骙同志和我特地到中山大学去拜望这位可敬的老前辈。

……在办公楼前，陈序经副校长指着对面一幢红色的洋楼，告诉我们："那就是陈老先生的家。"望去那景致十分幽雅……

陈老先生自从来到广州，一向闭门深居简出，他那多年失明的双目，现在在阳光之下，只能模糊地辨别外界的一点影子。中山大学为他特地修了一条小路，路面上涂了几层白灰，为的是使陈先生隐约地知道那里是路。人们也只有在这小路上偶而看到这位人人尊敬的长者闲适地漫步。

我们来在小楼下，果然门上贴着一副对联，写着"万竹竞鸣除旧岁，百花齐放听新莺"。[1]

多年不见他的踪迹，如今看到陈老先生的笔迹如故，便觉十分亲切。走进他的客厅，我留心注意那雅致的布置。一幅马衡先生题字的中堂悬挂在壁上，含着多少故人深厚的友谊。一座玻璃书柜满都是唐宋诗词集子，有两瓶含笑怒放的鲜花，点缀着小小的书屋，是一股勃勃的生气。我想这些东西一定是陈先生所最喜爱的。

陈老先生听说我们是北京来的客人，扶着手杖从书屋走出来。虽然他看不见我们，而我们却看见了这位离开北京七八年的老师，很高兴，心想，北京的老师们

---

[1] 新莺指广州京剧团一位京剧演员新谷莺。

又是多么怀念着您老先生呀！他那黑色的短发已渐露斑白，而神色很好，丰采依旧，精神上是很开朗的，并不像已六十七岁的老者。

我们问候他："您老近来可好呀！"

他说："我的肠胃不好，睡觉不好，一动就不消化。"又说："好吃的东西就不能吃，勉强吃一定不好，所以凡我觉得不相宜的东西，我就绝对不吃。"

陈老的记忆力还是那么好。谈起二三十年前的往事，历历可数，那年那月都记得那么清晰。他连连问到北京许多故友的近况。他关心地问起："俞平伯还好吗？""他在苏州的房子还在吗？""他还是住在那个老地方吗？""现在他还写字不写字？""他那个房子是不是他一家子住？"许宝骙同志把所知道的情况详细告诉了他。他听了很觉安慰，连说："那就好了！""那就好了！"

他又问起："向觉明（达）你们常碰见吗？""他的家眷还住在那个地方吗？""他在城里办公，有地方住吗？""王宪钧、沈有鼎还在北大吗？""钱锺书现在在哪里？""金龙荪（岳霖）的眼睛怎么样了？"想起沈有鼎，他说："我和他一齐到英国去，那时我们还住在一个宿舍里呢！"他是多么挂念着"老"北大、清华的故友们。我们为了让他老人家多休息休息，不敢久扰。临别时，他一再握手，要我们问候今在北京的北大、清华的朋友们好！

陈寅恪先生的故友们一定也很愿意知道他老先生的近况吧！

据我们所知，这几年，陈先生的学术研究没有停止。中山大学专门派有两位助手帮助他工作。他的论文常常发表在中山大学的学报上。我看见今年《中山大学学报》第一期上就有一篇《论唐代的番将和府兵》，是他的新作。据说，他还有些未发表的文稿。最近研究弹词《再生缘》，已写好一篇文章，因为还要再修改，不肯轻易示人。目前，他还要研究柳如是的事迹，关于中国历代女子梳装的样式，他也很感兴趣。

他还和历来一样，在家里开课。中大有一位副教授正在跟他专修隋唐史。

1957年4月1日，广州京剧团众名伶与中大教授联欢，情甚欢洽。图为是日联欢后陈寅恪夫妇与心仪名伶及友人合影。从左至右分别是：文化局陪同干部、张淑云（左2）、陈寅恪与唐篔、任凤仪（左5）、孙艳琴（左6）、端木正夫人姜凝（左7）以及端木正夫妇的两个孩子端木美（左8）、端木达（前排）。

　　他在广州生活上受到学校党政特殊的照顾，同学们也都很尊重这位前辈的学者。每天有人为他读报。他最近极爱听京剧，可惜广东京剧团演出的比较少。今年春节，广州京剧团主要演员被邀到中大作过一次清唱演出，难得陈老亲自出门去听赏。当他高兴地听罢归来，立即赋诗三首，还兴致勃勃地填对联一副，赠给这个京剧团。而尤其赞赏剧团中新谷莺、华兰苹两位演员。

　　对联是这样的："古董先生谁似我，新花齐放此逢君。"[1]

　　诗是这样的：

　　《丁酉上巳前二日广州京剧团及票友来校清唱，即赋三绝句》：

――――――――――――――――――――――

[1] 古董先生，古作"陈"解，指他自己，"董"指中大教授董每戡，因为看京剧时，有董君陪同。此句出自桃花扇曲词。新花齐放，"新"指新谷莺，"花"指华兰苹，"花"与"华"通，新花齐放取百花齐放意。

暮年萧瑟感江关，城市郊园倦往还。

来谱云和琴上曲，凤声何意落人间。[1]

沈郁轩昂各有情，好凭弦管唱升平。

杜公披雾花仍隔，戴子听鹂酒待倾。

红豆春生翠欲流，闻歌心事转悠悠。

贞元朝士曾陪座，一梦华胥四十秋。[2]

祝南、季思、每戡先生一笑。寅恪[3]

反右惊心绵绵恨

1957年3月12日，毛泽东在全国宣传工作会议上发表讲话，着重讲了知识分子问题、准备整风问题和加强党的思想工作问题，强调要继续贯彻执行"百花齐放、百家争鸣"的方针。[4]

4月27日，中共中央发出《关于整风运动的指示》。此次整风运动的主题是

---

[1]《陈寅恪集·诗集》，生活·读书·新知三联书店2009年版，第124页。自注：谓张淑云、孙艳琴两团员及任凤仪女士。

[2] 诗自注：四十余年前在沪，陪李瑞清丈观谭鑫培君演《连营寨》；后数年在京，又陪樊增祥丈观谭君演《空城计》。

[3] 卞僧慧：《陈寅恪先生年谱长编（初稿）》，中华书局2010年版，第302～304页。

[4] 中共中央文献研究室编：《毛泽东年谱（1949～1976）》（第三卷），中央文献出版社2013年出版，第106～109页。

正确处理人民内部矛盾，主要内容为反对官僚主义、宗派主义和主观主义，提高全党马克思主义水平，改进作风。[1]5月2日，《人民日报》发表经毛泽东审阅的社论《为什么要整风》。社论指出："这次整风的目的，就是要全党学会正确处理人民内部矛盾，以完成发展社会主义建设、建成社会主义国家的伟大任务。在革命胜利以后，党内的官僚主义、宗派主义、主观主义倾向有了新的滋长，许多同志喜欢采取单纯的行政命令的办法处理问题，对于名誉地位和形形色色的特权表现了很大的兴趣，而不愿意深入群众，同群众同甘共苦，坚持群众路线的工作方法，其中有少数人竟至沾染国民党作风的残余，不把工人、农民、学生、士兵、知识分子、民主党派、少数民族的群众看作自己人，不让他们有说话的机会，如果他们说了不满意的话，就对他们采取打击办法。很明显，我们党绝不能允许这种情况继续下去。"[2]

6月8日，中共中央发出《关于组织力量准备反击右派分子进攻的指示》。《指示》要求各级省市机关、高等院校和各级党委都要积极准备反击右派分子的进攻，认为"这是一场大战（战场既在党内，又在党外），不打胜这一仗，社会主义是建不成的，并且有出'匈牙利事件'的危险"。8日至11日，《人民日报》发表题为《这是为什么》等四篇社论，此后整风运动即转为全国范围的大规模的反右派斗争。[3]

6月2日，陈寅恪有《丁酉五日客广州作》诗。诗云：

---

［1］ 新华月报社编：《中华人民共和国大事记（1949～2004）》，人民出版社2004年版，第157页。

［2］ 中共中央文献研究室编：《毛泽东年谱（1949～1976）》（第三卷），中央文献出版社2013年出版，第144页。

［3］ 新华月报社编：《中华人民共和国大事记（1949～2004）》，人民出版社2004年版，第160页。

照影湘波又换妆，今年新样费裁量。

声声梅雨鸣筝诉，阵阵荷风整鬓忙。

好扮艾人牵傀儡，苦教蒲剑断银铛。

天涯节物鲥鱼美，莫负榴花醉一场。[1]

"声声梅雨鸣筝诉"，指知识分子的"鸣放"。"阵阵荷风整鬓忙"，指党内干部的所谓整顿工作作风。"好扮艾人牵傀儡"，谓整风运动和"鸣放"运动犹如端午节的艾人一般只是虚有其表。"苦教蒲剑断银铛"，谓知识分子对现实制度的批评只是以卵击石。[2]

蒋天枢曾于1982年给其外甥朱子方信中说："如《丁酉五日客广州作》一诗，句句是端阳，句句有寄托，试反复读之即见。"[3]

8月2日，陈寅恪有《丁酉七夕》诗。诗云：

万里重关莫问程，今生无分待他生。

低垂粉颈言难尽，右袒香肩梦未成。

原与汉皇聊戏约，那堪唐殿便要盟。

天长地久绵绵恨，赢得临邛说玉京。[4]

余英时认为，此诗也是为"反右"而作。[5]

10月9日下午，中国共产党八届三中全会举行最后一次会议。毛泽东在大会

[1]《陈寅恪集·诗集》，生活·读书·新知三联书店2009年版，第127页。

[2] 胡文辉：《陈寅恪诗笺释（增订本）》（下册），广东人民出版社2013年版，第886～889页。

[3] 胡文辉：《陈寅恪诗笺释（增订本）》（下册），广东人民出版社2013年版，第885页。

[4]《陈寅恪集·诗集》，生活·读书·新知三联书店2011年版，第129页。

[5] 余英时：《陈寅恪的学术精神和晚年心境》，《陈寅恪晚年诗文释证》，东大图书公司1998年版，第51页。

1959年，陈寅恪夫妇及两个女儿在广州"凌烟阁"留影。右一为姜凝。时姜的丈夫端木正被划为"右派"，正在高明县接受劳动改造。陈寅恪夫妇特意约上姜凝，与陈氏一家合影一帧，陈寅恪嘱姜凝一定要将照片寄与端木老师，意在"让他不要挂心"。（据姜凝回忆）

最后的讲话中断言："无产阶级和资产阶级的矛盾，社会主义道路和资本主义道路的矛盾，毫无疑问，这是当前我国社会的主要矛盾。"[1]

《诗刊》创刊于1957年1月，由中国作家协会主办，以发表当代诗歌作品为主，兼发诗坛动态、诗歌评论。《诗刊》诞生的1957年，陈毅即有多首诗歌在上面发表。其中有一首新诗《赠郭沫若同志》，与郭沫若的一首七律《赠陈毅同志》，同时发表在当年九期上。

1957年10月25日，《诗刊》编辑部来函向陈寅恪征稿。函云：

---

[1] 中共中央文献研究室编：《毛泽东年谱（1949～1976）》（第三卷），中央文献出版社2013年出版，第223页。

寅恪同志：

近来身体好吗？让我们首先向您致以热烈的问候。《诗刊》出版已十期了，在南方大约能读到它吧。我们早就想向您约稿，希望能得到您的大力支持和帮助。最近诗刊准备发表一些评论古典诗歌的文章，同时还希望发表一些旧体诗词。我们知道您是当今诗学一大家，如果能得到您的诗作或论述诗歌的文章在诗刊上发表，对诗学界必然会引起很好的影响。这也是我们诗学界爱好旧体诗的作者和学者们的愿望。您一向对史学界支持得多些。我们诗刊更希望您对文学和诗歌方面给予更多的支持和帮助。希望您能选一部分近作（或旧作），或者是论述唐代古典诗歌的文章给我们。相信一定会得到您的允许和支持的。让我们预先向您表示感谢！

此致敬礼！

《诗刊》编辑部

十月二十五日[1]

目前没有资料显示陈寅恪对《诗刊》的约稿作出过反应。

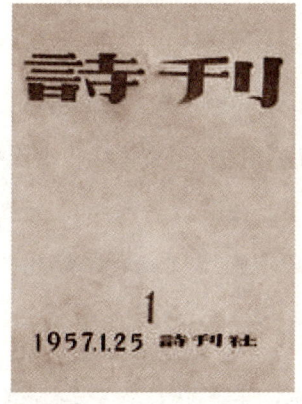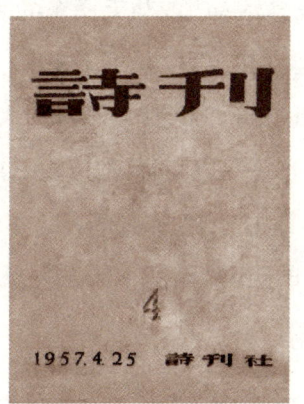

《诗刊》书影。

---

[1] 卞僧慧：《陈寅恪先生年谱长编（初稿）》，中华书局2010年版，第305页。

平泉树石已无根

1958年3月24日，农历二月初五，康有为女儿康同璧在北京东直门何家口家中举行康有为百年诞辰纪念会。康同璧当时已七十多岁了。与会者有李济深、章士钊、商衍鎏、徐彬，都是七十岁以上的老年人。会中由章士钊致辞，"就'家祭'二字发挥。六十年前，康有为在戊戌时代所期待的社会政治的改革，由拨乱世、升平世到太平世的理想，而今已经实现了，而今已经跨过了'小康'，走向'大同'去了"。[1]

海外人士评论说："中国共产党人，因康有为曾有公产即大同之语，故明知其为顽固派之保皇分子而论述每多恕词。"毛泽东1957年2月与首都新闻界座谈文艺思想时表示，对康有为、梁启超也不能抹煞。1958年允许对康有为进行半公开的纪念活动，或与毛泽东的表态有关。[2] "为纪念戊戌新政，北京方面已将康有为的《大同书》重新刊印。"[3]

曹聚仁说道："在家祭的当儿，大家都在默想：康氏所开辟的，乃是社会主义的道路，但要走这条道路，单靠幻想与热情是不够的。""康氏所悬挂的大同境界并不算很高，大部分的社会生活方式，在解放后八年间，已经做到了。而且社会主义的建设，其基本的先决条件，必须先建立一个强有力的政治组织。

---

[1] 曹聚仁：《北行二语·戊戌六十年》，《北行小语》，生活·读书·新知三联书店2002年版，第235页。

[2] 胡文辉：《陈寅恪诗笺释（增订本）》（下册），广东人民出版社2013年版，第924页注④。

[3] 曹聚仁：《北行二语·戊戌六十年》，《北行小语》，生活·读书·新知三联书店2002年版，第235～236页。

（这便是无政府主义派与共产党的分歧点）"[1]

　　陈寅恪作《南海世丈百岁生日献词——今年戊戌旧历二月初五日为康南海先生百岁生日，其女罗夫人同璧设祭京寓，远道闻之，感赋一律，不必投寄也》：

　　　　　此日欣能献一尊，百年世局不须论。

　　　　　看天北斗惊新象，记梦东京惜旧痕。

　　　　　元祐党家犹有种，平泉树石已无根。

　　　　　玉溪满贮伤春泪，未肯明流且暗吞。[2]

　　康有为与陈寅恪父亲散原老人有交往。散原老人有诗《过康更生辛园寓庐》《奉诵更生沪园守岁达元旦之作，走笔和酬》《更生于去岁六十生日，沪上游旧置酒为寿，因绘九老图。索补题一诗》《康更生翁既返丁家山寄庐，过访不遇，有诗见及。次和二绝》《更生翁既相过不遇，复馈盆菊池鱼，縢以三绝句。率和报谢》《寿康更生翁七十》，另有《康有为六十寿联》；康有为亦有诗《怀陈吏部伯严》《丁巳十月廿二夕，美公使派参赞武吏以专车护送至天津，感赋三章，写示散原先生》《三月三十日游南京清凉山，借同年陈散原联句》《乙丑十月朔，寥天台阅报，简散原贤兄》《九月望夕度西湖，访散原先生道兄，不遇》《乙丑九月晦，约散原先生赏菊持鳌》《散原先生酬和二诗，适举网得鱼，以双鱼赠之。约看菊饮酒而不来，占三诗索和》等。[3] 故陈寅恪称康有为氏为"世丈"。

---

[1] 曹聚仁：《北行二语·戊戌六十年》，《北行小语》，生活·读书·新知三联书店2002 年版，第236～237 页。

[2]《陈寅恪集·诗集》，生活·读书·新知三联书店2009年版，第130页。

[3] 胡文辉：《陈寅恪诗笺释（增订本）》（下册），广东人民出版社2013年版，第923～924页。

1958年正是戊戌变法六十周年。陈寅恪祖父陈宝箴、父亲陈三立在清末积极参与新政，以后皆因戊戌变法失败受牵连革职，陈寅恪当由康有为百年诞辰而对戊戌变法及自己家世有所感慨，遂有此作。

　　"元祐党家犹有种"，自注："指新会某世交也。"即新会梁启超后人。此时梁启超次子、考古学家梁思永已去世，则当指梁启超长子、建筑学家梁思成，谓维新党人尚有后人。"平泉树石已无根"，自注："借用李文饶平泉山居戒子孙记中'非吾子孙'之意。"平泉，平泉庄，唐代李德裕（字文饶）的私人园林，搜罗珍奇的花卉木石无数；李德裕《平泉山居戒子孙记》："虽有泉石，杳无归期。留此林居，贻厥后代。鬻吾平泉者，非吾子孙也。以平泉一树一石与人者，非佳士也。吾百年后为权势所夺，则以先人之命泣而告之：此吾志也。……唯岸为谷，谷为陵，然后已焉可也。"此句反用李德裕意，谓平泉庄的珍奇已无痕迹，指后人违背先辈的遗志。[1]梁启超晚年反对新兴的马克思主义思潮，尤其反对共产党。1951年，梁思成在思想改造时检讨说："在这次学习中，我也寻找到我的思想中接受父亲思想影响的一部分。我曾无条件地崇拜父亲，但并不见得认识他；现在我就更需要从革命的立场观点来认识他。""我自己的阶级意识，再加以那样的环境，更阻碍了我去接近进步的思想。"1956年2月在政协又有《永远一步也不再离开我们的党》的发言。在以后的"鸣放"运动中表现也十分配合，在正式反右之前，已表态支持中共领导，并有反对当时取消高校党委制度的言论。[2]

　　因该诗中有对梁氏后人的讽刺，所以题中有"不必投寄"一语，说明此诗并非应酬之作，而纯为抒发个人感受，不愿为外人道。[3]

　　梁思成对梁启超的批判，可比胡思杜对胡适的批判。1950年9月22日，胡适

　　[1] 胡文辉：《陈寅恪诗笺释（增订本）》（下册），广东人民出版社2013年版，第926～927页。
　　[2] 胡文辉：《陈寅恪诗笺释（增订本）》（下册），广东人民出版社2013年版，第927～928页。
　　[3] 胡文辉：《陈寅恪诗笺释（增订本）》（下册），广东人民出版社2013年版，第925页。

次子胡思杜在香港《大公报》发表《对我父亲——胡适的批判》，称胡适是"反动阶级的忠臣，人民的敌人"。

1950年11月至1951年1月，在京津高校的思想改造运动中，尤其在胡适曾任校长的北京大学，展开批判胡适运动，参与者包括胡适过去的同事、朋友及学生。当时大陆知识界公认"胡适是一个最具有代表性的、在旧学术界集反动之大成的人物"，并指出："不应是单纯地批判胡适这个人，而应该在北大和受过胡适影响的人身上搜寻胡适的影子。"夏承焘1951年12月17日日记："晨阅大公报，沈尹默、顾颉刚诸人批评胡适。此君得名太盛，物极必反。知识分子积习，彼可谓集大成者。晚节过河卒子之喻，尤自堕人格。尹默语甚激烈，顾尚持平。"[1]1952年，陈寅恪《吕步舒》一诗即讽刺过儿子和学生们对胡适的批判。

厚今薄古

1958年3月20日，陈伯达在国务院科学规划委员会第五次会议上谈哲学社会科学如何跃进的问题，认为办法就是"厚今薄古，边干边学"。[2]

5月15日，北京大学历史学系师生写信给郭沫若，请他谈谈关于历史研究和教学的方针问题。16日，郭沫若写了一封信答复他们。6月10日，《光明日报》发表了该信，题为《关于厚今薄古问题——答北京大学历史学系师生的一封

---

[1] 夏承焘：《天风阁学词日记》（三），《夏承焘集》（第七册），浙江古籍出版社、浙江教育出版社1997年版，第224页。

[2] 王亚夫、章恒忠主编：《中国学术界大事记（1919～1985）》，上海社会科学院出版社1988年版，第186页。

信》。[1]信中说：

资产阶级的史学家只偏重数据，我们对这样的人不求全责备，只要他有一技之长，我们可以采用他的长处，但不希望他自满，更不能把他作为不可企及的高峰。在实际上我们需要超过他。就如我们今天在钢铁生产等方面十五年内超过英国一样，在史学研究方面，我们在不太长的时期内，就在资料占有上也要超过陈寅恪。这话我就当到陈寅恪的面也可以说"当仁不让于师"。陈寅恪办得到的，我们掌握了马克思列宁主义的人为甚么办不到？我才不相信。

七八月间，中山大学历史系在整风、整学和科学研究改革运动中，开展辩论与批判。批判的重点，尤在陈寅恪。[2]《历史研究》1958年第十期发表了李锦全执笔的《中山大学历史系批判资产阶级学术思想的情况》一文：

今年七八月间，中山大学历史系在整风运动最后阶段，进行教学和科学研究改革运动时，对什么是历史科学这一问题，系里曾举行了大辩论。通过辩论大家明确了在历史研究上两条道路的斗争，认识到资产阶级的所谓历史科学是伪科学，从而批判了不少教工同学对某些资产阶级"权威"的盲目崇拜思想。特别批判了对陈寅恪教授的崇拜思想。过去不少人曾认为他的成就是不可企及的高峰，有的同学听课后，认为一辈子也赶不上他的渊博知识，但经过这次大量事实的揭露，大家认识到他治学只不过是资产阶级的一套，因而破除了迷信，思想获得解放，给以后大搞资产阶级学术思想批判工作，打下了思想基础。

八月下旬，学校整风运动胜利结束，即提出大搞科学研究向国庆献礼的号

---

[1] 王继权、童炜钢编：《郭沫若年谱》（下册），江苏人民出版社1983年版，第184页。
[2] 卞僧慧：《陈寅恪先生年谱长编（初稿）》，中华书局2010年版，第307页。

召，历史系响应这个号召，并决定以批判资产阶级学术思想作为研究重点之一，系里并成立了"资产阶级学术思想批判研究会"来领导这一项工作。经过近一个月的苦战，全系共完成批判论文七十一篇（占全系完成向国庆献礼的科学研究项目百分之十八），其中批判陈寅恪的学术思想的占三十六篇，这是我们这次批判的重点，因而各方面也谈得比较全面。从陈先生的政治思想到治学方法，都有专文加以批判，对陈先生的一些重要著作，如《隋唐制度渊源略论稿》《唐代政治史述论稿》《元白诗笺证稿》等书，都写有专篇批判论文，其余如对他的文化西来说、种族优劣论、对农民起义以及个人在历史上作用等问题的一些错误观点，也都写有专文给以批判。另外，因为陈先生这几年都在我系开课，他在课堂讲授中曾散播不少资产阶级思想毒素，这次部分曾听过陈先生课的教工同学，也组织了这方面的材料加以较系统的揭露和批判。除对陈先生外，对刘节教授的《中国史学史讲义》和他的唯心史观；梁方仲教授把学术与政治分离，认为历史科学为政治服务就会失真等一些错误看法，也都给以揭露和批判。[1]

陈寅恪在"厚今薄古"运动中受到批判后，被"拔白旗"，遂不再授课，专力著作。黄萱曾劝陈寅恪复课。陈寅恪说："是他们不要我的东西，不是我不教的。"[2]

1959年，中宣部副部长周扬曾来访，谈及教育问题。周扬说："我与陈寅恪谈过话，历史家，有点怪，国民党把他当国宝，曾用飞机接他走。记忆力惊人，书熟悉得不得了，随便讲哪知道哪地方。英法梵文都好，清末四公子之一。一九五九年我去拜访他，他问，周先生，新华社你管不管。我说有点关系。他说一九五八年几月几日，新华社广播了新闻，大学生教学比老师还好，只隔了半

---

[1]《历史研究》1985年第10期，第76页。

[2] 黄萱：《怀念陈寅恪教授——在十四年工作中的点滴回忆》，《纪念陈寅恪教授国际学术讨论会文集》，中山大学出版社1989年版，第69页。

陈寅恪摄于广州中山大学东南区1号楼寓所阳台。（1959年）

年，为什么又说学生向老师学习，何前后矛盾如此。我被突然袭击了一下。我说新事物要实验，总要实验几次。革命，社会主义也是个实验。买双鞋，要实验那么几次。他不大满意，说实验是可以，但是尺寸不要差得太远，但差一点是可能的。"[1]

---

[1] 周扬：《一九六二年八月十日在大连创作座谈会上的讲话》，转引自卞僧慧：《陈寅恪先生年谱长编（初稿）》，中华书局2010年版，第312页。

十 朋辈凋零业不荒

1960年，陈寅恪
在住宅前草坪留影。

吴宓来探望

1961年1月12日,杜国庠去世,终年七十二岁。杜国庠生前曾任中国科学院中南分院副院长、中国科学院哲学社会科学部学部委员、广东省政协副主席等职。对杜国庠之死,陈寅恪感到很难过,他说杜老是他的知己,很了解他,别人不了解他。[1]

1961年暑假,吴宓制定了一个出行计划,从重庆乘船下三峡,再从武汉南下到广州,从广州北上到北京,从北京西向到西安,从西安返回重庆。[2]

8月23日,吴宓从重庆乘船出发,25日船抵武汉。27日,吴宓拜访了陈登恪,陈登恪时为武汉大学外国语文系法语教授。29日晚,吴宓从武汉乘火车赴广州。30日夜半,抵达广州。陈寅恪让小彭夫妇和美延到车站内迎接。[3]

当日吴宓日记记载:

[1] 陆键东:《陈寅恪的最后二十年》,生活·读书·新知三联书店1995年版,第266页。
[2]《吴宓日记续编》(第五册,1961～1962),生活·读书·新知三联书店2006年版,第124页。
[3]《吴宓日记续编》(第五册,1961～1962),生活·读书·新知三联书店2006年版,第145～158页。

三十日夜十一时三十分始抵广州车站。

……于是出站，乘中山大学之汽车，过海珠桥，行久久（似甚远），方到中山大学；即入校，直抵东南区一号（洋楼）楼上陈宅。寅恪兄犹坐待宓来（此时已过夜半十二时矣）相见：寅恪兄双目全不能见物，在室内摸索，以杖缓步。出外由小彭搀扶而行。面容如昔，发白甚少，惟前顶秃，眉目成八字形。目盲，故目细而更觉两端向外下垂（八）。然寅恪兄精神极好，撮要谈述十二年来近况：始知党国初不知有寅恪，且疑其已居港。而李一平君有接洽龙云投依人民政府以是和平收取云南之功，政府询其所欲得酬，李一平答以二事：（甲）请移吴梅（瞿安）师之柩，归葬苏州——立即照办；（乙）请迎著名学者陈寅恪先生居庐山自由研究、讲学——政府亦允行，派李一平来迎。寅恪兄说明宁居中山大学较康乐便适（生活、图书），政府于是特致尊礼，毫不系于苏联学者之请问也！此后政府虽再三敦请，寅恪兄决计不离中山大学而入京：以义命自持，坚卧不动，不见来访之宾客，尤坚决不见任何外国人士（港报中仍时有关于寅恪之记载），不谈政治，不评时事政策，不臧否人物——然寅恪兄之思想及主张，毫未改变，即仍遵守昔年"中学为体，西学为用"之说（中国文化本位论），……但在我辈个人如寅恪者，则仍确信中国孔子儒道之正大，有裨于全世界，而佛教亦纯正。我辈本此信仰，故虽危行言殆，但屹立不动，决不从时俗为转移；彼民主党派及趋时之先进人士，其逢迎贪鄙之情态，殊可鄙也云云。[1]

第二天上午，吴宓即前往陈宅与陈寅恪聚谈。当日日记云：

是日上午9：00～11：00侍寅恪兄谈：寅恪专述十二年来身居此校"威武不能

[1]《吴宓日记续编》（第五册，1961～1962），生活·读书·新知三联书店2006年版，第158～160页。

屈"之事实，故能始终不入民主党派，不参加政治学习，不谈马列主义，不经过思想改造，不作"颂圣"诗，不作白话文，不写简体字，而能自由研究，随意研究，纵有攻诋之者，莫能撼动；然寅恪兄自处与发言亦极审慎，即不谈政治，不论时事，不臧否人物，不接见任何外国客人，尤以病盲，得免与一切周旋，安居自守，乐其所乐，不降志，不辱身，堪诚为人所难及；彼台湾、香港之报纸时有记载寅恪兄之近况及著作者，此类记载乃使人民政府及共产党更加意尊礼寅恪兄，以反证彼方报纸传闻之失实而表示我方之确能尊礼学者云尔。[1]

8月31日吴宓
日记手迹。

---

[1]《吴宓日记续编》（第五册，1961～1962），生活·读书·新知三联书店2006年版，第161页。

陈寅恪赠吴宓七律一首及《论〈再生缘〉》油印稿一册。[1]

诗为《辛丑七月雨僧老友自重庆来广州,承询近况,赋此答之》:

> 五羊重见九回肠,虽住罗浮别有乡。
>
> 留命任教加白眼,著书唯剩颂红妆。
>
> 钟君点鬼行将及,汤子抛人转更忙。
>
> 为口东坡还自笑,老来事业未荒唐。[2]

吴宓下午将《论〈再生缘〉》全书读完,然后三点半到五点半,又到陈宅与陈寅恪交谈。[3]

9月1日上午,吴宓再到陈寅恪家叙谈。晚,中山大学在黑石屋招待所餐厅设宴款待吴宓,以陈寅恪夫妇为主人,唐篔因病由小彭代表。客人为吴宓及长女吴学淑。陪客出席者有冼玉清、刘节及夫人钱澄(钱稻孙三女)、梁宗岱夫人甘少苏。

9月1日吴宓日记:

9:00(小雨)至陈宅:读《乾坤衍》;寅恪兄(微不适)9:40出,进牛乳咖啡,谈述(1)归玄奘骨灰及印度赠我国象,二事寅恪实首倡之(众莫敢言),政府卒行之而莫详所出;(2)坚信并力持:必须保有中华民族之独立与自由,而后可言政治与文化。若印尼、印度、埃及之所行,不失为计之得者。反是,则他人之奴仆耳。——寅恪论韩愈辟佛,实取其保卫中国固有之社会制度,其所辟者印度佛教"出家"生活耳。若十力翁之《乾坤衍》犹未免比附阿时,无异康有为之说孔子托古改制以赞

[1]《吴宓日记续编》(第五册,1961~1962),生活·读书·新知三联书店2006年版,第161页。
[2]《吴宓日记续编》(第五册,1961~1962),生活·读书·新知三联书店2006年版,第162页。
[3]《吴宓日记续编》(第五册,1961~1962),生活·读书·新知三联书店2006年版,第162页。

戊戌维新耳；（3）细述其对柳如是研究之大纲，柳心爱陈子龙，即其嫁牧翁，亦终始不离其民族气节之立场，赞助光复之活动，不仅其才之高、学之博，足以压倒时辈也。又及卞玉京、陈圆圆等与柳之关系，侯朝宗之应试，以父在，不得已而敷衍耳。总之，寅恪之研究"红妆"之身世与著作，盖藉此以察出当时政治（夷夏）、道德（气节）之真实情况，盖有深意存焉，绝非消闲、风流之行事……[1]

9月3日晨，陈序经及夫人邀请吴宓到家共进早餐，"陈序经畅谈南开中学及南开大学，论张伯苓、仲述兄弟及何廉；又详述陈寅恪兄1948年12月来岭南大学之经过（由上海来电，时序经任校长，竭诚欢迎）。"又谈到"解放后寅恪兄壁立千仞之态度：人民政府先后派汪篯、章士钊、陈毅等来见，劝请移京居住，寅恪不从，且痛斥周扬（周扬在小组谈话中，自责，谓不应激怒寅恪先生云云）。今寅恪兄在此已习惯且安定矣"。[2]

当日上、下午，吴宓两次陪陈寅恪谈话，笔录陈寅恪近年所作诗八篇十首。在陈宅晚饭。陈寅恪赠吴宓四绝句送别。[3]

问疾宁辞蜀道难，相逢握手泪汍澜。

暮年一晤非容易，应作生离死别看。

因缘新旧意谁知，沧海栽桑事已迟。

幸有人间佳耦在，杜兰香去未移时。

围城玉貌还家恨，桴鼓金山报国心。

孙盛阳秋存异本，辽东江左费搜寻。

[1]《吴宓日记续编》（第五册，1961～1962），生活·读书·新知三联书店2006年版，第162～163页。
[2]《吴宓日记续编》（第五册，1961～1962），生活·读书·新知三联书店2006年版，第166～167页。
[3]《吴宓日记续编》（第五册，1961～1962），生活·读书·新知三联书店2006年版，第169页。

弦箭文章那日休，蓬莱清浅水西流。

钜公漫诩飞腾笔，不出卑田院里游。[1]

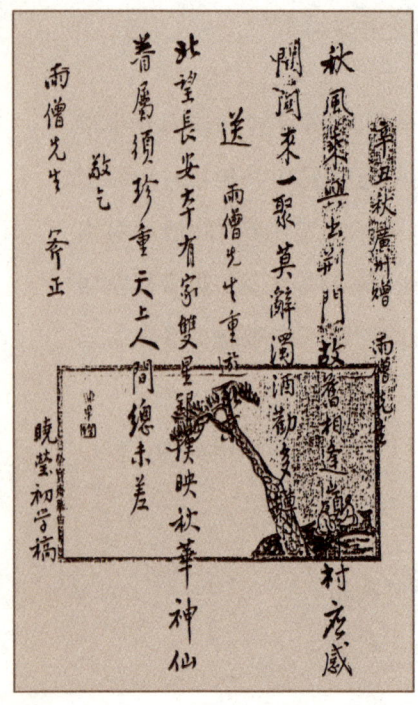

唐筼写赠吴宓诗二首，1961年9月书于广州。

唐筼也有两首诗赠吴宓，其一《辛丑秋广州赠雨僧先生》云：

秋风乘兴出荆门，故旧相逢岭外村。

应感间关来一聚，莫辞浊酒劝多樽。[2]

其一《送雨僧先生重游北京》云：

北望长安本有家，双星银汉映秋华。

神仙眷属须珍重，天上人间总未差。[3]

此诗主旨为劝吴宓与前妻陈心一复合。唐筼"又赠心一方糖一大包，强宓带京"。[4]

4日晨，吴宓乘火车离开广州北上。

[1]《陈寅恪集·诗集》，生活·读书·新知三联书店2009年版，第138页。
[2]《陈寅恪集·诗集》，生活·读书·新知三联书店2009年版，第129页；《吴宓日记续编》（第五册，1961～1962），生活·读书·新知三联书店2006年版，第168页。
[3]《陈寅恪集·诗集》，生活·读书·新知三联书店2009年版，第130页；《吴宓日记续编》（第五册，1961～1962），生活·读书·新知三联书店2006年版，第168页。
[4]《吴宓日记续编》（第五册，1961～1962），生活·读书·新知三联书店2006年版，第168页。

特殊供应遭非议

1960年，陈寅恪与唐筼在书斋。

1961年9月间，中共中央中南局第一书记陶铸在广州从化温泉召开"中南区高级知识分子座谈会"，并对广东省委文教领导小组作出指示。

1. 确定一个两千人的名单，包括高校副教授及相当于副教授的科研人员、工程技术人员、医疗卫生人员、作家、画家、音乐家、书法家、雕刻家、演员、国家级裁判、专业运动员及名匠巧手等，从1961年11月份起，每人每月补助食油一斤、猪肉一斤，每户补助粮食十斤（后来省委指示再增加食油一斤）。

2. 在上述名单基础上，再选出二百人的名单，对这些人实行保健制度，其诊病、用药、住院与厅局级干部同等待遇。对于如陈寅恪、姜立夫等一流著名学者，他们生活上的特殊需要和困难，全部由省委负责解决。

3. 在第二项名单内的高级知识分子，休假期间居住风景区招待所，按四分之一收费。

4. 由明年开始，每年分给一定数量的外汇归文教领导小组掌握，以解决学术界必须进口的治病用药和研究资料等问题。

5. 明年（1962年）1月恢复出版一个学术刊物，作为学术界开展争鸣的园地，广东人民出版社出版一些学者的学术著作，以便更好地体现"百花齐放，百家争鸣"的方针。[1]

10月11日，广东省委文教领导小组特别批准给陈寅恪特殊供应。14日，中山大学一位叫梁彬的老校工，替陈寅恪买回了广东省委文教领导小组特别批准供应给陈寅恪的副食品。16日，梁彬与总务处秘书将三十斤面粉、十斤面条、四斤花生油、四斤水果和二斤白糖亲自送到陈宅。梁彬对陈寅恪说，从昨天（15日）开始，政府每日专诚从华南农学院为陈寅恪供应鲜奶三支，并询问"三支够不够"，陈寅恪高兴地回答够了。陈寅恪说，他的身体"较适合吃牛奶、面包，面包因为发酵过，所以很松软"。

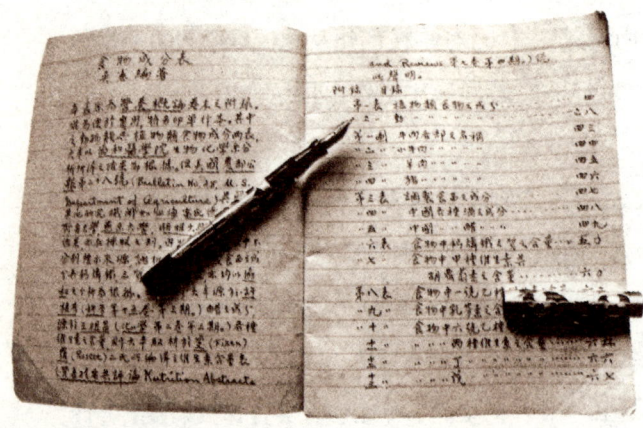

唐篑抄食物成分表，及唐篑的钢笔。

梁彬每天都要进城到位于广大路的广东教育局去取华南农学院送来的鲜奶，早去早回，然后分头派送。开始，只有陈寅恪、姜立夫、许崇清、陈序经、冯乃超等人

---

[1] 陈明远：《知识分子和人民币时代》，转引自卞僧慧：《陈寅恪先生年谱长编（初稿）》，中华书局2010年版，第322页。

可以享受这种特殊供应,后来经济形势渐好,中山大学一批二级教授都能享受这种供应。但只有陈寅恪一人能享受每日三支鲜奶。

11月份开始,广州粮食局特别为陈寅恪提供面粉、面条及食油的配额;广州第一商业局为陈寅恪提供穿与用的物品配额;广州第二商业局为陈寅恪提供副食品的配额。[1]

几年前,陶铸到中山大学视察,得知陈寅恪喜欢听京戏,闲时以收音机为伴,曾明确指示中山大学要为陈寅恪弄一部好的收音机。学校便让工会解决,工会便借了一台收音机给陈寅恪。谁知该收音机时好时坏,陶铸知道后很生气,说"学校不送我送"。1962年4月初,陶铸参观中国出口商品交易会,在展览厅看中一台牡丹牌落地式收音、电唱两用机,指示有关人员买下该机送给陈寅恪。4月14日,广东省委办公厅托中山大学转交一短笺给陈寅恪:"陈寅恪同志:遵照陶铸同志和省委指示,送上牡丹牌收音、电唱两用机壹部及唱片三十二张,供您使用,请收纳。"当天,中山大学派出两名人员到交易会运回这台两用机,送到了陈寅恪的家中。

7月11日,陈寅恪腿骨跌折,住进中山二医院,因年老未动手术。住院后的第三天,陶铸来看望。陈寅恪正痛得昏迷不醒,不知他来。多日后唐筼才告诉陈寅恪:陶铸来看过他。[2]

陈寅恪在中山二医院留住半年多,1963年1月21日,由医院抬回家,右腿尚未愈。陶铸给派护士三人,轮班照顾。[3]不久陶铸来看望陈寅恪,这是陈寅恪和陶铸的最后一次见面。陶铸来时正当广州发动疏散的时候,他劝陈寅恪疏散到从化温泉,陈寅恪因腹泻没去。[4]

[1] 陆键东:《陈寅恪的最后二十年》,生活·读书·新知三联书店1995年版,第343~345 页。
[2] 蒋天枢:《陈寅恪先生编年事辑(增订本)》,上海古籍出版社1997年版,第172页。
[3] 蒋天枢:《陈寅恪先生编年事辑(增订本)》,上海古籍出版社1997年版,第172页。
[4] 蒋天枢:《陈寅恪先生编年事辑(增订本)》,上海古籍出版社1997年版,第172页。

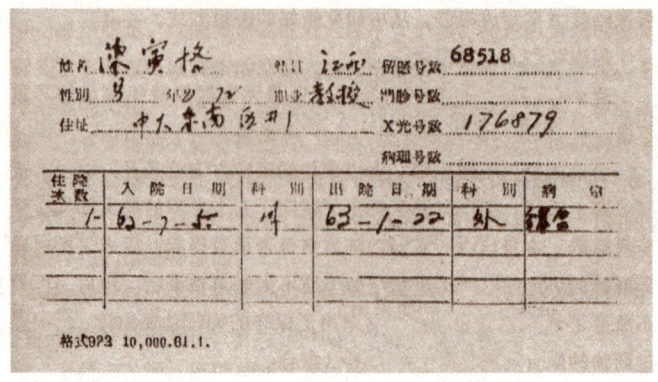

陈寅恪留医时的病案卡记录。

3月18日,中山大学向广东省委递交一份报告,报告开列了每个月护理和照顾陈寅恪生活所需开支的费用和物品,请求省委拨出专款。报告中所列费用和物品节录如下:

1. 考虑到附单所列药品和副食品不少是进口,请省委每月拨些专款作为购买食品和支付护士工资费用。

2. 每月所需副食品亦请省委批转有关部门按月供应。

陈教授每月所需副食品和费用(附单)

鸡:四只,估价三十二元,约一星期送一只。

鸡蛋:五斤,十元,每天二只。

水果:十五斤,十二元,每十天送一次。

鱼:十斤,二十元。

蘑菇:十五斤,十五元。

黄油:一斤,二十元。

护士:三人,共一百五十三元。

合计:二百六十二元。

另：

进口老人牌麦片1罐，

进口可可粉1罐，

陈教授需用药物（进口）。

（下略）[1]

7月24日，中山大学党委副书记马肖云借向陶铸汇报学校工作的机会，反映"群情"，抱怨陈寅恪待遇太高。没想到陶铸听后勃然大怒，说道：

你们学校有人讲，省三级干部会上有人讲，远在"新会会议"亦有人不满。陈先生，七十四岁，腿断了，眼瞎了，还在一天天著书。他自己失去了独立生活的能力，像个不能独立活动的婴儿一样，难道不需要人照顾吗？他虽然是资产阶级学者，但是他爱国，蒋介石用飞机接他他不去。（陶铸指马副书记）你若像陈寅老这个样子，眼睛看不见，腿又断了，又在著书立说，又有这样的水平，亦一定给你三个护士。[2]

膑足著书洗烦冤

1962年7月，陈寅恪住院期间作有诗《壬寅小雪夜病榻作》。诗云：

任教忧患满人间，欲隐巢由不买山。

剩有文章供笑骂，那能诗赋动江关。

[1] 陆键东：《陈寅恪的最后二十年》，生活·读书·新知三联书店1995年版，第390～391页。
[2] 陆键东：《陈寅恪的最后二十年》，生活·读书·新知三联书店1995年版，第394～395页。

住院 次数	诊　　　　断	手　　术	出院时情形
1	右股骨颈内股骨折不连接 高血压 消化障碍 陈旧性视网膜剥离（双） 肺气肿		好转 无变化 好转 无变化

陈寅恪住院半年，身体获得最后一次全面护养。出院前，院方对他的健康做过综合诊断："右股骨颈内股骨折不连接——好转"；"高血压——无变化"；"消化障碍——好转"；"陈旧性视网膜剥离——无变化"。但已成事实的"膑足"是陈寅恪暮年悲剧的开始。图为院方病案卡上列出的诊断结果。

今生积恨应销骨，后世相知傥破颜。

疏属汾南何等事，衰残无命敢追攀。[1]

1962年第五期《历史研究》报道了陈垣、陈寅恪、汤用彤、顾颉刚著述情况。

历史学家陈垣、陈寅恪、汤用彤、顾颉刚，解放后曾陆续修订重印了他们的旧著或出版了新著。现在他们仍在助手的帮助下辛勤地进行研究和古籍整理工作。

陈寅恪的著作，三联书店在1954年和1956年曾先后重版了他的《隋唐制度渊源略论稿》和《唐代政治史述论稿》。前者论述隋唐两代典章制度的渊源流变，分论礼仪、职官、刑律、音乐、兵制、财政各项；后者论述唐代统治集团的氏族

---

[1]《陈寅恪集·诗集》，生活·读书·新知三联书店2009年版，第143页。

及其升降, 政治上的党派斗争和少数民族盛衰的情况, 都有自己独到的见解。解放后出版的《元白诗笺证稿》, 经作者修订, 增补材料, 曾两次重版。书中以元白二家反映现实的作品印证史实, 于文史两个方面均有所发明。他的《钱柳姻缘笺证》即将完稿, 论文集《金明馆丛稿》也在计划编辑中。[1]

从医院回家后, 作有诗《入居病院疗足疾至今日适为半岁, 而足疾未瘳拟将还家度岁, 感赋一律 (旧历壬寅十二月十日) 》。诗云:

"膑足" 后的陈寅恪只能在护士、护工的搀扶下单腿站立。

> 不比辽东木蹋穿, 那能形毁尚神全。
> 今生所剩真无几, 后世相知或有缘。
> 脉脉暗销除岁夕, 依依听唱破家山。
> 酒兵愁阵非吾事, 把臂诗魔一粲然。[2]

[1]《陈垣、陈寅恪、汤用彤、顾颉刚著述情况》,《历史研究》1962年第5期, 第179~180页。
[2]《陈寅恪集·诗集》, 生活·读书·新知三联书店2009年版, 第144页。

暑假中，侄女小从自武昌来看陈寅恪，"时腿已折伤，人也瘦得很，见时心里很难过。幸六婶还康健，并有护士帮助照顾"。[1]

1963年冬，陈寅恪有《十年以来，继续草〈钱柳因缘诗释证〉。至癸卯冬粗告完毕。偶忆项莲生鸿祚云："不为无益之事，何以遣有涯之生。"伤哉！此语实为寅恪言之也。感赋二律》。诗云：

横海楼船破浪秋，南风一夕抵瓜州。

石城故垒英雄尽，铁锁长江日夜流。

惜别渔舟迷去住，封侯闺梦负绸缪。

八篇和杜哀吟在，此恨绵绵死未休。

世局终销病榻魂，谤台文在未须言。

高家门馆恩谁报，陆氏庄园业不存。

遗属只余传惨恨，著书今与洗烦冤。

明清痛史新兼旧，好事何人共讨论。[2]

12月12日，毛泽东在阅中共中央宣传部文艺处12月9日编印的内部刊物《文艺情况汇报》刊载的《柯庆施同志抓曲艺工作》一文时，批示："彭真、刘仁同志：此件可一看，各种艺术形式——戏剧、曲艺、音乐、美术、舞蹈、电影、诗和文学等等，问题不少，人数很多，社会主义改造在许多部门中，至今收效甚微。许多部门至今还是'死人'统治着。不能低估电影、新诗、民歌、美术、小说的成绩，但其中的问题也不少。至于戏剧等部门，问题就更大了。社会经济基础已经

---

[1] 蒋天枢：《陈寅恪先生编年事辑（增订本）》，上海古籍出版社1997年版，第174页。
[2]《陈寅恪集·诗集》，生活·读书·新知三联书店2009年版，第147页。

改变了，为这个基础服务的上层建筑之一的艺术部门，至今还是大问题。这需要从调查研究着手，认真地抓起来。许多共产党人热心提倡封建主义和资本主义的艺术，却不热心提倡社会主义的艺术，岂非咄咄怪事。"[1]

1963年第三次政治排队，陈寅恪仍为"中右"。[2]

"盖棺有期，出版无日"

1962年2月26日，陶铸陪同胡乔木来看望陈寅恪。[3]胡乔木时任中共中央委员、中共中央书记处候补书记。

在陶铸向陈寅恪介绍国家这几年的经济形势时，陈寅恪突然发问："为何出现了那么多的失误？为何弄得经济如此困难？"胡乔木笑着回答陈寅恪，就好比在一个客厅里将沙发、柏椅不断地搬来搬去，目的是想寻找更好的位置，所以就免不了产生搬来搬去的失误，就好比经历了一场地震一样。陈寅恪听完以后只说了一句"你这个比喻很聪明"。[4]

陈寅恪又问起自己的旧稿重印，交到出版社已经多年，为何却迟迟不予出版，并说："盖棺有期，出版无日。"胡乔木笑答："出版有期，盖棺尚远。"[5]

据陈寅恪第六次交代底稿记载：

[1] 中共中央文献研究室：《毛泽东年谱（1949～1076）》第五卷，中央文献出版社1913年版，第228页。
[2] 陆键东：《陈寅恪的最后二十年》，生活·读书·新知三联书店1995年版，第392页。
[3] 陆键东：《陈寅恪的最后二十年》，生活·读书·新知三联书店1995年版，第358页。
[4] 陆键东：《陈寅恪的最后二十年》，生活·读书·新知三联书店1995年版，第358～359页。
[5] 蒋天枢：《陈寅恪先生编年事辑（增订本）》，上海古籍出版社1997年版，第171～172页。

大约是一九六二年早春，正是上海昆剧团在广州演出完毕的时候，陶铸陪同胡乔木来的，胡是来广州休养的。经过介绍之后，先由胡乔木谈话。他说在清华时可惜没有机会听我所教历史系三四年级的课，后来他就离开清华去了。又谈起我的旧论文稿集起来重印事，我早已交给书局，迟迟还没有出版，因此我说"盖棺有期，出版无日"。他笑着说"出版有日，盖棺尚远"。又谈起张奚若因公来广州，来家看我，讲他听了俞振飞昆曲《太白醉写》，非常好。我不曾得到入场券。我也很喜欢听这出戏。胡乔木说，如能请他再演一次大家听听很好。后来始终没能再演成。大约是班底和道具等都已运回上海。[1]

　　1954年，人民出版社准备出版陈寅恪四十年代初写成的《唐代政治史述论稿》，合同已经订好，出版日期却拖延下来。同年9月，陈寅恪突然接到教务处的一个电话，说是学校一同事想借阅《唐代政治史述论稿》的底本。陈寅恪同意借出。取书人带着条子上陈家取走了该底本。来人刚走，唐篔突然发现那张条子上有"检送"的字样。陈寅恪大怒，连说"为何我的著作要去检送？"让唐篔马上去教务处取回底本。唐篔赶到办公室时，底本已用信封装好，封面"中共华南分局马皓同志收"的墨迹犹新未干。[2]

　　1955年10月25日，人民出版社来函，称《唐代政治史述论稿》一书已转到中华书局出版。11月19日，中华书局来函告知要更改出版合同：（1）出版权永归书局；（2）第一版以后再版一万册每次稿费递减20%（原来重版稿费不减）。陈寅恪回函："声言宁愿不出版，也不答应改动合同。"一个月后，人民出版社再次来函，称该书稿现已收回自己出版。1956年，《唐代政治史述论稿》终于以三联书店名义出版。尽管陈寅恪一直坚持著述不作改动，出版社还是对一些字句作

---

　　[1] 蒋天枢：《陈寅恪先生编年事辑（增订本）》，上海古籍出版社1997年版，第171～172页。
　　[2] 陆键东：《陈寅恪的最后二十年》，生活·读书·新知三联书店1995年版，第154页。

了修改，并且在书印好后才告知陈寅恪。[1]

1958年9月2日，中华书局上海编辑所致信陈寅恪："前想先生将尊撰有关古典文学论著编集交我所出版，承俞允，良深感激。兹为编制出版规划，至希赐告该集交稿日期，俾能列入规划为祷。"[2]

9月6日，陈寅恪复信。云：

昨接尊处1958年9月2日（58）华沪编字第0632号函"函询论文集交稿日期"。拙著拟名为"金明馆丛稿初编"，若无特别事故，大约可在1959年2月以后8月以前交稿。[3]

1959年2月27日，陈寅恪女儿陈小彭给中华上编所信："家父因血压甚高，遵医生之嘱：不多说话，不可用心。"中华上编所于1959年6月4日复信慰问，并询交稿确期。陈寅恪遂于6月7日回信。云：

贱躯自去年至今疾病缠绵，以致整理旧稿工作完全停顿。前次预拟交稿之期未能实行，曷胜歉疚。但俟健康稍复，自当继续整理旧稿工作。何时能告一段落，现尚未敢预言也。专此奉复，并希鉴谅是幸。[4]

1959年7月，中华上编所副总编辑陈向平赴广州期间拜访陈寅恪，并赠新印

[1] 陆键东：《陈寅恪的最后二十年》，生活·读书·新知三联书店1995年版，第155页。
[2] 高克勤：《陈寅恪先生致中华书局上海编辑所书信辑注》，《中华文史论丛》2008年第2辑，上海古籍出版社2008年版，第384页。
[3] 高克勤：《陈寅恪先生致中华书局上海编辑所书信辑注》，《中华文史论丛》2008年第2辑，上海古籍出版社2008年版，第384页。
[4] 高克勤：《陈寅恪先生致中华书局上海编辑所书信辑注》，《中华文史论丛》2008年第2辑，上海古籍出版社2008年版，第384页。

线装《古本董解元西厢记》。1959年8月14日，中华上编所又致信陈寅恪催问"金明馆丛稿初编"整理情况。8月18日，陈寅恪复信。云：

> 月前陈向平先生过访，并承赠新印董西厢，感荷，感荷！拙著"金明馆丛稿初编"现因疾病缠绵，未能寄上付印，甚为歉疚！前已函陈，并面向陈先生说明。俟整理补正告一段落，当即寄上。专此奉复，敬希鉴宥是幸。[1]

1961年8月，中华上编所又致信陈寅恪催问《金明馆丛稿初编》整理情况。9月2日，陈寅恪复信云：

> 寅恪现正草"钱柳因缘诗释证"，尚未完稿。拟一气呵成后，再整理"金明馆丛稿初编"。年来旧病时发，工作进行迟缓，想必能鉴谅也。[2]

信中所述"钱柳因缘诗释证"，即后来出版的《柳如是别传》，陈寅恪于1954年始撰此稿，至1964年方完成。

1961年11月，在"中华书局一九六二年编辑发稿计划（初稿）"中，谈到"一九六二年我局将加强学术著作的编辑和发稿工作"时，在"个人研究成果方面"，将陈寅恪的学术论文集的出版列入计划。[3]

1962年1月8日，周扬在与广东社联等单位的座谈中指出："研究机关对资料的收集整理、研究，应该担负具体的任务，应该提出整理、研究资料的具体

---

[1] 高克勤：《陈寅恪先生致中华书局上海编辑所书信辑注》，《中华文史论丛》2008年第2辑，上海古籍出版社2008年版，第384页。
[2] 高克勤：《陈寅恪先生致中华书局上海编辑所书信辑注》，《中华文史论丛》2008年第2辑，上海古籍出版社2008年版，第384页。
[3] 徐庆全：《陈寅恪〈论再生缘〉出版风波》，《南方周末》2008年8月28日。

计划。如梁启超的著作，解放后我们还未出版过，应该挑选出版。近代人物的著作，全国都要研究。需要注解、标点、说明。康有为、梁启超、朱执信的著作，应该出版，要作整理。对活着的人的著作也应该出版，如陈寅恪、陈垣的著作，就应该出版。只要有学术价值的，政治上不反动，不管观点如何，可以出，印数可以少一点。"

1962年3月30日，陈寅恪致函中华上编所，云：

《元白诗笺证稿》一九五九年十一月新一版已着手重印，甚感。兹有两点请加注意：

（一）年前偶见荷兰海牙汉学杂志"通报"论杨贵妃事曾引此书一九五七年国外翻印之旧版，故此次新版印出后，请将此校补本一部分运至香港中华书局发售，以资纠正而保版权。（二）书面皮色可否用深色有花纹者？又现正写"钱柳因缘诗释证稿"，已至最后一章。但因材料困难，问题复杂，非一气呵成然后再整理旧稿（即"金明馆丛稿初编"）不可，否则必将功亏一篑也。至旧稿须补正之处颇多，新添之意见及材料亦非自己动手不能满意。若旧稿未及整理而盖棺之期已到，则只好听诸后人而已。总之，卖驴之券、倚马之文，固非烛武之才、师丹之岁所敢效法者也。专陈实况，尚希见宥是幸。[1]

中华上编所收信后，于4月16日复函云：

承示"钱柳因缘诗释证稿"已写至最后一章，并拟一气呵成然后再整理"金明馆丛稿初编"，闻悉之余，深感欣幸。对于尊著企仰已久，钱、金两稿脱稿以

---

[1] 高克勤：《陈寅恪先生致中华书局上海编辑所书信辑注》，《中华文史论丛》2008年第2辑，上海古籍出版社2008年版，第384页。

后，祈即惠寄我所出版，不胜感荷。《元白诗笺证稿》日内将付重印，所嘱注意二点，自当遵办。[1]

1962年5月，中华上编所副总编辑戚铭渠赴广州期间拜访陈寅恪，重提"钱柳因缘诗释证稿""金明馆丛稿初编"出版事，陈寅恪答应出版。戚铭渠回到上海后，即将两书约稿合同寄上。因是格式合同，有一些固定条款，陈寅恪表示不能同意。5月14日复信云：

约稿合同四份均收悉。披阅应共同遵守各条，（甲）约稿第一条中之第二目，于拙著中所引书一一注出页数及出版者和出版年月等，皆不能办到。又拙著中故意杂用名、字、别号。人名如钱谦益、受之、牧斋、东涧、聚沙居士等。地名有时用虞山，有时用常熟等，前后不同，以免重复，且可增加文字之美观。故不能同意。（乙）拙稿不愿意接受出版者之修改或补充意见。故第二条完全不能同意。（丙）拙稿尚未完毕，交稿日期自不能预定，字数更无从计算。故此两项亦不能填写。因此将约稿合同四份寄还，请查收。总之，尊处校对精审，本愿交付刊行。但有诸种滞碍，未敢率尔签订。倘能将上列诸项取消，则可再加考虑也。[2]

中华上编所收到信后，于5月22日复信："我所前寄之约稿合同，原为适用于一般作者，现已于接来示后另行拟订，并随函附奉四份，如荷同意，请将其中两份于签署后寄还我所为感。"[3]

---

[1] 高克勤：《陈寅恪先生致中华书局上海编辑所书信辑注》，《中华文史论丛》2008年第2辑，上海古籍出版社2008年版，第384页。

[2] 高克勤：《陈寅恪先生致中华书局上海编辑所书信辑注》，《中华文史论丛》2008年第2辑，上海古籍出版社2008年版，第384页。

[3] 高克勤：《陈寅恪先生致中华书局上海编辑所书信辑注》，《中华文史论丛》2008年第2辑，上海古籍出版社2008年版，第384页。

此次约稿合同很简单，仅云：

中华书局上海编辑所代表人李俊民，约请陈寅恪同志所著《　　　　》一稿，于完稿后交中华书局上海编辑所出版。俟本稿正式出版后，除按照规定致付稿酬外，并另订出版合同。本约稿合同一式两份，双方各执一份。[1]

5月26日，陈寅恪复信云：

约稿合同四份均收悉。披阅之下，似觉空泛。鄙人前函所坚持之意见，……又两稿皆系文言，故不欲用简体字。标点符号，自可照《元白诗笺证稿》之例。尊处此次来函，皆未具体规定，明白同意。将来恐多争论。总之，拙稿尚未完成，俟完成后寄交尊处。如以为可用，即付刊印，再订合同。如以为不可用，请即刻退还。此时不必签署约稿合同，转嫌蛇足也。……[2]

7月25日，中华上编所致信陈寅恪。

顷自陈守实、蒋天枢二先生处获悉，先生近有伤足之恙，不胜系念，想无大碍否？至望珍摄，早臻康复。关于先生论文结集出版事宜，前曾数次奉洽，此次亦扰陈、蒋两先生言及，云已编就，闻之欣忭。未知全稿能否即予赐寄，我所当尽快安排出版，以慰读书界多年想望之殷。有关印制注意事项，并请开示数条，无不遵办。[3]

---

[1] 高克勤：《陈寅恪先生致中华书局上海编辑所书信辑注》，《中华文史论丛》2008年第2辑，上海古籍出版社2008年版，第384页。
[2] 高克勤：《陈寅恪先生致中华书局上海编辑所书信辑注》，《中华文史论丛》2008年第2辑，上海古籍出版社2008年版，第384页。
[3] 高克勤：《陈寅恪先生致中华书局上海编辑所书信辑注》，《中华文史论丛》2008年第2辑，上海古籍出版社2008年版，第384页。

又云:

我所编印之不定期刊《中华文史论丛》,在各方大力支持下,第一辑即可出版,届时当寄奉请正。我们希望的是能得到先生的文章,以光篇幅。大作《再生缘考》虽未公开发表,但学术界早已遐迩传说,均以未见印本为憾。据闻香港商人曾盗印牟利,实堪痛恨。为满足国内读者渴望,此文实有早予公开发布必要。是否可交《论丛》发表,如何?甚望即加考虑,示复为感。[1]

8月1日,陈寅恪复信云:

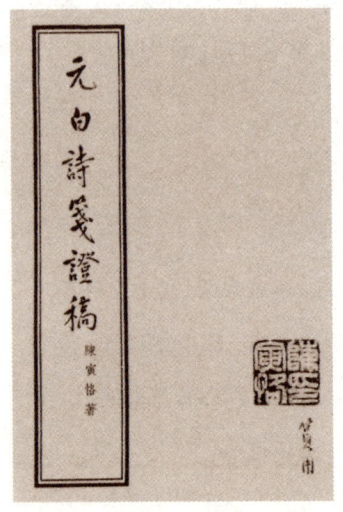
箦用《元白诗笺证稿》封面。

鄙人不慎伤足,速劳慰问,感甚。原来计划,先将"钱柳因缘诗释证稿"一气完成后,再整理"金明馆丛稿初编"。故旧稿至今全未着手整理。来示所言即交付印一节,实不可能。又拙著"论再生缘"一文尚待修改,始可公开付印。目前实无暇及此。来函所云一切,未能从命,歉甚。[2]

中华上编所于1958年4月出版《元白诗笺证稿》后,拟予重版,因于1959年8月21日致信陈寅恪,请他另撰校补记。

---

[1] 高克勤:《陈寅恪先生致中华书局上海编辑所书信辑注》,《中华文史论丛》2008年第2辑,上海古籍出版社2008年版,第384页。
[2] 高克勤:《陈寅恪先生致中华书局上海编辑所书信辑注》,《中华文史论丛》2008年第2辑,上海古籍出版社2008年版,第384页。

关于《元白诗笺证稿》校补问题，因字数较多，而全书每页又都系接排，并无余白，如临时插入，则每页皆须改版。即无异将全书重新改排，因此我们的意见，请另撰《校补记》。[1]

陈寅恪接到上编所意见后，即于当年8月24日回函表示同意照办。撰成《元白诗笺证稿》新一版后所附校补记三条。1962年6月，上编所将《元白诗笺证稿》新一版二次校订本一部寄给陈寅恪，请陈审阅并提供修订意见后寄还。至1965年11月，已逾三年，未见陈寅恪寄去修改意见，又于11月16日来函催促。陈寅恪接到此函后，即将三年内所应更改增加之处，列为十条（即第四条至第十三条），挂号寄给上编所。[2]

1965年11月20日，陈寅恪给中华书局上编所信：

兹寄上《元白诗笺证稿》校补记一份，第四条至第十三条共廿六页。请查收照印于前新一版校补记第三条之后，并赐寄收条为荷。又请注意下列两点：（一）标点符号请照原稿。（二）请不要用简体字。[3]

12月1日，中华上编所收到陈寅恪信后，致信陈寅恪。

尊著《元白诗笺证稿》的补文亦已妥收，勿念。日前曾寄上《元白诗笺证稿》

---

[1] 高克勤：《陈寅恪先生致中华书局上海编辑所书信辑注》，《中华文史论丛》2008年第2辑，上海古籍出版社2008年版，第384页。

[2] 高克勤：《陈寅恪先生致中华书局上海编辑所书信辑注》，《中华文史论丛》2008年第2辑，上海古籍出版社2008年版，第384页。

[3] 高克勤：《陈寅恪先生致中华书局上海编辑所书信辑注》，《中华文史论丛》2008年第2辑，上海古籍出版社2008年版，第384页。

校订本一册,如已处理完毕,请即掷还为荷。[1]

陈寅恪并未收到上编所所寄《元白诗笺证稿》校订本。因此,于12月6日回信云:

兹另寄《元白诗笺证稿》新一版一本,请查收,并与一九六五年十一月廿日寄上之校补记十条合并参阅,当可明了一切矣。[2]

1963年3月,陈寅恪终于将整理好的《金明馆丛稿初编》寄给中华上编所,内收文章二十篇。《金明馆丛稿初编》自序云:"此旧稿不拘作成年月先后,亦不论其内容性质,但随手便利,略加补正,写成清本,即付梓人,以免再度散失,殊不足言著述也。一九六三年岁次癸卯陈寅恪识于广州金明馆。"中华上编所接到来稿后,即由梅林、金性尧两位编辑先后审读。当年9月,两人分别写出审读报告,就稿件中涉及少数民族称呼和邻国关系等问题提出处理意见。1966年2月中华上编所领导反复审读后,拟出意见,报上海市出版局,由他们决定是否出版。3月,中华书局领导内部传阅了这份意见。意见中除了稿件涉及少数民族称呼和邻国关系等问题外,还说:"作者从资产阶级唯心史观出发,完全无视封建时代被统治阶级对统治阶级的剥削、压迫所进行的斗争,而以婚姻集团、地域关系和宗教信仰作为历史演变的根据。"基本上否定了该书。"文化大革命"开始,稿件也就被搁置下来。[3]

---

[1] 高克勤:《陈寅恪先生致中华书局上海编辑所书信辑注》,《中华文史论丛》2008年第2辑,上海古籍出版社2008年版,第384页。
[2] 高克勤:《陈寅恪先生致中华书局上海编辑所书信辑注》,《中华文史论丛》2008年第2辑,上海古籍出版社2008年版,第384页。
[3] 徐庆全:《陈寅恪〈论再生缘〉出版风波》,《南方周末》2008年8月28日。

向达来访

1964年春,向达来广州看望陈寅恪。向达早就准备整理唐玄奘《大唐西域记》,这次他来到广州,主要向陈寅恪请教《大唐西域记》中一些涉及梵文的问题。向达虽然懂四门外语,但对书中的一些梵语还是拿不准。[1]陈寅恪已经失明、伤足,但是故人来访,十分兴奋,口赋三绝:《甲辰春分日赠向觉明》,由唐筼笔录下来并亲自送到中山大学招待所交给向达。[2]诗如下:

> 慈恩顶骨已三分,西竺遥闻造塔坟。
> 吾有丰干饶舌悔,羡君辛苦缀遗文。
>
> 梵语还原久费工,金神宝枕梦难通。
> 转怜当日空奢望,竟与拈花一笑同。
>
> 握手重逢庾岭南,失明膑足我何堪。
> 倘能八十身犹健,公案他年好共参。[3]

这年陈寅恪七十四岁,"倘能八十身犹健"应是1970年。大约他们计划这项工作四五年时间能够完成。岂料"文化大革命"开始不久,向达被摧残致死,陈

---

[1] 陆键东:《陈寅恪的最后二十年》,生活·读书·新知三联书店1995年版,第415页。
[2] 陆键东:《陈寅恪的最后二十年》,生活·读书·新知三联书店1995年版,第417页。
[3] 《陈寅恪集·诗集》,生活·读书·新知三联书店2009年版,第150页。

寅恪也于1969年逝世，以致"转怜当日空奢望"的诗句，竟成谶语。[1]

蒋天枢二度南来探望

　　1964年5月29日，蒋天枢自上海抵广州，预祝陈寅恪七十五诞辰。来广州前，蒋天枢邮寄明袁绸刊本《世说新语》一书为寿。抗战期间，陈寅恪由香港去昆明经历滇越铁路时，失去两大木箱书籍，其中有批注本《世说新语》多部，所以蒋天枢特奉此书祝寿。唐篑和小彭用车到火车站迎接，因此蒋天枢能很快到东南区一号楼上晋谒老师。此时，陈寅恪已能由两护士夹扶起立，只是不能再如往昔由唐篑陪同在校园内散步了。陈寅恪还让小彭陪同蒋天枢游览市区和黄花岗、佛山等地。

　　6月10日，蒋天枢离开广州乘飞机返回上海。陈寅恪作《甲辰四月赠蒋秉南教授》三绝句。诗云：

　　　　　　音候殷勤念及门，远来问疾感相存。

　　　　　　郑王自有千秋在，尊酒惭难与共论。

　　　　　　草间偷活欲何为，圣籍神皋寄所思。

　　　　　　拟就罪言盈百万，藏山付托不须辞。

---

[1] 萧良琼：《向达》，刘启林主编：《当代中国社会科学名家》，社会科学文献出版社1989年版，第201～202页；转引自卞僧慧：《陈寅恪先生年谱长编（初稿）》，中华书局2010年版，第330页。

俗学阿时似楚咻，可怜无力障东流。

河汾洛社同邱貉，此恨绵绵死未休。[1]

蒋天枢临行，陈寅恪又撰序为赠。《赠蒋秉南序》云：

清光绪之季年，寅恪家居白下，一日偶检架上旧书，见有易堂九子集，取而读之，不甚喜其文，惟深美其事。以为魏丘诸子值明清嬗蜕之际，犹能兄弟戚友保聚一地，相与从容讲文论学于乾撼坤岌之际，不谓为天下之至乐大幸，不可也。当读是集时，朝野尚称苟安，寅恪独怀辛有索靖之忧，果未及十稔，神州沸腾，寰宇纷扰。寅恪亦以求学之故，奔走东西洋数万里，终无所成。凡历数十年，遭逢世界大战者二，内战更不胜计。其后失明膑足，栖身岭表，已奄奄垂死，将就木矣。默念平生固未尝侮食自矜，曲学阿世，似可告慰友朋。至若追踪昔贤，幽居疏属之南，汾水之曲，守先哲之遗范，托末契于后生者，则有如方丈蓬莱，渺不可即，徒寄之梦寐，存乎遐想而已。呜呼！此岂寅恪少时所自待及异日他人所望于寅恪者哉？虽然，欧阳永叔少学韩昌黎之文，晚撰五代史记，作义儿冯道诸传，贬斥势利，尊崇气节，遂一匡五代之浇漓，返之淳正。故天水一朝之文化，竟为我民族遗留之瑰宝。孰谓空文于治道学术无裨益耶？蒋子秉南远来问疾，聊师古人朋友赠言之意，草此奉贻，庶可共相策勉云尔。甲辰夏五七十五叟陈寅恪书于广州金明馆。[2]

老年陈寅恪。

[1]《陈寅恪集·诗集》，生活·读书·新知三联书店2009年版，第151页。

[2]《陈寅恪集·寒柳堂集》，生活·读书·新知三联书店2009年版，第182页。

蒋天枢曾抄录诗稿一册,归后遍觅不得,可能在路上丢失。[1]

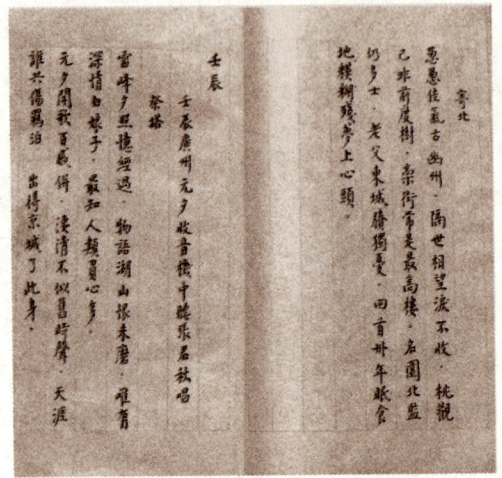
唐筼手抄陈寅恪诗作誊正本。

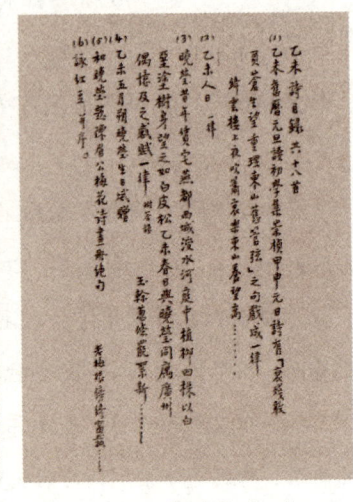
唐筼手书自编《陈寅恪诗目》。

周一良来探望

1964年秋天,周一良陪外宾去广州,短暂停留。一天晚上去探望陈寅恪。陈寅恪对于周一良的到来很高兴,对北方旧友垂询甚殷。[2]

回到北京后,10月14日,周一良致书陈寅恪。

陈先生、陈师母:

自广西返京后叩晤俞大缜先生,据云所带食油早已收到,并已写信给您。

我问清华图书馆毕树棠先生,他查了一阵,说清华未入藏《语言与文学》。

---

[1] 蒋天枢:《陈寅恪先生编年事辑(增订本)》,上海古籍出版社1997年版,第163页。
[2] 周一良:《我的〈我的前半生〉》,《中国史研究动态》1990年第2期。

以后又问了几位，辗转获悉余冠英先生尚藏有此书。昨已借到并抄一份，随函寄奉。历史记载上的"西胡"兼及今天中国境内的少数民族和边界以外的中亚甚至西亚国家，行文如何区别，以免引起误会，倒是一件麻烦事。邵循正先生患哮喘，到小汤山休养，尚未返校。陈庆华同志患结核及糖尿，在西山亚洲学生疗养院疗养，一时也还不能回来。

不一一，即致敬礼！一良谨上　六四．十．十四[1]

1937年6月《语言与文学》载有陈寅恪所撰《狐臭与胡臭》一文，后收入《寒柳堂集》中。原刊出版正当卢沟变作之前夕，北方局势日益危急。虽属清华本校刊物，竟未及入藏。陈寅恪此次编辑文集，收集散见历年各报刊之旧作，特嘱周一良回京到清华图书馆查《语言与文学》一刊。[2]

挽冼玉清诗

冼玉清生于1895年，比陈寅恪小五岁，二十年代即有诗名，著有《碧琅玕馆诗稿》。陈三立、郑孝胥两人读过《碧琅玕馆诗稿》后，分别给予很高的评价。陈三立评语为"清雅疏朗，秀骨亭亭，不假雕饰，自饶机趣"，并亲笔为冼玉清的书斋"碧琅玕馆"题写一匾。冼玉清视此匾为毕生珍藏，无论迁居何处，总是高悬于居所正中。[3]

————————

[1] 卞僧慧：《陈寅恪先生年谱长编（初稿）》，中华书局2010年版，第333页。
[2] 卞僧慧：《陈寅恪先生年谱长编（初稿）》，中华书局2010年版，第334页。
[3] 陆键东：《陈寅恪的最后二十年》，生活·读书·新知三联书店1995年版，第42～43页。

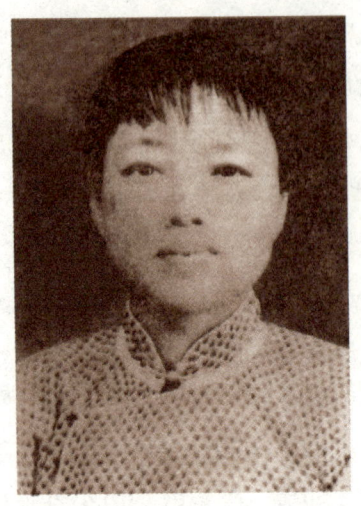

30余岁时的冼玉清。　　　　　　50年代的冼玉清，时任岭南大学
　　　　　　　　　　　　　　　文物馆馆长。

　　1941年底，香港沦陷，陈寅恪一家被困，当时也客寓香港的冼玉清托人给陈寅恪送去价值四十港元的"军票"，陈寅恪没有收下。[1]

　　1949年，陈寅恪来到岭南大学后，与冼玉清同事，不时有诗唱和。冼玉清与陈寅恪一家建立了深厚的友谊，并参与了陈家的许多家事。大到和校方应对，小到家中女儿在哪里读书、工作，甚至陈家女儿的婚恋等等，冼玉清都发表了意见。[2]

　　1952年9月6日，冼玉清在"思想改造"运动中这样检讨和回首自己的人生："我向往'贤人君子'的人格，我讲旧道德、旧礼教、旧文学，讲话常引经据典，强调每国都有其民族特点、文化背景与历史遗传，如毁弃自己的文化，其祸害不啻于亡国；""我常游于古迹之间，临风独立，思古之幽情，神游超世，这些都是封建保守思想；""我最同情自古忠心耿耿、而遭谗受屈之人，于是专找这些

---

[1] 陆键东：《陈寅恪的最后二十年》，生活·读书·新知三联书店1995年版，第47页。
[2] 陆键东：《陈寅恪的最后二十年》，生活·读书·新知三联书店1995年版，第45页。

人的材料而为其表白。"[1]

1958年的"交心"运动中，冼玉清曾说："有人检举我去香港传达情报，许多检举材料都是私人恩怨而制造的。我认为风俗之良劣，在乎人心之厚薄。自检举风兴，人心之凉薄极矣。"[2]

陈寅恪也于1950年正式刊行的《元白诗笺证稿》中写道：

纵览史乘，凡士大夫阶级之转移升降，往往与道德标准及社会风习之变迁有关。当其新旧蜕嬗之间际，常呈一纷纭错综之情态，即新道德标准与旧道德标准，新社会风习与旧社会风习并存杂用，各是其是，而互非其非也。斯诚亦事实之无可如何者。虽然，值此道德标准社会风习纷乱变易之时，此转移升降之士大夫阶级之人，有贤不肖拙巧之分别，而其贤者拙者，常感受苦痛，终于消灭而后已。其不肖者巧者，则多享受欢乐，往往富贵荣显，身泰名遂。其故何也？由与善利用或不善利用此两种以上不同之标准及习俗，以应付此环境而已。[3]

1956年春节，陈寅恪赠与冼玉清一副由他撰写、唐篔书写的春联。联云：

春风桃李红争放

仙馆琅玕碧换新[4]

1963年，冼玉清患乳腺肿瘤，她向广东省委统战部提出到香港、澳门探亲治病。12月，广东省委批准了冼玉清的申请，1964年1月成行。

---

[1] 陆键东：《陈寅恪的最后二十年》，生活·读书·新知三联书店1995年版，第48页。
[2] 陆键东：《陈寅恪的最后二十年》，生活·读书·新知三联书店1995年版，第49页。
[3]《陈寅恪集·元白诗笺证稿》，生活·读书·新知三联书店2009年版，第85页。
[4]《陈寅恪集·诗集》，生活·读书·新知三联书店2009年版，第187页。

1964年2月28日，身在香港的冼玉清给广东省委统战部负责人张泊泉写信，提出将自己的储蓄十万港币捐赠给国家。[1]1964年8月17日，冼玉清在香港立下遗嘱说："钱财所以济人利物，非徒供个人享受已，""因将遗产分为两部：第一部帮助亲属之较有需要者，第二部捐作社会公益事业。"[2]

10月，冼玉清回到广州，住进了中山医学院肿瘤医院。

陈寅恪作《病中喜闻玉清教授归国就医，口占二绝赠之》。

海外东坡死复生，任他蜚语满羊城。

碧琅玕馆春长好，笑劝麻姑酒一舣。

年来身世两茫茫，衣狗浮云变白苍。

醉饿为乡非上策，我今欲以病为乡。 [3]

当时民间视港、澳为天堂，形成"逃港潮"。时人多认为冼玉清赴港后会一去不返，陈寅恪谓流言不可信，她一定会像当年被贬海南岛的苏东坡一样，康复并平安归来，所以说"任他蜚语满羊城"。神仙麻姑惯见人世的沧桑变化，故借以祝冼玉清如麻姑之寿，所以说"笑劝麻姑酒一舣"。[4]"醉饿为乡非上策，我今欲以病为乡"联，自注："王无功作《醉乡记》，管异之作《饿乡记》，不佞将作《病乡记》以寄意焉。"[5]

1965年2月4日，陈寅恪有《乙巳正月三日立春作》诗。诗云：

---

[1] 陆键东：《陈寅恪的最后二十年》，生活·读书·新知三联书店1995年版，第448页。
[2] 陆键东：《陈寅恪的最后二十年》，生活·读书·新知三联书店1995年版，第449页。
[3]《陈寅恪集·诗集》，生活·读书·新知三联书店2009年版，第157页。
[4] 胡文辉：《陈寅恪诗笺释（增订本）》（下册），广东人民出版社2013年版，第1110页。
[5]《陈寅恪集·诗集》，生活·读书·新知三联书店2009年版，第157页。

南州候改雨丝丝，节物翻萦北客思。

晕碧裁红如隔世，回黄转绿未移时。

闻歌易触平生感，治史难逃后学嗤。

终觉今朝春可惜，小桃花放少人窥。[1]

4月28日，陈寅恪为冼玉清撰《先君致邓子竹丈手札二通书后》。文中有云：

寅恪过岭倏逾十稔，乞仙令之残砂，守伧僧之旧义，颓龄废疾，将何所成！玉清教授出示此二札，海桑屡改，纸墨犹存，受而读之，益不胜死生今昔之感已。一九六五年岁次乙巳四月廿八日寅恪谨书。[2]

"乞仙令之残砂"典出《晋书·葛洪传》，意为效葛洪避地而南迁。"守伧僧之旧义"典出《世说新语·假谲篇》，意为不曲学阿世。

5月，陈寅恪有《乙巳春尽有感》诗。诗云：

道是无情却有情，可能留命待今生。

江淹老去才难尽，杜牧春归意未平。

醉酒只堪成短梦，闻歌浑不类前声。

芙蓉城远途还阻，惆怅人间石曼卿。[3]

10月4日，陈寅恪闻冼玉清于2日逝世，挽以诗。诗云：

[1]《陈寅恪集·诗集》，生活·读书·新知三联书店2009年版，第164页。
[2]《陈寅恪集·金明馆丛稿二编》，生活·读书·新知三联书店2009年版，第286页。
[3]《陈寅恪集·诗集》，生活·读书·新知三联书店2009年版，第168页。

香江烽火梦犹新，患难朋交廿五春。

此后年年思往事，碧琅玕馆吊诗人。[1]

1965年11月10日，上海《文汇报》发表了姚文元的《评新编历史剧〈海瑞罢官〉》一文，对历史剧《海瑞罢官》进行公开点名批判。之后，全国报纸先后转载，很快发展成文学艺术领域的批判活动，成为"文化大革命"的导火索。[2]

撰《寒柳堂记梦未定稿》

1965年春夏之际，陈寅恪开始撰写"自撰年谱"性质的《寒柳堂记梦未定稿》，记"寅恪三世及本身旧事之梦痕"[3]，"因就咸同光宣以来之朝局，与寒家先世直接或间接有关者，证诸史料，参以平生耳目见闻，以阐明之。并附载文义琐事，以供谈助，庶几不贤者识小之义。既不巫前人，亦免误来者。知我罪我，任之而已"。[4]

1966年春，《寒柳堂记梦未定稿》已完成部分有：弁言（一）吾家先世中医之学；（二）清季士大夫清流浊流之分野及其兴替；（三）孝钦后最恶清流；（四）吾家与丰润之关系；（五）自光绪十年三月至二十年十一月间清室中央政

---

[1]《陈寅恪集·诗集》，生活·读书·新知三联书店2009年版，第172页。

[2] 新华月报社编：《中华人民共和国大事记（1949～2004）》（上册），人民出版社2004年版，第300页。

[3]《寒柳堂记梦未定稿》，《陈寅恪集·寒柳堂集》，生活·读书·新知三联书店2011年版，第185页。

[4]《寒柳堂记梦未定稿》，《陈寅恪集·寒柳堂集》，生活·读书·新知三联书店2011年版，第186页。

治之腐败；（六）戊戌政变与先祖先君之关系；（七）关于寅恪之婚姻等，连同弁言及文七章。倩黄萱誊录清稿两份。尚欲续写一两章，未及着手而运动起。当撰稿之初曾对黄萱言："此书将来作为我的自撰年谱。"[1]

1965年的陈寅恪。

6月23日，陈寅恪为应付"造反派"的逼迫索缴，匆促将《寒柳堂记梦未定稿》原稿删改后交付"造反派"。（"新稿本"）[2]年底，历史系二年级学生王健全又拿去《寒柳堂记梦未定稿》一份，供批判用。王健全后来说，把书稿放在了历史系橱柜中，当时系里主事者应该知下落。另一份清抄稿因屡遭抄家，也不知何时遗失。陈寅恪最后所著重要文章竟致湮没。现在所存者，有两本，一是蒋天枢所存残稿本，一是1987年美延从中山大学历史系收回在"文化大革命"初期被强索去的《寒柳堂记梦未定稿》之另一稿本（"新稿本"），其内容较蒋天枢存本所收残稿（"蒋本"）颇有增益，约达七千余字；而将"蒋本刊中有关黄秋岳《花随人圣庵摭忆》之记述全部删去，亦近千字，末署："一九六六年六月二十三日端午，寅恪书于广州康乐中山大学东南区一号楼上，时年七十六。"说明"新稿本"最后修订现在这个样子，应当在"蒋本"之后。

比较两本之目录及篇章编号，彼此不甚一致。"蒋本"目录中共有八篇，以"弁言"为篇首，不编号，下分七章：

[1] 蒋天枢：《陈寅恪先生编年事辑（增订本）》，上海古籍出版社1997年版，第178页。
[2] 蒋天枢撰《事辑》时尚不详知。

弁言

（一）吾家先世中医之学

（二）清季士大夫清流浊流之分野及其兴替

（三）孝钦后最恶清流

（四）吾家与丰润之关系

（五）自光绪十年三月至二十年十一月间清室中央政治之腐败

（六）戊戌政变与先祖先君之关系

（七）关于寅恪之婚姻[1]

"新稿本"以"弁言"为第（一）篇，依次共为七篇：

（一）弁言

（二）吾家先世中医之学

（三）清季士大夫清流浊流之分野及其兴替

（四）孝钦后最恶清流

（五）自光绪十年三月至二十年十一月间清室中央政治之腐败（佚）

（六）戊戌政变与先祖先君之关系

（七）关于寅恪之婚姻[2]

"蒋本"中"（四）吾家与丰润之关系"，不见于"新稿本"。据美延和黄萱言，陈寅恪遗稿之定本，当时由黄萱用方格稿纸誊清抄正，目录与"蒋本"同，"新稿本"的目录则为唐篔手迹，为后来改定原目后另写，说明此"新稿本"乃

---

[1]《陈寅恪集·寒柳堂集》，生活·读书·新知三联书店2009年版，第184页。
[2] 卞僧慧：《陈寅恪先生年谱长编（初稿）》，中华书局2010年版，第338页。

是在"文化大革命"初期，在"造反派"限期追交情况下，陈寅恪匆促删节，将第（二）章"清季士大夫清流浊流之分野及其兴替"中相当一部分，与黄濬《花随人圣庵摭忆》所述史事有关的删去；将第（四）章"吾家与丰润之关系"和第（五）章"自光绪十年三月至二十年十一月间清室中央政治之腐败"全部删去，保留第（五）章的篇名，将第（四）章的后半部分划到第（五）章，凑足七章之数，应付"造反派"检查，免生枝节。[1]

"文革"朋辈成"牛鬼"

1966年5月16日，中共中央政治局扩大会议通过了由毛泽东主持制定的中共中央通知，即"五一六"通知，"文化大革命"开始。

5月28日，中央文化革命小组成立。

6月1日，《人民日报》刊出题为《横扫一切牛鬼蛇神》之社论。从此"文化大革命"动乱蔓延全国，愈演愈烈。

8月1日，中国共产党八届十一中全会在北京举行。毛泽东对派出工作组提出严厉的指责。5日，毛泽东写了《炮打司令部——我的一张大字报》。8日，全会通过《关于无产阶级文化大革命的决定》（简称《十六条》），赋予中央文化革命小组"无产阶级文化革命的权力机构"的性质。

18日，北京百万人在天安门广场举行"庆祝无产阶级文化大革命"群众大会。毛泽东首次接见到北京串联的各地红卫兵和师生。两天后，北京第二中学红卫兵贴出《向旧世界宣战》的大字报，倡议破"四旧"（旧思想、旧文化、旧风

---

[1] 卞僧慧：《陈寅恪先生年谱长编（初稿）》，中华书局2010年版，第338页。

俗、旧习惯），立四新。全市红卫兵走上街头发起了一场规模空前的"破四旧"活动。红卫兵肆意焚烧古典著作，捣毁文物字画，破坏名胜古迹。此后全国各地红卫兵纷纷仿效。[1]

9月5日，中共中央、国务院联合发出《关于组织外地高等学校革命学生、中等学校革命学生代表和革命教职工代表来北京参观文化大革命运动的通知》。随即，各地红卫兵开始了全国性的大串连。同时，"造反派"迅速兴起和发展，"革命"的残忍度开始升级。

1966年6月11日，北京大学历史系教授汪篯，因家门框上的批判大字报掉了，有学生谴责汪篯出于仇视"文化大革命"而故意破坏大字报。工作组命令汪篯认错并把大字报贴好复原。汪篯在当天夜里反锁家门服杀虫剂敌敌畏自杀身亡。[2]

8月24日夜，俞大絪不堪造反派的毒打和人身污辱，服大量安眠药自杀。俞大絪为俞大维胞妹、陈寅恪表妹。俞大絪的丈夫曾昭抡是曾国藩重孙、著名化学家，曾任北大教务长、高教部副部长等职，1957年被打成右派并遭革职，1958年转入武汉大学化学系"政治上改造，工作上使用"，俞大絪的死讯传到武汉，已患癌症的曾昭抡当场昏倒，后于1967年12月8日被迫害致死。[3]

1966年11月24日，北大历史系教授向达被迫害致死。1957年向达被划成"右派分子"，"文化大革命"中被列为"牛鬼蛇神"受到残酷的迫害。1966年9月17日，被送到北京郊区劳动改造。向达肾脏不好，劳动期间发展成"尿毒症"，排不出小便，腿疼不能走路。红卫兵斥其"装病抗拒改造"，不准他看医

---

[1] 新华月报社编：《中华人民共和国大事记（1949～2004）》（上册），人民出版社2004年版，第315～316页。

[2] 王友琴：《学生打老师：1966年的革命》，《二十一世纪》2006年2月号。

[3] 岳南：《疼痛与忧思——我写"文革"中知识分子命运》，《中国青年报》2013年2月26日，第10版。

生。拖到十月下旬，眼看要出人命，才勉强送到城里，但已回天乏术。[1]

　　1967年2月26日，一向身体很好的陈序经，在南开大学六平方米的临时居所里突然去世。"造反派"坚持说陈序经是畏罪自杀，结果解剖尸体表明，陈序经死于心脏病突发，时年六十四岁。陈序经1964年调任天津南开大学副校长。"文化大革命"开始，其在岭南大学那段经历被怀疑是"美国、国民党特务"，受到专案审查。其身后四五百万字的著述、他暂存在中山大学的三千多册珍贵书籍被学校后勤部门当废纸卖给了废品收购站。[2]

大字报——抄家——交代

　　1966年7月，中山大学已贴满各式各样的大字报。陈寅恪受到严重的冲击。学校后勤部门有人贴出大字报，强烈谴责一直坚持"资产阶级反动立场"的陈寅恪多年来大肆挥霍国家的财富和人民的血汗钱，每月要吃进口药物，每天要享受"三个半护士"的护理。还有人说"陈寅恪有意污辱护士"。有人长期不满，抱怨"这瞎老头什么也不用干，住最好的，吃最好的，拿最高的工资，还不是劳动人民养着他"。[3]

　　7月30日，陈寅恪向中山大学保健室主任梁绮诚医生写了一封信。全文如下：

———————————

[1] 陆键东：《陈寅恪的最后二十年》，生活·读书·新知三联书店1995年版，第419页。
[2] 陆键东：《陈寅恪的最后二十年》，生活·读书·新知三联书店1995年版，第486页。
[3] 陆键东：《陈寅恪的最后二十年》，生活·读书·新知三联书店1995年版，第466～467页。

梁主任：

因为我所患的病是慢性病，一时不能痊愈，而一时又不能就死，积年累月政府负担太多，心中极为不安，所以我现在请求您批准下列各点：

（1）从一九六六年八月一日起，一切我经常所需用的药品皆由我全部自费。一部分药丸可在市内自己购买。另一部分如水剂药——"稀盐酸""必先""薄荷水""灰溴"以及本校有的安眠药等又（如急需药品一时买不到者）均请仍由保健室供给但全部自费。

（2）消毒物件指纱布棉签等，由保健室代为消毒。请斟量收费。此致，
敬礼。

陈寅恪敬启（印章）

一九六六年七月三十日[1]

8月6日，唐筼以自己的名义向当时中山大学的实际掌权者"广东省委文化革命驻中山大学工作队"写了一个书面声明，详尽回答了各类大字报对陈寅恪的责难。

省委文化革命工作队负责同志：

我的爱人陈寅恪因为双目失明，腿骨折断，又患肠胃心脏等病，所以我代他写此信，面交声明下列各点，请加注意是幸。

1. 他因骨折长期卧床，年来多次患下部湿疹症，经由中山二院皮肤科医生屡次来诊，开有医嘱多张，署名签字者有廖适生院长、李松初教授、何玉琼（女）讲师等为证。可以查验。医嘱中要护士依照医生所指示的方法处理，即冲洗阴囊、

---

[1]《陈寅恪集·书信集》，生活·读书·新知三联书店2009年版，第285页；陆键东：《陈寅恪的最后二十年》，生活·读书·新知三联书店1995年版，第467页。

上药、光照等方法，并非陈寅恪有意污辱护士。并且多数冲洗时亦有篬从旁助理，前留医二院时也是如此护理，二院有病历可查。

2. 一九六三年一月中由人事科张春波送来三百元，本不愿接受，后送还各处不收，最后由朱锦儒科长批"此款暂不处理"字样。现在只好等待运动结束后再送还。财务科误指捐助陈六百元一事，前曾奉函声明，想已蒙察鉴。

3. 有人出大字报说"陈寅恪非外国药不吃"等，殊与事实不合。大多数药物皆本国产品，只有少数进口药品是医生所处方的。至于高单位（非常服）维生素类及水解蛋白等皆系自备，或朋友所赠送者。最珍贵一种药品（Nilevar）也是由医生处方，是陶铸副总理赠送的。并不常服。每年冬季始服一段时期。海关税自当偿还（以前不知）。

4. 中大农场产品由学校指示送来食品等，并非是我们自己去要的，而是他们自动送来的，份量也是由他们分配的，付款也不是我们亲自去付的。故无签字收据。食物表内所列品类及数量皆有出入。如果大家赔偿时，我们自当设法照数赔出。

总而言之，陈寅恪的每日饮食，所服药物等也欢迎有同志来实地调查，以明真相。不胜感幸之至！

此致

敬礼

唐篬敬启

一九六六年八月六日[1]

运动开始后不久，黄萱被红卫兵赶走，不准再协助陈寅恪做工作。1969年9月，又将公家所派护士三人赶走。仅自出资所请护士（原供轮班代替者）一人得以留下。以后陈寅恪缺人扶持，折磨日多。

---

[1]《陈寅恪集·书信集》，生活·读书·新知三联书店2009年版，第286～287页；陆键东：《陈寅恪的最后二十年》，生活·读书·新知三联书店1995年版，第468～469页。

1966年9月，"破四旧"之风蔓延到广州，各式身份的人开始随意进到陈寅恪家。中山大学党委书记李嘉人将此情况报告了广东省委及已上调北京的陶铸。陶铸曾经在电话里指示过广东省委："对陈寅恪的待遇要保持原状不变。"于是，中山大学向"革命群众"传达："不要搞陈寅恪了，他已丧失社会活动能力，动了他，人家反会说我们不人道。"[1]

周恩来也曾经对串联进京的广州中山大学造反派们说过"陈寅恪教授还是善于古为今用的"等话，意在对陈寅恪给予保护。

1966年秋冬之际，铺天盖地的大字报贴满了陈寅恪居住的东南区一号楼，红色的砖墙被遮得严严实实。大字报白纸黑字，整幢楼显得阴森可怖，活像一口纸棺材。楼房四周的树木也挂上了长幅标语，每有风吹，犹如片片白幡在招魂。[2]

风声紧急时，唐篔让保姆将阳台上外门关闭。可是，旋即有数人爬上阳台，闯进屋，开了大门，大量的人涌进楼上，挤满了一屋子。甚至将大字报贴到了屋里，贴到了陈寅恪的床头。

接着是抄家。头一批抄家者是历史系"革命群众"，他们查封了陈寅恪的书籍和一批未刊书稿、手稿，将陈寅恪的手稿与书籍都专门堆放在一间房子里，等候处理。陈寅恪多年精心保存的一些文物字画、二十多封陈宝箴与清朝官员的来往信札都被抄走。以后的抄家则不分日夜，"造反派"随到随抄。[3]

1966年底，广东省委有关部门曾发出"党外科技人员和知识分子在文化革命运动中的情况调查表"，在"陈寅恪"名下有这样的记载："主要问题——反动学术权威；运动中态度——因病双目失明，未参加运动；抄家情况——原地查封，提出部分金银首饰作展览。"这些金银首饰，都是唐篔先祖遗留之物，

---

[1] 陆键东：《陈寅恪的最后二十年》，生活·读书·新知三联书店1995年版，第472～473页。
[2] 陆键东：《陈寅恪的最后二十年》，生活·读书·新知三联书店1995年版，第473～474页。
[3] 陆键东：《陈寅恪的最后二十年》，生活·读书·新知三联书店1995年版，第474页。

"文化大革命"后不知去向。[1]

据美延给蒋天枢的信中讲述:

有一天晚上,革命学生来抄家,将母亲打了,后来我们为她擦跌打油,休息了一段时间才好转。没看医生。(因那时医生也和我们作对。)当时是谁想抄家,随时可去。目的是在于经济,并非政治原因。根本不认识这些人,就是我能见到,大概也不会认得。[2]

据蒋天枢所述:

家里所有各项可拿物品就是在这种"随时可去"的情况下"荡然无存"。至师母被打,想系勒索珠宝首饰等物之故。师母有先代传留下的珠宝首饰,我曾见过。抢物之人既不识,致无法追查。(此物美延曾让我保存。美延毕业后,我时时怕遗失,后又带还给师母。谁能料及后来时事呢!)[3]

两年来抄家事先后不绝,凡轻便物均拿去,室中荡然。[4]

1966年,牟润孙从香港寄了一册《魏晋以后崇尚诡辩之由来及其影响》给陈寅恪。11月21日,陈寅恪用汤云(唐筼)名致函香港九龙农圃路六号牟润孙。信云:

---

[1] 陆键东:《陈寅恪的最后二十年》,生活·读书·新知三联书店1995年版,第474页。
[2] 蒋天枢:《陈寅恪先生编年事辑(增订本)》,上海古籍出版社1997年版,第179页。
[3] 蒋天枢:《陈寅恪先生编年事辑(增订本)》,上海古籍出版社1997年版,第180页。
[4] 蒋天枢:《陈寅恪先生编年事辑(增订本)》,上海古籍出版社1997年版,第79页。

数月前奉到大著，"乌台"正学兼而有之。甚佩，甚佩！近年失明断腿，不复能听读。敬请以后不必再寄书为感。敬颂

教祺

               汤云敬启　一九六六年十一月廿一日

北郊兄嫂处乞代致意。[1]

    陈寅恪又托人打电话给牟润孙，说千万不要再去信，并请转告伯郊不要再寄东西或药品。牟这才知道陈寅恪在当时的遭遇，后悔莫及。[2]

    据牟润孙解释："乌台"是御史台，藉以指史学，正学，正统之学，即经学。北郊即徐君伯郊，谐音也。但据胡文辉说：原件中的"乌台"两字加了引号，"正学"两字加了专名线（《书信集》省略了专名线），若按牟氏的解释，就不合标点符号的规范，显得不伦不类。如果是以"乌台"表示御史台，则本应加专名线为宜；如果是以"正学"表示正统之学，则又应加引号为宜。现在则正好颠倒，两不相称。胡文辉认为，加引号的"乌台"，疑指苏轼著名的"乌台诗案"。苏轼反对王安石新法，赋诗托讽，被下御史台问罪，此处可借指文字狱。加专名线的"正学"，则当指明初方孝孺，世号正学先生。方孝孺抗燕王朱棣（明成祖）之命，被凌迟处死，并株连十族，此处可借指政治株连。[3]

    东南区一号的对面是大钟楼，那里是康乐园中区的制高点，大钟楼上安着高音喇叭。有两年多的时间，陈寅恪日夜为四面八方的高音喇叭所包围，痛苦不堪。梁宗岱的夫人甘少苏的回忆录《宗岱和我》中，写道：

---

［1］《陈寅恪集·书信集》，生活·读书·新知三联书店2011年版，第283~284页。
［2］牟润孙：《读〈陈寅恪先生论集〉》，转引自卞僧慧：《陈寅恪先生年谱长编（初稿）》，中华书局2010年版，第339页。
［3］胡文辉：《陈寅恪致牟润孙函中的隐语》，《南方周末》2007年11月8日，文化副刊。

那时候,挨整的人及其家属都特别害怕高音喇叭,一听到高音喇叭声,就战战兢兢,因为红卫兵经常用高音喇叭通知开会,点人出来批斗、游行;而出去一次也就是小死一场。历史系一级教授陈寅恪双目失明,他胆子小,一听见喇叭里喊他的名字,就浑身发抖,尿湿裤子。就这样,终于活活给吓死了。[1]

1967年1月4日,陶铸突然以"中国最大的保皇派"的罪名被打倒。当天,江青、陈伯达在人民大会堂东边会议室接见湖北专揪王任重造反团时,宣布陶铸是"中国最大的保皇派",这时陶铸就在隔壁房间里,竟毫不知情。傍晚,北京的街头巷尾便出现了大量的传单、大字报和标语,赫然印着醒目的新口号:"打倒中国最大的保皇派陶铸!"接着,首都数万名红卫兵和造反派上街游行,高呼"打倒中国最大的保皇派陶铸!"等新口号。"打倒陶铸"之火,迅速燃遍全国。

过去与陶铸有关的人和事立即面临灾难。各路"造反派"纷纷上门逼令陈寅恪交代与陶铸的"黑关系"。

从1966年11月到1967年1月,由唐筼代陈寅恪写检查交代六次。在多次交代之后,又责令作"补充交代"。

1967年4月2日,由唐筼代写的陈寅恪"我的声明":

一、我生平没有办过不利于人民的事情。我教书四十年,只是专心教书和著作,从未实际办过事。二、陈序经和我的关系,只是一个校长对一个老病教授的关系,并无密切的往来。我双目失明已廿余年,断腿已六年,我从来不去探望人。三、我自己的一切社会关系早已向中大的组织交代。[2]

---

[1] 甘少苏:《宗岱和我》,重庆出版社1991年版,第204页。
[2] 蒋天枢:《陈寅恪先生编年事辑(增订本)》,上海古籍出版社1997年版,第179页。

1967年底红卫兵要抬陈寅恪去大礼堂批斗，唐篔阻止，被推倒在地。结果，由前历史系主任刘节代表先生去挨斗。会后有人问刘节有何感想？刘节回答道：我能代表老师挨批斗，感到很光荣！（"群众"对此亦无如之何。）[1]

1977年7月，刘节患喉癌病逝。逝世前，蒋天枢曾写信询问老师陈寅恪生前受迫害情况，刘节复函对此不予回答，可见其心有余悸。[2]

据流求追记：

我最后一次见到父亲在一九六七年七八月间，因母亲病重，由周伯母（即黄萱）与护士小朱（自出资所雇）商量，电报通知我即搭班机返穗。那时家中仍住东南区一号楼上。对面办公楼已被造反派占领，终日高音喇叭噪音震耳。校园中很多大字报。因两派武斗激烈，暂时顾不上"反动学术权威"。我在家住半月余，母亲告我去年年底来抄家，取走贵重东西。抄家难记次数。还告我，在最动乱时一天晚上，封怀兄子贻竹（中大生物系六六届毕业）来家告知：周总理在一次接见广州学生造反组织头目会上谈到"古为今用"时说："你们可请教中山大学陈寅恪先生……"当时父亲关心在川旧友"文革"中遭遇，屡屡问我川大等高校大字报情况。我走前父亲说："这算是生离死别了！"[3]

又云：

"文革"中，因陶（铸）曾照顾父亲，中大也给陶贴了不少大字报，我回中大时还见到。听说陶到京后还曾来电话要保护父亲。后不久陶本人也被打倒了。[4]

---

[1] 蒋天枢：《陈寅恪先生编年事辑（增订本）》，上海古籍出版社1997年版，第180页。
[2] 蒋天枢：《陈寅恪先生编年事辑（增订本）》，上海古籍出版社1997年版，第180页。
[3] 蒋天枢：《陈寅恪先生编年事辑（增订本）》，上海古籍出版社1997年版，第181页。
[4] 蒋天枢：《陈寅恪先生编年事辑（增订本）》，上海古籍出版社1997年版，第180页。

1968年4月12日，由唐篔代陈寅恪写“我的思想和体会”。并责令解释1946年《丁亥春清华园作》诗句。4月29日凌晨，又被迫作口头交代。[1]

8月，军宣队、工宣队进驻中山大学。成立“专案组”，专门调查陈寅恪各方面的“罪行”。[2]陈封怀《回忆录》记载：

史无前例的运动以排山倒海之势向人们袭来，六叔从此处在那狂暴、罪恶的漩涡中，受到种种令人难信的折磨，直至去世。

记得有次中大派了两名所谓“专案”人员到我家，迫令张梦庄写揭发陈寅恪的材料。梦庄坚决不肯写，她说：“陈寅恪先生是好人，他是爱国人士，从没有反党反社会主义的事，我不能写！”两位专案人员用威胁口吻说：“你敢担保他吗？”她回答说：“敢！我敢以人格保他。”两个家伙只得灰溜溜地走了。[3]

“文化大革命”中，专政对象只发生活费，工资及存款全冻结。陈寅恪年老多病，所发为数不多的生活费远不敷用，曾提出“申请书”。

申请书写道：

一、因心脏病需吃流质，恳求允许每日能得牛奶四支（每支月四元八角）以维持生命，不胜感激之至。二、唐篔现担任三个半护士的护理工作和清洁工杂工工作，还要读报给病人听，常到深夜，精神极差。申请暂时保留这位老工友，协助厨房工作，协助扶持断腿人坐椅上大便。唐篔力小头晕，有时扶不住，几乎两人都跌倒在地。一位工友工资廿五元，饭费十五元，可否每月在唐篔活期存款折中取四十元为老工友开支。又，如唐篔病在床上，无人可请医生（时两女儿全家都

---

[1] 蒋天枢：《陈寅恪先生编年事辑（增订本）》，上海古籍出版社1997年版，第181～182页。
[2] 蒋天枢：《陈寅恪先生编年事辑（增订本）》，上海古籍出版社1997年版，第182页。
[3] 蒋天枢：《陈寅恪先生编年事辑（增订本）》，上海古籍出版社1997年版，第182页。

去干校），死了也无人知道。[1]

这份申请书未署年月。

1969年1月29日，中共中央转发工人、解放军驻清华大学毛泽东思想宣传队《坚决贯彻执行对知识分子"再教育""给出路"的政策》的报告。

3月5日，中山大学在《坚决落实毛主席对知识分子"再教育"和"给出路"的政策》的报告中写道，"像陈寅恪，一贯利用学术，坚持反动立场，恶毒地向党向社会主义进攻的应划为反动学术权威，要把他们批得比狗屎还要臭。以后，给予一定的生活费，养起来作反面教员"。[2]

逝　世

1969年春节后，陈寅恪一家从居住多年的东南区一号搬到西南区五十号的平房宿舍。

小彭1968年11月去了英德干校，1969年春节后回广州探亲，住了十三天。由于小彭回来，才协同搬了家。[3]

3月后，唐筼常被家庭妇联叫去学习，至7月才结业，不能经常照顾陈寅恪。[4]

夏天，唐筼心脏病发作，濒临死亡，陈寅恪作了《挽晓莹》一联。

---

[1] 蒋天枢：《陈寅恪先生编年事辑（增订本）》，上海古籍出版社1997年版，第183页。
[2] 陆键东：《陈寅恪的最后二十年》，生活·读书·新知三联书店1995年版，第483页。
[3] 蒋天枢：《陈寅恪先生编年事辑（增订本）》，上海古籍出版社1997年版，第183～184页。
[4] 蒋天枢：《陈寅恪先生编年事辑（增订本）》，上海古籍出版社1997年版，第184页。

涕泣对牛衣，册载都成肠断史。

废残难豹隐，九泉稍待眼枯人。[1]

　　陈寅恪在1968年五六月间，即已发现患有心力衰竭症。1969年5月5日下午六点四十五分，又被迫作"口头交代"，直至不能讲话才罢休。讲话中有"我现在譬如在死内牢"一句话。[2]

　　1969年7月1日，农历五月十七日，是陈寅恪八十诞辰，女儿小彭回家探亲。陈寅恪告诉小彭，"我死后，一本书也不送给中大"。陈寅恪死后，形势所逼，唐筼让学校将书全部拿走，陈寅恪从蒋天枢处借的《有学外集》抄本十二册，也被拿走。蒋天枢曾数次来信索取，都说查不到。[3]

　　10月7日，农历乙酉年八月二十六日乙卯，凌晨五点半，陈寅恪逝世。

　　10月11日，唐筼命美延致信上海蒋天枢，告知陈寅恪的死讯。信里写道：

　　父亲于本月七日晨五时半病逝。校革委会和省革会都有同志（即派人之意）前来慰问母亲。母亲现重病卧床，嘱我写这封信给您。我自己因小孩病，由英德茶场干校回广州，恰好遇上此事。二姐小彭也在英德干校，已由校革委会通知其返广州，十号回来。在四川的大姐流求，也打电报去了，但他们干校在西昌，不知能否收到电

陈寅恪遗体。

　　[1]《陈寅恪集·诗集》，生活·读书·新知三联书店2009年版，第190页。
　　[2]蒋天枢：《陈寅恪先生编年事辑（增订本）》，上海古籍出版社1997年版，第184页。
　　[3]蒋天枢：《陈寅恪先生编年事辑（增订本）》，上海古籍出版社1997年版，第184页。

报。我们希望大姐能赶到才安葬。留尸至十六号，如大姐赶不到，也将于十月十六日火葬。我们现在的住址是西南区五十号。[1]

10月16日，陈寅恪遗体火化。

10月18日，广东省革命委员会机关报《南方日报》登出陈寅恪逝世消息《政协全国委员会常委陈寅恪先生在广州逝世》，消息全文如下：

女儿流求、小彭、美延与父亲告别。1969年10月17日于广州殡仪馆。

本报讯：中国人民政治协商会议全国委员会常务委员、中央文史研究馆副馆长、中山大学教授陈寅恪先生因病医治无效，于本月七日在广州逝世，终年七十九岁。

十月十七日，中国人民政治协商会议广东省委员会举行了向陈寅恪先生告别仪式。广东省革命委员会统战工作负责人和中国人民政治协商会议广东省委员会负责人参加了告别仪式。参加告别仪

---

[1] 蒋天枢：《陈寅恪先生编年事辑（增订本）》，上海古籍出版社1997年版，第185页。

式的还有中山大学革命委员会负责人和广东省文史研究馆等有关方面人士。[1]

11月21日，农历十月十二日庚子，晚上八点半，唐筼逝世，终年七十二岁。去世时美延随侍在身边。小彭从干校请假数日返广州。流求则因刚返干校，不能请假回广州。

12月1日，香港《春秋杂志》第二九八期刊登署名叔明的文章《史学权威陈寅恪一死了之》，用肯定的语气报道了陈寅恪的逝世。

12月15日，蒋天枢始得见到美延10月11日信，立即回信。

12月28日，美延又给蒋天枢回信。云：

今天收到您十二月十五日来信。由于一直没收到您的回信，所以没再写信给您。这两个月来，对我们家庭来说，变故实在太大。十月七日早五时半，父亲由于心力衰竭，又突然爆发肠梗阻、肠麻痹，不能救治，病逝。（事后，曾登《南方日报》，报纸另付邮寄上。）

母亲自父亲去世后，病不能起。日渐沉重。流求姐和小彭姐回来探视，相继返回干校。不久，母亲即因脑出血、高血压、心脏病等，抢救无效，于十一月二十一日（旧历十月十二日庚子）晚八时半病逝。组织照顾我便于给小孩治病，留在化学系工作。回广州不久，父母相继去世。两位老人去世时，我都在跟前。母亲去世时，小彭姐又请假返广州料理几天，即又返英德干校了。流求姐则因刚返四川干校，不能再请假回来。

现在父母皆已火葬，并将两个骨灰箱安放在一起，寄存在广州火葬场。[2]

[1] 卞僧慧：《陈寅恪先生年谱长编（初稿）》，中华书局2010年版，第345页。
[2] 蒋天枢：《陈寅恪先生编年事辑（增订本）》，上海古籍出版社1997年版，第185页。

1970年1月5日，《中国学人》刊登牟润孙《敬悼陈寅恪先生》一文。[1]

1月26日，台湾《中央日报》刊登署名"壶公"的文章，第一次在台湾报道陈寅恪逝世的消息。

3月31日，台北《中央日报》刊登俞大维《怀念陈寅恪先生》一文。文章称：

即寅恪先生去世的消息，在香港曾传过数次，前几次均为误传，此次亦尚未证实。真是"欲祭疑君在，天涯哭此时"。惟寅恪先生现已年逾八十，以久病之身，处今日之世，溘然长逝，自属可能。……我与寅恪先生情属至亲，谊兼师友，缅怀此一代大儒，不禁涕泗滂沱！[2]

3月，台湾《传记文学》第十六卷第三期登出数篇悼念文章，作者为陈寅恪在清华时学生许世瑛、杨联陞、陈哲三。4月以后，台湾多种媒体分别刊出一批怀念陈寅恪的文章。身处海外的知名学者如赵元任、杨步伟、毛子水、罗香林、劳干、方豪等都写下了各式各样的追思文字。[3]

1978年5月，广东省《学术研究》在第一期刊出陈寅恪《柳如是别传》"缘起"部分。同年，上海古籍出版社《中华文史论丛》分两期首次刊出《论〈再生缘〉》全文。1980年6月，蒋天枢整理编辑的《陈寅恪文集》，由上海古籍出版社陆续出版。

2003年4月30日，陈寅恪、唐篔夫妇骨灰正式安葬在庐山植物园。安葬骨灰的小山被命名为"景寅山"。6月16日，农历五月十七日，是陈寅恪一百一十三岁冥诞，庐山植物园举行了墓碑揭幕仪式。碑文为黄永玉书写的："独立之精神、自由之思想。"

---

[1] 卞僧慧：《陈寅恪先生年谱长编（初稿）》，中华书局2010年版，第347页；张杰、杨燕丽选编：《追忆陈寅恪》，社会科学文献出版社1999年版，第313~324页。
[2] 俞大维：《怀念陈寅恪先生》，《陈寅恪先生全集》，里仁书局1979年版，第19页。
[3] 陆键东：《陈寅恪的最后二十年》，生活·读书·新知三联书店1995年版，第493页。

陈寅恪在中山大学的铜像。

庐山植物园陈寅恪、唐筼夫妇墓地。（陈贻竹先生提供）

把教育办得更好

（代跋）

储朝晖

提倡教育家办学是提升中国教育品质的必由路径，令人遗憾的是，近三十年对教育的实地调查使我深感无论是在教育业内还是整个社会，对教育家的认识都是极度模糊的。

在我心存为解决这一问题做点什么的愿望时，四川教育出版社前任社长安庆国先生说他一直想出版一套《20世纪中国教育家画传》丛书而未能如愿。于是，我们决定合力将这件事做好，以期对传承、传播教育家的办学理念，促进教育家办学有所裨益。这便是这套丛书编写和出版的缘起。

在丛书编写和与各卷作者交流的过程中我体会到，一个时代是否有教育家是与两个方面相关的：一是这个时代是否需要教育家；二是这个时代是否具有产生教育家的环境。可以说任何时代都有具有教育家潜能和品质的人，但只有独立思考，并能依据其独立思考自主实行教育教学的人，才能成为教育家。因此，凡是学人能够自主的时代，出现教育家的概率就高；而在学人不能自主的时代，就不会出现教育家。如果真的期望教育家出现，就要创造教师能够自主教学，学生能够自主学习，校长能够自主办学的社会与制度环境，否则就不可能出现真正的教育家，也不可能培养出杰出人才。

教育家的认定最可靠的方式是社会认同，获得较高社会认同的教育从业者，能被社会高度认同为教育家的人就是教育家。当今尚不存在哪个专家或某个机构具有确认教育家的资质。限于条件，这套丛书还不能对所选传主通过全民投票的方式来确定，但所选的十位传主确是经过教育史专业的学者海选而产生的，他们选出了王国维、蔡元培、陶行知、张伯苓、胡适、梅贻琦、黄炎培、徐特立、陈鹤琴、晏阳初，在20世纪中国教育史上，他们发挥的教育家作用是毋庸置疑的。令我们感到惊诧的是，他们在那个年代就已经相互认识，大都有过直接交往，其中一些人还是挚友，这应是志同道合使然。

除了外部认同，教育家必备的内部品质有三种：一是博爱之心，执着地爱学生、爱教育工作、爱人类未来的发展；二是独立思考和不懈求新，教育已经是数千年的专业工作，不能独立思考和创新的人是难以成为教育家的；三是有从事教育工作的专业潜质，能敏锐地发现教育问题，并以独特的思考和行为解决问题。有了这三种品质，在外部条件许可的情况下就会产生诸如教育思想、办学业绩、论著等结果。

是否称得上教育家，最根本的是看他是否教人做人，能否依据学生不同的潜能、个性和志向培养出值得他自己崇拜的人。一个人的学业成绩仅仅是他成长发展的一个方面，学业成绩高并不一定就发展得好，教出考试成绩高的学生也不是教师成为教育家的垫脚石。近三十年来有不少学生得了各类国际奥林匹克奖，却未能成长为相关领域真正的专家。陶行知主张办知情意合一的教育，有一段很有针对性的话："知情意三者并非从割裂的训练中可以获取。书本教育也许可以使儿童迅速获得许多知识，神经质的教师也许可以使儿童迅速地获得丰富的感情，专制的训练也许可以使一个人获得独断的意志，但我们何所取于这样的知识，何所取于这样的感情，何所取于这样的意志？知情意的教育是整个的，统一的。知的教育不是灌输儿童死的知识，而是同时引起儿童的社会兴趣与行动的意志。感情教育不是培养儿童脆弱的感情，而是调节并启发儿童应有的感情，主要的是追求真理的感情；在感情之调节与启发中使儿童了解其意义与方法,便同时是知的教育;使养成追求真理的感情并能努力与奉行,便同时是意志教育。意志教育不是发扬个人盲目的意志,而是培养合于社会及历史发展的意志。合理的意志之培养和正确的知识教育不能分开,坚强的意志之获得和一定情况下的情绪激发与冷淡无从割裂。现在我们要求在统一的教育中培养儿童的知情意,启发其自觉,使其人格获得完备的发展。"[1]坦率地说,现在不少学校的学生成绩就是以割裂的方式获取的,这样的学校教育就不能说是真正在教育人,也不可能造就出教育家。如果不能走出这个误区,教育家的出现就永远只能是梦想,教育家办学就只会蹈空。

中外历史上所有教育家的人生旅程都是历经波折、艰难求索的过程,他们虽未自称是教育家,却都在青年时期就有高远的志向,如孔子"十有五而志于学"、陶行知"要让每个中国人都受到教育",都是普通而又高远的追求。为了实现人生目标,他们不畏权势、不为名利,"捧着一颗心来,不带半根草去",贫贱不移、富贵不淫、威武不屈、美人不动。教育家的出现首先需要有尊道抑势、以人类发展进步为己任的大胸怀,需要终生不辍的求索和行动。

教育家群体的出现需要有适宜的制度与社会环境,要让有教育家天赋的人敢想、敢干,能想、能干,这种社会条件往往不是一个人、一个机构、一个政策所能创造的。从现实状况看,教师的自主性和创造性未能得到充分发挥确是现有教育管理体制的缺陷,而改变现有体制使更多的人能遵循教育内在规律更高效地工作,就是应该尽快解决的实际问题。

这套丛书突出传主的教育思想、办学理念、办学实践,尤其凸显传主的教育家精神,希望真正激励一批有志教育的人成为教育家,切实有效地推动中国的教育家办学进程。

---

[1]陶行知:《育才学校教育纲要草案》,《陶行知全集》(第4卷),四川教育出版社2009年版,第382~383页。

　　这一想法的实施是一项艰巨的任务。黄延复先生因与我都有弘扬大学精神的共同心愿而成为忘年之交，在《梅贻琦画传》的写作过程中，我俩仅打过几次电话，彼此的想法就灵犀相通。在他的指导下，青年学者钟秀斌领悟得很到位，花一年多时间完成了《梅贻琦画传》书稿。年近八旬的戴永增先生，二十多年如一日地进行徐特立研究，我俩因此而成为无话不说的老朋友。说起徐特立，他就像做专题报道，滔滔不绝、如数家珍。为了《徐特立画传》的编写，他亲自找到北京理工大学郭大成书记，要求将这一工作列为该校的一个科研项目；同时他再三鼓励、全力帮助以靳贵珍老师为主的青年学者写作，提携后辈不遗余力。当书稿完成后他在电话中明确坚定地告诉我自己不署名。著名青年传记作家窦忠如在时间很紧的情况下承担了《王国维画传》的写作任务，显现出对大师的诚敬和对弘扬教育家精神的担当。华东师范大学中国史学研究所房鑫亮教授和他的博士生徐旭晟对《王国维画传》的写作也给予了支持，这本身就是本套丛书所追求的精神境界之一。

　　对本套丛书给予直接帮助的个人和团体还有：中国人民大学教授程方平，中国教育研究院徐卫红、夏辉映，北京师范大学教授顾明远、孙邦华，北京理工大学教育研究院，在此一并致谢。此外，由于本套丛书参考的文献浩繁，标注的引文及参考文献或属挂一漏万，对于这种情况，我们在此一并致歉！

　　在本套丛书即将出版之际，真诚感谢对各位传主研究有素的专家乐意担任各分册作者。在这个作者队伍当中，既有与我交往数十年的老朋友，也有为完成这次任务而结识的新朋友。在编写和出版这套丛书的基本理念上，我们在认识上高度一致，在情感上高度愉悦，遇到各种困难能够设法克服，较好地保证了这套丛书的内容深度和质量。在此，尤其要感谢前辈学者黄延复、宋恩荣、梁吉生、戴永增、金林祥诸位先生，他们有人和我交谈时说这次的写作是绝笔之作，更令我肃然起敬且感到难以担当，但愿我们的真诚能有助于读者更好地领会各位教育家的精神真谛，碰撞出当今社会更多的真诚，把教育办得更好。

四川教育出版社现任社长雷华、总编辑胡宇红、副总编辑张纪亮、副社长李晓翔和王积跃对整套书的出版给予了大力支持；各位责任编辑为丛书出版花费了大量精力；同时我的爱人胡翠红做了大量资料查阅、梳理工作。在此一并致以诚挚的谢意！

尽管本人及各位作者在写作时尽了最大努力，但丛书的缺点和不足在所难免，恳请方家和读者批评指正，所提意见可直接发到我的邮箱：chu.zhaohui@163.com，在此先致谢忱。

2012年3月28日